立法法理学丛书 | 主编　宋方青

湖南大学“双一流”建设专项资金资助项目

Research on the Internal Allocation of Legislative Power of the State in China

我国国家立法权的内部配置研究

周宇骏　著

法律出版社
LAW PRESS · CHINA
北京

图书在版编目(CIP)数据

我国国家立法权的内部配置研究 / 周宇骏著. -- 北京 : 法律出版社, 2022
ISBN 978-7-5197-5634-5

Ⅰ. ①我… Ⅱ. ①周… Ⅲ. ①立法-研究-中国 Ⅳ. ①D920.0

中国版本图书馆 CIP 数据核字(2022)第 104982 号

我国国家立法权的内部配置研究
WOGUO GUOJIA LIFAQUAN DE NEIBU PEIZHI YANJIU

著　　者 周宇骏
责任编辑 陈　慧
编辑统筹 法律教育出版分社
装帧设计 汪奇峰
责任校对 吴　昉
责任印制 刘晓伟
出　　版 法律出版社/北京市丰台区莲花池西里7号(100073)
网　　址 www.lawpress.com.cn
总 发 行 中国法律图书有限公司/北京市丰台区莲花池西里7号(100073)
经　　销 新华书店
印　　刷 北京建宏印刷有限公司
版　　本 2022年7月第1版
印　　次 2022年7月第1次印刷
字　　数 278千
开　　本 710毫米×1000毫米 1/16
印　　张 18.75
定　　价 59.00元
书　　号 ISBN 978-7-5197-5634-5
投稿邮箱 info@lawpress.com.cn
维权邮箱 jbwq@lawpress.com.cn
咨询电话 010-63939796
销售电话 010-83938349
客服电话 010-83938350
凡购买本社图书,如有印装错误,我社负责退换。电话:010-83938349

总 序

立法法理学(Legisprudence),顾名思义即立法的法理学,它是一门用法律理论的方法及视角研究立法及其过程,并促进立法完善的学问,其学术旨趣在于探求理性的立法理论。

立法法理学肇始于20世纪50年代的欧美国家,它是伴随着对传统法律理论的批判以及对立法实践的反思而产生发展起来的。

在欧美国家,传统法律理论倾向于法制主义(Legalism)的研究视角。法制主义将规范性行为视为规则遵守问题,主要关注的是裁判问题,即法官对规则的适用,而不重视这些规则的来源,不重视规则的创制,此外,法制主义认为,立法是前法律的(pre－legal)政治理论问题,应由政治家而非法学家去研究。由此,法律理论便逐步将研究重心聚焦司法,但是,由于研究对象的专业性质,政治家对立法问题的研究又显得力不从心,这便造成了立法这一重要问题域被忽视,被"边缘化"。总之,传统法律理论对于立法理论是忽视的,立法问题没有被认真对待。

20世纪欧美国家正处在一个"立法国"(legislation－state)的时代,面临着立法膨胀(legislative inflation)与立法紧缩(legislative deflation)共存的困境,这主要体现在,欧美国家成文立法的数量呈现指数性的增长,但立法的质量却越来越低,立法没有达到预期的目的。造成这种困境的直接原因是实践中立法的被贬低。在现实中,人们往往将立法问题视为政治问题,并且视政治为非理性、恣意的选择问题,因而立法具有诸多"坏名声"。例如,每每提到立法,人们经常将诸如决策交易、讨价还价、相互吹捧、利益迎合以及政治分肥等标签贴于其上。在当时,相对于司法、行政,立法被视为最不道德的(unprincipled)、最不连贯的(incoherent)、最无尊严的(undignified)的事业。

在这种背景下,立法法理学(legisprudence)作为研究立法问题的新进路应运而生,它试图构建一种理性的立法理论,以此恢复立法的尊严,并唤醒法律理论家对立法问题的严肃对待。最终,通过理论上的反思与重构为立法实践提供更好的智识支撑,实现提高立法质量的终极目的。

最早使用 Legisprudence 这个名词的学者是美国法学教授朱利叶斯·科恩(Julius Cohen)。1950 年,他在《耶鲁法律评论》上发表《迈向现实主义的立法法理学》(Towards Realism in Legisprudence)一文中使用了这一名词。1982 年,其在《霍夫斯特拉法律评论》上发表了《立法法理学:问题与方案》(Legispredence: Problems and Adenda)一文,比较详细地说明了这个概念,但在美国并未引起很大的反响。推进立法法理学研究并引向深入的则是欧陆国家的学者。在欧陆国家,比利时布鲁塞尔大学维特根斯(Luc J. Wintgens)教授 2012 年出版的《立法法理学:立法中的实践理性》一书是立法法理学领域的第一部专著,该书对立法法理学的概念、背景、理论基础及主要内容进行了较为系统的分析。目前以布鲁塞尔大学法学院"立法·法例·立法法理学研究中心"、欧洲法律理论研究会等机构为基地,以《立法法理学》期刊(自 2007 年始,每年出版 1 期,维特根斯教授任主编)为载体,云集了一大批对立法法理学有浓厚兴趣的学者,从各个学科、各个领域、各个角度探讨立法的理论,成为立法法理学研究的重镇。

自 20 世纪 80 年代以来,我国的立法迅速发展,从中央到地方每年的立法都是以数以百计的规模产出。2011 年我国向全世界庄严宣告:"以宪法为统帅,以宪法相关法、民法商法等多个法律部门的法律为主干,由法律、行政法规、地方性法规等多个层次的法律规范构成的中国特色社会主义法律体系已经形成,国家经济建设、政治建设、文化建设、社会建设以及生态文明建设的各个方面实现有法可依,党的十五大提出到 2010 年形成中国特色社会主义法律体系的立法工作目标如期完成。"我国的立法可谓硕果磊磊。但我国立法的质量尚不尽如人意,加强"科学立法、民主立法”，完善中国特色社会主义法律体系，成为时代的强音，国内相关的研究成果也越来越丰硕。但从总体上来说，我国现有的立法学研究成果更多是关于具体的立法制度和立法技术问题的研究，缺少对自身的理论反思及提升，因而，在创建中国特色社会主义法律体系的过程中以及在对立法制度的建构与完善方面，在整体上产出有限的知识贡献。

国内目前有关立法法理学的研究仅有极少量翻译资料及论文，无体系化的研究成果，研究基础比较薄弱。我与我的博士生姜孝贤合作发表的《立法法理学探析》一文，在国内算是最早的关于立法法理学的专门研究成果。为将立法法理学研究推向深入，并为完善中国立法提供决策参考和理论支撑，特组织一套“立法法理学丛书”。

厦门大学法学院法学理论教研室，尤其是以学院为依托的立法学研究中心，长期以来将立法学作为重点研究的方向，发表了一系列研究论文，研究成果为国家立法与地方立法提供理论支持。在我历年指导的硕士与博士论文中，以立法为选题的占大多数。立法是一门科学，要想真正为我国立法提供智力支持，我们的研究既需要有深厚的专业知识，还需要有丰富的实践经验，至少需要对中国立法的现状有充分的了解。为了使硕士与博士论文的写作不至于陷入空谈，我总是要求学生多了解我国立法的实际，并通过参与起草具体法案而直面立法，深切地感受立法，所写的论文能够理论联系实际，真正做到既有学术价值又有实践意义。

本丛书将由我自己的著作和历年指导通过答辩的立法法理学博士论文、博士后研究报告及立法学研究中心同仁相关的研究成果为基础构成。希望本丛书的出版能够为我国的立法提供理论支持，为完善我国的立法制度贡献绵薄之力。

宋方青

2014 年 6 月

目 录
Contents

导　论

一、选题目的与意义

我国的国家立法权，在规范意义上特指我国全国人民代表大会(以下简称全国人大)和全国人民代表大会常务委员会(以下简称全国人大常委会)行使的立法权。[1] 国家立法权的内部配置，实质上是立法权内部各具体立法权限的配置，即将一定的立法决策空间安排给立法主体的过程，由于其与立法活动的联系紧密，直接反映着立法权在实践运用中的具体内容，故而也可以称为立法权的现实化过程。

作为一个规范概念，我国国家立法权仅指向国家权力机关的立法权，这在其他国家或被表述为国家议会立法权概念。近代意义上的国家议会立法权内部配置肇始于英国，自 15 世纪开始，英国议会获取了实质立法权，成为独立的立法机关，并在此过程中，基于日益增长的立法活动之需要，将归属于议会的立法权予以内部分配，赋予委员会等组织在立法活动中进行一定决策的权限，这便是最初的立法权内部配置实践。随着民主制度在世界范围内的普遍确立，代议机关在世界各国得以广泛建立。在这个成长的过程中，由于代议制度在各国的不同遭遇和成就，时至今日，代议机关之组织与权力早已脱离了当初英国议会的样貌，呈现出多元化的发展态势。作为代议机关最基础的权力内容，其立法权的内部配置更随着代议机关的不同出现了分化，超越了过去在院会或委员会间配置的样态，呈现出基于代议机关特色的多样化配置方案。

在我国，对于国家立法权的内部配置实践样态，根据立法机关组织构成的不同层次，以及各构成部分在运行过程中权力关系的差异，可以从宏观和微观两个层面[2]来理解：

首先，宏观层面主要关涉全国人大与全国人大常委会之间的立法权限划分问题，即立法权可以被分解为制定权限、修改权限、解释权限和废止权限。这些权限在全国人大与全国人大常委会之间的配置，决定了整个国家立法权的宏观权力结构。从议事单元上看，我国的全国人大常委会与全国

---

〔1〕《宪法》第 58 条规定：全国人民代表大会和全国人民代表大会常务委员会行使国家立法权。

〔2〕周叶中：《代议制度比较研究》，武汉大学出版社 2014 年版，第 270～271 页。

人大之间的关系并非等同于西方常设委员会与议会之间的关系，我国的全国人大常委会从权能结构上已经构成了一个相对独立的议事单元，[3]与全国人大共享立法权，甚至基于会期与工作量的原因，其已逐步在立法活动中发挥着主要作用，使实践中呈现出一种特殊的二元中心的立法体制。因此，实践中我国的国家立法权内部配置在宏观层面主要体现为全国人大与全国人大常委会的立法权限配置关系。

其次，微观层面则主要关涉各专门委员会、委员长会议以及常委会工作机构等组织在立法程序中的权限配置问题。立法权的运用不仅仅指向一种权力行使的结果，还包含权力运用的过程，即单一立法权需要借助具体的程序来实现。程序的本质是在不同的议事主体之间进行程序性权力的配置，这些程序性权力在人大专门委员会、委员长会议和常委会工作机构之间的配置，决定了全国人大立法权限运行的微观权力结构。具体而言，在立法机关的行使过程中，立法权被分解为包括草案拟定、提案、审议、通过、公布及备案审查在内的各项程序阶段中的具体权限，这些权限单独不构成一项独立的立法权，但其行使却将直接影响到立法权本身的行使。在实践中，这些权限正是由全国人大专门委员会、委员长会议和常委会工作机构所分享，相应权限在这些组织中的配置、分工与协调将直接影响到立法活动的实效。因此，实践中我国国家立法权的内部配置在微观层面主要体现为专门委员会、委员长会议和常委会工作机构的立法权限配置现实。

然而，我国国家立法权内部配置这种独特的实践样态，不仅仅体现了基于中国本土制度实践的特色，同时也存在一些不足之处：全国人大常委会立法权限在不断强大的同时逐渐侵入全国人大立法权限的范围；专门委员会的立法权限配置存在不充分和不平衡的问题；委员长会议偏离自身定位，存在异化的质疑；常委会工作机构呈现科层化。这些不足之处都要求我国国家立法权内部配置的进一步优化。这种内部配置的优化，则需要对当前国家立法权内部配置的现状与问题进行深入研究，以总结问题、梳理理论，指引实践的发展。

从理论的意义来看，研究国家立法权的内部配置问题，对于我国公法理

---

[3] 蒋劲松：《代议机关委员会制度原理》，载《政治学研究》2007年第4期。

论特别是立法学理论的发展有重要意义。一直以来,受到西方法律体系尤其是法理学传统的影响,法学界对于权力理论的研究,主要指向国家机关权力配置理念和司法权力,关于立法权配置以及立法法理研究的关注则相对不够。仅有的研究也往往注重宪法体制构架等宏大叙事,多将西方理论标准套用于我国的实践疑难问题,极少有细致深入地对我国国家立法权的内部具体配置实践及相关关系开展必要之理论研究。各国的权力配置设计各有千秋,都是为了顺应本国法治发展的实际情况。因此,关于我国国家立法权内部配置相关理论的研究,应当在实践基础上归纳出一套符合我国法治经验的立法权内部配置指导规则,在我国人民代表大会制度中寻求本土化的立法理论,这对于构建完善的中国特色社会主义法学理论体系具有重要意义。

从实践的角度而言,当前,中国特色社会主义法治建设进入新时代,新的历史方位赋予时代以新的历史任务。在此背景下,推进全面依法治国、提升国家治理能力需要更进一步地发挥立法的引领和推动作用,有赖于良法善治的实现。人大立法工作的完成,更需要各项立法权限协调有序的运转,最终实现优质立法产品的产出。国家立法权的内部配置是否合理,直接决定其可否顺畅运用,影响立法功能的发挥。因此,实现国家立法权内部配置的优化,进而不断提升立法质量,是持续推进立法工作,完善法治中国建设的重要切入点。此外,国家立法权内部配置的实践情况不仅直接关系到相应立法机关权能的实现,还关乎到通过立法所保障之人民生活的福祉。因此,研究这一课题,必须结合中国的具体制度经验,从实践出发,提炼中国问题,发掘中国理论,并提出相应的优化方案,以指导国家立法权在实践中发挥应有效用,适应立法工作日益专业化、复杂化的需要,提高立法效率、提升立法质量,最终促进良法善治。

二、研究的现状

(一)权力配置的理论研究现状

1. 域外研究

权力配置的实质是权力被具体配属在组织之间,因此,权力配置的理论本质是权力理论和组织理论的融合,其与权力理论和组织理论密切相关。

(1)权力理论

域外关于权力分配的相关理论学说最初可以追溯到古希腊时期,而近现代国家权力配置学说则奠定于启蒙时期。17 世纪后,权力理论尤其是权力的分配理论成为关于政治与国家研究的中心。霍布斯借用自然科学中的推理模式,提出了自然状态到让渡权力的学说;在此之后,承接过自由主义大旗的洛克在分析社会契约的产生之后,归纳提出了一种名为"Commonwealth"的政府模式——现在这个词多翻译为英联邦——将一国的国家权力划分为立法权、外事权力与行政权三个部分,并划分主次,强调立法权的最高权力属性。由此分权学说萌芽发生,并缔结出了成熟的果实。继洛克《政府论》对权力分配的讨论之后,孟德斯鸠提出三权分立理论,即立法权、行政权、司法权的分立与制约。孟德斯鸠以性恶论为逻辑的起点,认为"要防止滥用权力,必须以权力约束权力"。[4] 强调在对国家权力进行分配的同时,要实现彼此之间的制约;分权与制衡学说随后在北美的制宪者手中发扬光大,更成为美国宪法的理论基础。

启蒙时代之后很长一段时期,权力分配理论的相关研究基本未能突破启蒙思想家奠定的框架。直至 19 世纪末,社会学的发展使权力理论研究在多方面开始丰富。社会学家从组织的角度出发,探究权力问题,这些研究总结起来主要分为功能主义、结构主义和冲突论三大路径:

功能主义者主要从集体的视角来观察权力的生成、发展与运行。在帕森斯(Talcott Parsons)看来,整体社会分为四个功能子系统,每一个子系统都拥有自己特定的交换媒介。其中,政治系统的功能在于集体目标的有效达成,它的特定交换媒介就是权力。"权力是一种系统资源,是实现集体目标的广义手段"[5](帕森斯,1964 年)。在帕森斯基础之上,卢曼(Niklas Luhmann)将权力界定为社会系统的一种广义沟通媒介。[6] "权力是受代码导向的沟通"[7](卢曼,1979 年)。

---

[4] [法]孟德斯鸠:《论法的精神》,张雁深译,商务印书馆 1961 年版,第 154 页。

[5] Parsons Talcott, *Evolutionary Universals in Society*, 29 American Sociological Review 339 (1964).

[6] 郭莉:《当代中国大学学术权力与行政权力的共轭机理研究》,中国矿业大学 2014 年博士学位论文,第 32 页。

[7] Luhmann Niklas, *Trust and Power*, Chichester: John Wiley & Sons, 1979, p. 116.

结构主义的基本观点认为,结构统率行为,权力被视为一种结构性的要素。吉登斯(Anthony Giddens)认为“权力本身并不是一种资源”。[8] 相反,权力被认为是一种具有认知能力的行动者在互动过程中利用资源的行动(吉登斯,2017 年)。埃利亚斯(Elias)将权力看作社会关系的结构特性(埃利亚斯,1978 年),认为权力存在自上而下以及从下到上的两个面(埃利亚斯,1984 年)。福柯(Foucault)认为权力与知识是相互紧密结合在一起的,在他权力—知识的考古学与谱系学分析中得彰显出权力网络对人的规训与对主体的生产及现代权力显现出的多元化、异质性、网络化等特质。[9] 可以说,数百年来权力理论的相关研究从来都停留在本体论问题上,探讨权力的来源、本质、特征等,福柯的研究,第一次开启了权力研究的知识论道路,超越了传统的权力观念(福柯,1979 年)。

冲突论视角来源于马克思主义的阶级斗争学说。马克思本人对权力的抽象研究相对较少,他更关注资本问题。在他看来,“资本是资产阶级社会的支配一切的经济权力”,[10] 而政治的统治权力正是来源于此,因此,在阶级社会,政治权力是“一个阶级用以压迫另一个阶级的有组织的暴力”(马克思,1995 年)。在马克思的基础上,葛兰西(Gramsci)对统治阶级的意识形态权力——文化霸权进行了研究,认为无产阶级的无力感源于意识形态概念上的压迫[11](葛兰西,1971 年)。

(2)组织与权力关系理论

权力配置主要涉及权力与组织的关系,因此,组织与权力关系理论与其存在深刻关联,直接影响并组成了权力配置理论的重要部分。过往关于组织与权力关系的理论研究,主要包括功能主义和结构主义两个理论学派。

在功能主义者看来,权力是一种系统资源,它也蕴含着沟通媒介的意义,因此,权力的运转构成了一种决策链(卢曼,1979 年)。这种权力链条的

---

〔8〕［英］吉登斯:《社会的构成》,李康等译,中国人民大学出版社 2017 年版,第 14 页。

〔9〕Foucault M. & Morris M., *Power, Truth and Strategy*, Sydney, Federal Publications, 1979, p. 93.

〔10〕《马克思恩格斯全集》(第 30 卷),中共中央马克思恩格斯列宁斯大林著作编译局译,人民出版社 1995 年版,第 49 页。

〔11〕Gramsci A., Hoare Q. & Nowell - Smith G., *Selections from the Prison Notebooks of Antonio Gramsci*, London, Lawrence and Wishart, 1971, p. 36.

衍生依赖于正式组织之上。因此,组织实质上是分化和配置权力的一种机制。组织的目的在于保证权力链的有效延伸以及权力的多样化与精细化(卢曼,1990年)。

结构主义者认为,功能主义者的研究都将组织与权力视为有联系但彼此独立的两个概念,仅将组织视为权力运作的背景(Salancik & Pfeffer,1977年)。但在结构主义者看来,权力和组织都是同一个对象的内容和形式。其是行动者的集体行动在时间、社会和事实维度上的一种结构简化(吉登斯,1984年)。组织与权力之间的关系,并非权力配置对组织构成设计的一种单向作用,结构化理论认为结构本身兼具构成性和使动性,这意味着结构存在影响行动者的内在动力,也代表着一旦组织存在异化,那么权力就会随之产生异化,且这种影响的方向是不可逆的。

2. 国内研究

在权力配置的相关理论方面,国内研究并未作出太多原创性的拓展,主要的成果多为介绍或借鉴国外理论以分析我国的制度实践,并提供一定解决方案。总结来说,这些研究成果主要可以归纳为以下两个理论进路:

第一条理论进路主要是借鉴并传播传统的国家权力配置理论——权力分立理论,在权力配置方面,该理论主要树立了一种先权力分化后组织设计的决策思维顺序。我国学者对这一传统理论的引入和借鉴源远流长,早在1899年梁启超就首次向国人介绍了孟氏三权分立学说(梁启超,1899年),孙中山更提过“五权宪法”的理念(孙中山,1906年)。在传统政治学说中,权力分立理论占据了主流的地位,更在某种程度上指导过我国的政治实践。由于在我国法治实践中西方分权与制衡学说已无土壤,因此,除早年翻译的经典著作外,晚近以来此方面的学术研究,多以介绍西方各国权力分立体制为主,兼或讨论我国国家权力中审判、检察等权力独立性之必要。张千帆从美、法、德等西方国家的宪法规范与宪制实践出发,介绍了各国权力分立与制衡的基础理论与制度经验(张千帆,2004年);杨强从美国具体政治活动出发,分析了“清洁电力计划”中的权力分立实践(杨强,2016年);杜强强则从司法审查的角度,分析了美国权力分立的现实结构(杜强强,2007年);方世荣探讨了权力分立对行政权的制约(方世荣,2001年);朱应平分析了司法权分立原则,强调司法的独立性(朱应平,2009年),等等。权力分立理论尽管作为经典理论为研究者所普遍理解,然近年来的研究与讨论一直呈现出式微的趋势。

第二条理论进路则是一条功能结构主义的理论进路。该理论坚持一种组织结构优先决定的学说。强调权力配置要遵循"功能适当原则",要求依照机关的组织结构是否适应于国家职权效能的实现来决定国家职权归属。近年来,这一理论被引入介绍,用以分析中国国家权力配置的实践。陈爱娥介绍了德国宪法法院在 1984 年导弹部署案中确认的"功能最适原则",并结合我国台湾地区经验揭示其理论内涵(陈爱娥,1999 年);沈寿文分析了我国人民代表大会制度的国家权力配置功能,认为结构功能最适是我国国家权力配置的原则(沈寿文,2015 年);张翔则通过解释 1982 年有关修宪资料,认为我国也存在相应国家决策正确性的功能主义要求,并基于 1982 年《宪法》修改的规范变迁情况归纳出我国的宪法存在组织结构功能规范意义(张翔,2018 年)。结构功能主义的理论进路逐渐为我国学术界所运用并用以解释我国权力配置的实践问题。

(二)立法权内部配置与议会组织设置的研究现状

1. 国内研究综述

(1)对域外议会立法权内部配置与议会组织设置的研究

当前,国内关于域外议会立法权内部配置与议会组织设置的研究成果颇丰,主要是对于民主法治较为成熟国家的议会组织情况的介绍。例如,由王晓民教授主编策划的国外议会丛书,以专著形式,分别对英、法、德、日等国议会制度作出了全局性的评述,全面深刻地分析了部分国家立法机关的发展、构成及运作情况及其权力设置情况。[12] 此外,除以国别为对象进行总体研究之外,国内研究者还针对国外议会内部组织的各项权力制度进行了比较研究。例如,周伟的《各国立法机关委员会制度比较研究》(周伟,2005 年)、周叶中的《代议制度比较研究》(周叶中,2014 年)等。

综合来看,国内关于域外议会立法权配置与议会组织设置的研究主要集中于以下几个主要的研究论题:

---

〔12〕 杨建顺:《日本国会》,华夏出版社 2002 年版,第 4 页。

首先，组织模式问题。不同于国外研究者对议会组织模式所采用的理论划分范式（参见域外研究综述部分）。我国就各国议会组织模式的研究以制度实证为对象，所采用的划分方式以国别为代表。国内通说观点认为，当代议会机构设置存在三大模式，即美国式、英国式和德国式。[13] 蒋劲松认为，美国立法机关组织的特色在于委员会。委员会行使搁置法案以及逐条讨论修正的权力，对法案有生杀予夺之大权。在委员会审查阶段，为委员会所反对的法案，很可能就被束诸高阁；反之，经委员会审查通过的法案，到了院会，大多能够顺利通过。尤其是委员会之内规及其作业程序，皆由委员会自行决定；而且在各种委员会中，唯有常设委员会有固定的管辖权（fixed jurisdiction）（蒋劲松，1994 年；任莉，2003 年）。英国议会的机构设置则走出了一条与美国式相反的道路，议事机构突出全院大会的全权性。常设委员会担负基层议事工作，但只能服从全院大会框定的原则方针，对议案进行技术加工（蒋劲松，1997 年）。德国式议会议事机构的特征是充分结合了委员会与议会党团的优势，能够充分代表的议事（蒋劲松，1994 年；甘超英，2002 年）。

其次，委员会问题。在现代世界各国立法机关中，委员会是立法机关普遍采用的一种组织形式。[14] 因此，关于议会委员会的比较研究，亦是国内关于议会组织研究的重点之一。在此问题上，周伟教授作出卓有成效的研究。他对各国议会中委员会产生的制度原理、类型特征、议事原则、组织设置、组成、管辖等诸问题进行了全面而系统的比较研究。虽然基于成书年代的缘故，部分资料已显老旧，无法实时地展现现行各国议会委员会的现实情况，但从研究的全面性与完整性上，为议会委员会的相关研究奠定坚实的基础（周伟，2005 年）。除此之外，蒋劲松通过从理论上分析代议机关委员会制度，阐述了专门委员会“议事单位”的性质和地位（蒋劲松，2007 年）；王晓民针对瑞士议会的委员会制度进行研究，从中总结可以借鉴的实践经验（王晓民，2004 年）；任进比较了各国地方代议机关中的委员会组织，探讨了地方层面的委员会设置（任进，1994 年）；宋衍涛就美国国会中委员会的议事活动展开了分析，为了我们展现了一幅全景式的美国委员会民主博弈的画卷

〔13〕 蒋劲松：《当代议会机构设置的三大模式》，载《人大研究》1994 年第 11 期。
〔14〕 周伟：《各国立法机关委员会制度比较研究》，山东人民出版社 2005 年版，第 1 页。

（宋衍涛，2004 年）。前述研究分别从不同的面向，对各国的议会委员会进行了介绍和探讨。

最后，议会党团问题。关于议会中的党团问题研究，是近年来方才逐渐兴起的研究路径。以张磊（张磊，2013 年）为代表。国内学者对议会的组织问题研究日益开始重视党团组织的作用。例如，孙双琴对西方国家的议会党团制度进行了介绍（孙双琴，2002 年）；赵磊就议会党团制度对立法的影响作出了阐释（赵磊，2011 年）；程迈对德国所设计的议会党团法律制度进行了专题研究等（程迈，2015 年）。但当前我国大陆学者对于议会党团的研究才刚刚起步，多为法律制度的介绍或探讨议会与政党关系，鲜有从党团组织角度切入，研究议会党团组织的相关文献。在我国台湾地区，由于相关党团协商制度的存在，自 20 世纪 90 年代开始，对议会党团组织的研究已逐渐成熟，例如，黄丽香对议会党团的组织原因以及其对立法团结的影响进行了讨论（黄丽香，1999 年）；吴坤鸿对党团协商制度进行了专题研究（吴坤鸿，2000 年）；郑元毓对实践中的议会党团活动进行了统计分析，揭示了党团协商活动的实践面貌（郑元毓，2013 年），对有关议会的党团组织与相应党团协商制度进行了相对全面的研究。

（2）我国国家立法权内部配置研究

国内学术界虽然鲜有从权力与组织关系角度研究我国国家立法权内部配置的文献，但对于人大的各组织及其制度的研究却并不罕见。总结归纳起来，当前国内对于我国国家立法权内部配置的研究主要集中于以下几个方面：

第一，全国人大常委会与全国人大的立法权配置关系问题。从规范研究来看，目前关于全国人大与全国人大常委会权限界分的研究成果相对较多。例如，蔡定剑教授的《人民代表大会制度》从总体上对相关问题进行了探讨（蔡定剑，2003 年）。也有学者在《立法法》制定之后专门研究过全国人大与全国人大常委会的权限界分问题，对“基础法律”的范畴展开了研究（韩大元、刘松山，2003 年）。冯洋对全国人大常委会立法权变迁的历史进行了回顾与反思（冯洋，2011 年），而肖巧平教授则专门就地方人大与其常委会的立法权配置关系问题进行了相关分析（肖巧平，2015 年）。但从理论研究来看，虽然过往学者多揭示了我国各级人大与其常委会之间权限界分存在的问题,但就相关问题进行的理论探讨则相对较弱,对于相关权限界分背后所昭示的民主与效率问题、代表性问题、代议能力问题则较少涉及。早年只有蒋劲松教授在《全国人大常委会的代表性探讨》等作品作出过相应理论探索(蒋劲松,2004 年)。直到近年来,随着研究的不断深入,相关研究才逐渐开始起步。

第二,专门委员会的权限配置与组织设置问题。虽然专门委员会不是一级权力机关,不享有实体性的立法权。但是,专门委员会行使着大量立法权运行所必需的程序性权限,因此,专门委员会的相关研究对于研究国家立法权内部配置问题有重要意义。当前我国关于专门委员会的研究主要集中于专门委员会的性质问题、权限问题和运行机制完善问题。关于专门委员会的性质问题,蔡定剑教授曾根据机构的性质,将全国人大和全国人大常委会以及两者内部的机构分为职能机构和非职能机构。职能机构又分为权力机构和执行机构,非职能机构又分为工作机构和事务机构。专门委员会同时兼具工作机构和准职能机构的性质,具有提出议案、审议议案的程序性权限,但是不能独立行使是实体性的立法权限(蔡定剑,2003 年)。[15] 关于全国人大专门委员会的权限问题,刘松山从宪法规范中专门委员会的设计出发,认为专门委员会不能成为立法主体,也不能享有相应监督权。发挥专门委员会的作用关键在于其本身所享有审议等有关职权(刘松山,2000 年)。[16] 关于专门委员会运行机制的完善问题。对于专门委员会运行机制的完善,学者们提出过各式各样的解决措施,归纳起来,主要有两个方面:一是制度规范化问题。柴逸扉认为当前全国九个委员会没有按统一的标准分类,职能范围不均衡,建议以法律形式规范化(柴逸扉,2011 年)。[17] 丁利民和刘晓东认为,地方组织法对组织结构规定过于原则,要通过立法形式和手段进行规范(丁利民、刘晓东,2000 年)。[18] 二是人员专业化问题。黄小钫认为实现专门委员会组成人员的专职化,是专门委员会制度改革的方向和

---

〔15〕 蔡定剑:《中国人民代表大会制度》,法律出版社 2003 年版,第 476~477 页。
〔16〕 刘松山:《专门委员会为何不能行使立法权和监督权》,载《法学评论》2000 年第 4 期。
〔17〕 柴逸扉:《完善全国人大专门委员会制度的思考》,载《改革与开放》2011 年第 8 期。
〔18〕 丁利民、刘晓东:《地方人大机构设置存在的问题及对策》,载《人大研究》2000 年第 6 期。

发展趋势（黄小钫,2015 年）。[19] 此外,关于专门委员会,尤其是地方专门委员会设置（组织设计）的科学性问题,虽然在现行研究中,有学者曾就相应现象指出过问题,但未进行深入的研究与分析,相关研究成果相对空白。

第三,全国人大常委会工作机构的地位和职责问题。对于全国人大常委会工作机构,当前国内的研究成果主要集中在研究其性质及职责问题、工作机构与专门委员会的比较研究以及工作机构对立法工作影响的问题。关于全国人大常委会工作机构的性质,学者认为,全国人大常委会的工作机构在宪法上并无地位,与专门委员会不同,其没有宪定的职权,并不是职能机构。工作委员会建立的理论依据是全国人大常委会行使职权的需要（俞静尧,1993 年）。工作机构所主要承担的工作,便是为职能机构提供服务（蔡定剑,2003 年）。[20] 比较专门委员会与工作机构,亦是对工作机构研究的重要方向之一。王华宁综合分析了二者存在的差别（王华宁,2013 年）。[21] 现实中的新闻报道常常出现表述存在不规范的现象,对相关用语一定要严谨、规范,切莫混淆（闫旭辉、冯军亚,2012 年）。[22] 此外,近年来,全国人大常委会工作机构对立法工作影响问题,逐渐为学者所重视。卢群星在其作品中将此问题称为"隐性立法者",并提出有必要通过构建信息均衡模式,以实现立法者和立法工作者之间的契合（卢群星,2013 年）。为我们提供了研究常委会工作机构问题的新视角。

2. 域外研究综述

（1）各国国家议会立法权内部配置模式

西方国家议会组织架构中的立法权内部配置一般围绕着其议会活动的核心组织,也即院会和委员会展开分配,因此,国外学者在对议会立法权力内部配置模式进行归纳总结时,基于各国政治差异与议会发展背景的区别,一般将议会的运作划分为"委员会中心主义"和"院会中心主义"两种模式。直到新时期,议会的组织发生了深刻而复杂的变化,原有的两种划分模式已

---

〔19〕 黄小钫:《地方人大专委会制度及其完善——基于 31 个省级人大的实证分析》,载《教学与研究》2015 年第 6 期。

〔20〕 周宇骏:《法律询问答复的效力研究》,华东政法大学 2015 年硕士学位论文,第 28 页。

〔21〕 王华宁:《人大专门委员会和人大常委会工作委员会之区别》,载《人大研究》2013 年第 3 期。

〔22〕 闫旭辉、冯军亚:《切莫混淆人大工作委员会和专门委员会》,载《人大研究》2012 年第 2 期。

无法涵括当前行使立法权限的议会组织，因此，国外学者又提出了“政党中心主义”和“多重决策中心主义”两种新的模式理论。

委员会中心主义（the committee autonomy prospective），又称独立委员会模式，持此观点者认为，委员会为一个自主性单位，能够决定所管辖范围内的政策结果。委员会产生的原因，就理性选择理论（rational choice）来说，主要是因为其担负了特殊的利益分配与交换功能（distribution and gains from exchange）。有学者认为：议员们各自具有多元且不同的利益偏好，议会必须发展出一套重要的决策机制以进行利益的交换。因此，委员会的由来是议员为求解决利益交换的互信困境问题并减少交换成本，将交换的机制制度化成为委员会的制度。为了使在此机制下，利益能够有效地进行交换进而达成多数联盟，议会赋予某些特定议员对于某些法案拥有特殊的决定权。委员会的成员对于所辖议题范畴内的法案具有提案垄断权，使少数得以取得关键位置与否决权，进而改变院会简单多数决的结果〔23〕（Barry R. Weingast & William Marshall，1988 年）。

既然委员会是利益交换与分配的枢纽，议员们往往便会基于自身利益的考量，而选择委员会席次。有学者认为，每一位议员在选择一个委员会的同时，必须放弃其他更多可能的选择。这唯一的选择应该是最攸关议员利益的选择。所以，来自乡村选区的议员往往控制了农业委员会，以便于监督对其选区利益的提供与保障；来自都市的议员则控制了有关银行、都市、福利业务的委员会，以提供对其选民最切身的利益。因此，委员会的成员往往是对该委员会所辖政策具有高度利益要求者，结果使委员会成员充满了强烈的偏好外部者（intensive preference outliers），即议员依个人兴趣选择其委员会，不需对院会整体政策偏好负责〔24〕（Barry R. Weingast & Mark J. Moran，1983 年）

院会中心主义（the chamber dominated prospective），又称院会主导模式，有学者认为，委员会的制度设计由来，不仅在于能够垄断议题设定，更在

〔23〕 Weingast B. R.，Marshall W. J.，*The Industrial Organization of Congress；or，why Legislatures，like Firms，are not Organized as Markets*，The Journal of Political Economy 132（1988）.

〔24〕 Weingast B. R.，Moran M. J.，*Bureaucratic Discretion or Congressional Control? Regulatory Policymaking by the Federal Trade Commission*，The Journal of Political Economy 765（1983）.

于能垄断信息与专业。就整体而言,院会也因委员会的存在,得以减少政策的不确定性,但为了防止委员会运用其地位图利其成员,院会保留其否定或推翻委员会的建议的权利,甚至必要时将放弃重组委员会。[25] 委员会的影响力并非来自利益的交换或者程序上的设计,而是政策决定过程与结果的不确定性,往往促使院会采纳委员会成员的政策主张与信息,但是未来连任的不确定性,却又使院会成员偏好较不具争议性的委员会决议,并将危险议题排除于院会的讨论之外。所有政策决定仍是由院会多数选择(remote majoritarian choice)而来,意即院会不仅决定政策,还决定委员会等制度的运作,可以称为院会中心主义(Krehbiel,1990 年)。同时,他还在比较委员会成员与非成员之间的投票行为后得出结论,委员会的成员并非偏好的外部者,而是院会意志的执行者[26](Krehbiel,1992 年)。

政党中心主义(the party dominated perspective),又称政党主导模式。政党中心主义强调政党对于议员决策的影响力,主要基于两个前提:首先,议会成员都希望其政党获得选举的胜利,因为政党的胜利提供其成员更多的资源(如委员会主席的席次),进而可以帮助议员完成其他目的(如制定好的政策,帮助其连任取得权力与影响力)。其次,议员竞选的成功必须依赖政党政纲的制定与落实。为落实其政策,党团经常必须动员其成员来支持与推动。同时,为确保政党成员会遵守其要求,政党会分配忠诚党员到重要委员会,并处罚违反政党利益的议员,以解决集体行动的难题。一组相互依赖的关系存在于政党与议员之间。一般情况下,个别议员往往面临集体行动的困境,议员间无法主动合作,无法为其选区赢取利益,必须透过政党机制从中协调,政党一则扮演程序联盟的角色,一则扮演议题设定者角色,因而成为重要的决策主体。有学者比较了委员会成员与党团的政策偏好的结果,发现政党才是委员会决策幕后的主使者。政党领袖希望委员会议决政策的结果,能确保或强化其政党声望。委员会为政党的偏好服务的结果,使

---

〔25〕 Krehbiel K., *Are Congressional Committees Composed of Preference Outliers*?, 84 American Political Science Review 149(1990).

〔26〕 Krehbiel K., *Information and Legislative Organization*, University of Michigan Press, 1992, p. 174.

委员会决策丧失自主性[27](Kiewiet D. Roderick & Mathew D. McCubbins, 1991年)。

多重决策中心主义(the multiple principle - agents prospective),于1994年提出,学者认为:委员会成员必须同时向众多的决策主体(multiple principles)负责,有时委员会成员必须对院会成员负责,有时必须接受党团意见的指导,有时则必须考虑到选区选民的要求。同时,复杂的议题以及跨议题的多数联盟的逐渐增加,使委员会必须兼顾到不同决策主体的要求。委员会成员决策角色具有多重目的,并且同时向多元决策主体负责。就议员的多重目的而言,议员们都期望委员会职务能对他个人带来好处,协助议员达成个人政治目标。作为委员会成员,其最主要的目标在于寻求连任、制定好的政策以及在院会享有影响力。[28] 参加委员会除了有多重目的之外,委员会的决策也同时受到多个决策主体的影响,包括院会多数、政党党团以及选区选民。所有有关国会的组织程序规范,都是由国会多数所制定,因此,委员会理所当然会被视为院会多数决的结果,其权责、管辖法案范畴、所制定的政策结果自然需要考虑院会的要求。除院会外,影响委员会决定的,还有政党以及选民。同时,基于连任的考量,议员必须考虑政党的立场以及接受政党领袖的指挥,以提升政党的形象与地位(Maltzman Forrest & Steven S. Smith,1994年)。

(2)对中国人民代表大会制度及国家立法权配置的研究

域外对于中国人民代表大会的研究并不全面。早年间主要是以针对社会主义政权的合并研究为主,在研究苏联、东欧等社会主义政权议会组织的同时,附带研究中国的人民代表大会制度。因此,在认识上存在偏差,不足为凭。近年来,随着中国影响力不断扩大,关于中国人民代表大会制度的研究方才缓缓起步。

制度范式的研究源自亨廷顿的制度化概念,这种分析思路逐渐形成了西方各国议会研究中的制度化学派。这种研究范式也随之衍生到对中国人

---

[27] Krehbiel K. Kiewiet, D. Roderick and Mathew D. McCubbins, *The Logic of Delegation: Congressional Parties and the Appropriations Process*, 19 Congress & the Presidency 82 (1992).

[28] Smith M. S. S., *Principals, Goals, Dimensionality, and Congressional Committees*, 19 Legislative Studies Quarterly 457(1994).

民代表大会制度的研究中。制度范式的研究者关注中国人民代表大会的制度化,认为中国人民代表大会制度构建了一套制度化的理性科层体制以提升自身的政治能力。这主要包括纵向与横向两个层面:在他们看来,中国人民代表大会制度的科层制度横向层面包括全国人大常委会的构建以及其附属工作机构的制度化构建;而纵向层面则主要着眼于建立一种全国人大对地方人大的领导结构,并通过备案审查等制度实现二者之间关系的制度化,从而整体强化人民代表大会的地位(O'Brien Kevin & Luerhrmann Laura,1998 年)。此外,制度范式研究者还认为中国人民代表大会组织呈现出制度的内嵌化情况。学者们发现,人民代表大会通过和其他具有权力的机关相互嵌套的方式开展工作[29](O'Brien Kevin,1994 年)。

对于权力机关而言,制度范式不足以完全解释中国人民代表大会制度的样态。据此,产生了研究中国人民代表大会制度的权力范式方向。权力范式的研究主要针对全国人大的立法权与权力实践之间的关系展开分析。Oscar Almén 分析了地方人大在地方权力实践中的地位,他认为地方人大通过其立法权的发挥,对地方党委和地方政府形成了一种制约,并充当着地方利益和中央意志之间的缓冲者,进而形成了一种实践的权力制衡[30](Oscar Almén,2005 年)。Paler Laura 则细致地分析了立法权的实践,他以《中华人民共和国立法法》(以下简称《立法法》)的创制为分析对象,诠释了《立法法》的立法活动中全国人大与国务院、地方人大等主体之间的协调、博弈以及由此形成的权力架构[31](Paler Laura,2005 年)。

(三)当前研究存在的不足

虽然当前关于各国国家议会立法权以及我国国家立法权内部配置的研究成果颇丰,相关研究从覆盖面来看,相对全面地涉及各具体组织及其权限配置,但综合分析当前已有的研究成果,可发现过往的研究依然存在以下

---

[29] O'brien Kevin, *Chinese People's Congresses and Legislative Embeddedness: Understanding Early Organizational Development*, 27 Comparative Political Studies 80(1994).

[30] Oscar Almén, *Authoritarianism Constrained: The Role of Local People's Congresses in China*, *Department of Peace and Development Research*, Gteborg University, 2005.

[31] Paler Laura, *China's Legislation Law and the Making of a More Orderly and Representative Legislative System*, 182 The China Quarterly 301(2005).

问题：

在权力理论方面，权力理论的发展深化了人们对于权力的认识，然而，从相关理论研究成果来看，自启蒙时期开始，权力理论的相关研究基本都集中于对于权力本体论的讨论，在权力的起源、本质方面提出了多种理论假设，但对于认识论与方法论层面则缺乏更多的深入，在福柯之前，更鲜有人在知识论角度进行突破；在方法论层面，那些关于权力的具体配置与运行的方法论理论，自分权与制衡学说之后，再无更有价值的理论成果。立法权的内部配置问题需要更进一步的权力理论阐释，尤其是关于立法权力配置与运行的方法理论，因此，在此方面，权力理论的研究还有待更进一步地深入。

在组织理论方面，与权力相关的组织理论，尤其是组织权力设计与组织行为的相关理论，主要是从工商管理的角度出发，对企业等私主体的组织权和人事权进行分析研究。不同的组织的属性千差万别，其根本性质不同，相应建构逻辑也不能简单套用。议会组织作为一种主权和政治机关，与私主体的企业存在巨大的差异。组织学与社会学的相关研究，鲜有涉及具体的公权力机关组织与权力配置考察，尤其是议会组织及其立法权内部配置的相应分析与考察，在研究对象上有待拓展。过往对于组织与权力理论的研究相对片面且存在割裂，未能站在统一的视角、运用联系的观点理解组织与权力关系问题，故而在相应理论中缺乏协调一致的问题视域，无法通过一个内部统一的理论来解决权力与组织配置的理论问题。因此，对于相应的组织理论以及组织与权力关系理论的研究，尚需要进一步统一理论框架。

在实践制度方面，国内对于中国国家立法权内部配置的研究，目前尚缺乏系统且专门论述的学术作品。关于权力配置问题的研究仍停留在国家机关职权配置原则这个宪法学范畴的探讨上，而缺乏对立法权内部结构及各具体立法权限配置与运用的充分理解。此外，以往对人民代表大会制度的研究，尽管实证资料相对充足，但理论证成不够深入：对国家立法权内部配置中获得各具体立法权限的立法组织，国内过往的理论研究往往仅关注其基础构成，未能深入地理解其设置背后的制度结构与权力结构，分析组织与权力结构的运转机制与内部机理，导致在许多具体问题上的研究存在空白。已有立法权内部配置的研究成果多停留在人民代表大会内部单一组织的职权设置层面，缺乏从整体立法权结构角度的统一理解；只相对割裂地阐述了当前立法权力运行中存在的多种问题，而未能从全局出发提供可靠的分析视角与解决方案。因此，有必要全面梳理国家立法权内部配置的各项问题，寻求问题症结，提出统一的解决方案，以促进国家立法权内部配置的优化。

同时，域外对于中国人民代表大会制度及国家立法权配置的研究多是从宏观角度探讨人民代表大会组织与其他权力主体之间的制度关系与权力关系，基本未有从人民代表大会内部入手，研究人民代表大会内部的权限与组织的建构问题的内容。一方面，可能是由于中国人民代表大会与别国议会组织在建构上存在差异；另一方面，也由于中国人民代表大会内部问题的复杂性，国外研究者难以全面地掌握相关资料，理顺中国人民代表大会的组织建设现状。

综合来看，有必要针对现行研究存在的不足与缺憾，进一步拓展研究对象，挖掘相应理论，直面我国国家立法权内部配置存在的实践问题，综合分析，从全局出发，把握关键问题，进而提出优化我国国家立法权内部配置的设计。

三、研究的方法

第一，文献分析法。文献分析法通过对文献的收集和分析以求得研究内容和成果。本书通过综合阅读与本书论题相关的国内外研究成果、官方文件、数据资料等材料，进而展开分析，提炼总结结论。

第二，比较研究法。这种研究方法主要是通过观察和分析相应对象进行比对。本书就我国国家立法权内部配置的基本做法和经验与域外类似实践进行横向比较。这里的比较并非单纯的制度之间的比较，而是必须以问题为导向进行，即一种兼容功能主义和规范主义的比较方法。

第三，规范研究与实证分析方法。一方面，将通过各种文献资料、规范文本以及调研资料，深入分析我国国家立法权的内部配置与运作，找寻存在的制度问题及其理论实质，提出解决问题的思路和具体方案；另一方面，通过案例与参与相应立法活动实践考察国家立法权内部配置的具体实践，进行具有针对性的调研。

四、本书研究思路及结构

本书将通过归纳当前我国国家立法权内部配置存在的问题，总结导致问题发生的因素,进而基于我国的制度实践具体经验,挖掘国家立法权内部配置的指导理论,并以此为指引,为我国国家立法权内部配置的优化提供指导方略。本书分为四章,六个部分,分别为导论、我国国家立法权内部配置的现状、我国国家立法权内部配置的问题揭示与分析、我国国家立法权内部集中与分散配置的基础理论、我国国家立法权内部配置的优化以及结语,详细论述了我国国家立法权内部配置的现状、核心问题、相应理论以及解决方案,具体结构安排如下:

第一章主要分析我国国家立法权内部配置的现状。拟通过组织区分的角度,总结当前我国全国人大及其常委会、专门委员会、委员长会议和常委会工作机构等具体立法组织中立法权限的配置情况,考察当前我国国家立法权内部配置的现状及呈现出的相关实践问题,并挖掘造成这些具体问题的历史与现实因素。

第二章着重揭示了国家立法权内部配置当下制度困境诞生的原因,并就其解决进行了理论诊断。本章在整理造成相应实践问题因素的基础上,认为当前我国国家立法权内部配置问题的实质是:宏观意义立法权在现实化过程中所带来的实践表现与立法权本质要求之间的张力。是故,相应制度困境的本质连接着对立法权本身属性以及权力与组织关系的认识问题。正是过往立法权配置理念中存在的认识局限导致了配置方法的误区,进而制造了当前的配置困境。因此,厘清国家立法权内部配置问题,科学配置各个议事单元的立法权限,应当建立在理解立法权性质与组织结构的基础上。故而,本书的研究将以权力与组织关系切入立法权内部配置问题。在总结相应权力与组织理论的基础上,通过具备统一视域的理论来理解二者关系,并据此进一步揭示权力配置的基本方案,即权力集中与分散配置的基础理论。

第三章具体讨论国家立法权内部配置的基础理论。在总结权力配置基本方案的基础上,基于我国国家立法权内部配置实践的具体背景和制度经验,揭示出权力集中配置和分散配置在我国具体呈现为民主集中制与人民共和两大原则,并进而针对两大原则进行总结和提炼。分析中国实践中人民共和思想和民主集中制原则的具体内涵、中国特色以及其对国家立法权内部配置的指导意义,全面整理国家立法权进行内部配置的基础理论。

第四章主要总结我国国家立法权内部配置的优化方向和具体方案。在全面分析前述基础指导范式理论的基础上，综合运用权力集中配置与权力分散配置理论，并参考以英国等国家和地区为代表的域外经验，结合我国国家立法权内部配置的实践问题，归纳出国家立法权内部配置遵循的基础原理，进而提出具体的改进方案，最终为整体立法权结构的平衡与优化提供参考。

五、研究解决的重点和难点问题

首先，组织与权力的基础关系问题。立法权内部配置主要涉及一对基础关系——立法机关与立法组织，即一种组织与权力之间的关系。过往对组织与权力的关系的理解存在二元悖论：一方面，作为国家公共权力功能性分化的职权要附应组织的功能与结构，职权需要依靠一个适当的载体来发挥职权应当发挥的效用，故而职权需要根据组织的情况予以配置；另一方面，国家职权的配置本身也对机关产生着影响，一个机关的结构和功能本身需要服膺于其本身被授予的职权，并朝着职权功能性的方向予以调整。这便导致了一种二元悖论，权力的配置要受到组织结构的影响，而权力又影响着组织的结构。这种二元悖论的理论问题直接关乎立法权内部配置的具体方向，因此，厘清组织与权力的基础关系问题，是本书研究的重点和难点。

其次，国家立法权内部配置的基础理论问题。权力配置存在一组对立统一的基本方案：权力集中与权力分散。任何关于我国国家立法权内部配置的方案，本质都是集中思想与分化思想这二者的对立与统一的投射。权力集中配置理念与权力分散配置理念在我国的理论中，各有着具体的呈现。发掘相应理念在我国的具体理论，分析二者之间的张力与统一，方能从中寻找平衡和优化国家立法权内部配置的基本思路。是故，挖掘指引国家立法权内部配置的基础理论，是本书研究的重点和难点。

最后，党领导立法的相关问题。作为我国社会主义各项事业的领导者，中国共产党尽管在我国国家立法权内部配置问题中不曾作为权力主体出现，但仍有着特殊的地位和作用，诸如委员长会议等多个职能机构的权力运用问题更与其密切相关。如何在现行的理论构架中理解并阐释党领导立法问题，对于我国国家立法权内部配置的具体制度安排有着重要意义。因此，对党领导立法问题的理解，是本书研究的难点。

六、研究的创新之处与不足

本书研究可能的创新之处,主要在于以下两个方面:

首先,研究综合了组织与权力的理论进路,对我国国家立法权内部配置问题进行了理解与剖析。过往关于我国国家立法权内部配置问题的研究,大多主要集中于某一组织的某些权限方面,且往往只具备权力理论的视域,而缺乏从组织角度理解权力配置的进路,极少能够综合考虑权力配置中权力与组织两个方面的问题。本研究创新地运用具备统一视域的权力与组织理论对相应问题开展分析,对权力与组织的实质做统一的理解,解决了过往研究中组织与权力关系所带来的权力配置二元悖论,揭示了配置优化的调整方向。

其次,研究揭示了权力集中与权力分工在权力配置问题中的实质意义,并结合我国本土经验实践,发掘了我国权力集中配置和权力分散配置的指导范式。集权和分权问题在我国的制度意义,过往的许多研究未能相对清晰地予以揭示,对我国权力配置的集中与分散,缺乏相对统一的指导理论,本书研究在统一理论的基础上,发掘了民主集中制原则作为国家立法权集中配置基础理论和人民共和思想作为国家立法权分散配置基础理论的指导意义,指引了我国国家立法权内部配置优化的具体实践。

本书研究仍存在以下一些遗憾:首先,由于条件的缺乏,本书的研究仍未能掌握足够的人大立法实践一手资料,尤其关于常委会工作机构、党领导立法等实践问题,只能从公开渠道的一些资料进行发掘,对制度实践的描述难免仍存在偏颇之处;其次,关于权力与组织的理论梳理和总结提炼不尽完善,对于后现代意义上互动式权力网络结构的理解或许不够深入,期待未来进行更深入的理论挖掘,完善相应理论构建;最后,由于缺乏实践工作经验,书中关于调整优化措施的许多建议和意见或许不够现实,可能无法完全符合制度现实需要,较难真正地指导制度实践,在未来的研究中还有待结合实践,提出更有创造性价值的建议。

第一章

我国国家立法权内部配置的现状

对我国国家立法权内部配置的考察,存在多个不同的视角,本书研究选择通过组织区分的角度来展开观察。由于权力与组织之间的密切关系,这种角度将更为便于梳理我国国家立法权内部配置现状,理解配置实践中存在的问题。因此,本章试图分别从全国人大、常委会、专门委员会、委员长会议和常委会工作机构等具体组织中立法权限设置的角度展开论述,考察当前我国国家立法权内部配置的现状及呈现出的相关实践问题,探求导致问题发生的历史与现实因素,以便于后文分析制度现实与理想状态之间的张力,寻求问题的核心矛盾与解决方向。

第一节　二元结构:全国人大及其常委会立法权限的配置关系

一、全国人大与常委会立法权限配置的制度设计与实践问题

在我国,人民管理国家的方式是人民代表大会制度,加强人民代表大会制度是实现人民民主的组织保证。加强人民代表大会制度最重要的方式就是通过设置常务委员会,扩大常委会的职权并加强它的组织能力,在一定程度上强化人民代表大会的制度能力。在立法方面也是如此。具体而言,全国人大与其常委会的立法权限在规范层面以基本法律这一特定对象为分野,对制定、修改、解释等权限上进行了分配。(见表1-1)

表1-1　全国人大和全国人大常委会的立法权限

组织	立法权限
全国人大	制定和修改刑事、民事、国家机构的和其他的基本法律; 改变或撤销全国人大常委会不适当的决定(法律)
全国人大常委会	制定和修改除应当由全国人大制定的法律以外的其他法律; 在全国人大闭会期间,对全国人大制定的法律进行部分补充和修改,但是不得同该法律的基本原则相抵触; 解释法律

资料来源:中国人大网

从议事单元角度来看,全国人大常委会与全国人大之间的关系并非等同于西方常设委员会与议会之间的关系,全国人大常委会从权能结构上已

经构成了一个相对独立的议事单元,[1]与全国人大一起共享立法权。因此,全国人大常委会能够独立完成一整套立法程序,开展立法活动。换言之,全国人大常委会对国家立法权的这种行使和分享,是在分享一个相对完整可以独立运用的立法权,而非不可独立使用的部分权限。立法权限在全国人大与常委会之间的配置,主要是涉及制定权限、修改权限、解释权限和废止权限等立法权限的配置。这种独立议事单元以及独特的立法权限配置模式,使实践中呈现一种特殊的二元中心的立法体制。本书研究将此称为全国人大与全国人大常委会立法权限的二元结构。

全国人大常委会获得立法权的六十多年来,其行使立法权的活动满足了实现立法工作常态化、改革开放和社会主义现代化建设的客观立法需要,为中国特色社会主义法律体系的建成做出了巨大贡献。然而,虽然全国人大常委会行使立法权的活动取得了巨大的成就,但不可否认的是,随着全国人大常委会的不断强化,其已经开始逐渐进入本由全国人大所行使的立法权限范围。《宪法》和《立法法》中对国家立法权设置的有关规定,在实际运行过程中就出现了一些问题,这可以从以下三个方面进行说明。

(一)事实上立法成果的比例

从国家立法权运行的总体状况来看,全国人大常委会已然占据了主力地位,相对削弱着了全国人大在立法工作中的重要性。1978 年五届全国人民代表大会一次会议至 2017 年十二届全国人民代表大会五次会议,全国人大共审议通过 61 件立法案(包括宪法及宪法修正案)。其中,制定 46 件,修改 16 件,现行有效的法律 40 部,占全部现行有效 263 部法律的 15.2% 。从工作量来看,五届至八届全国人大共审议通过 47 件法律案,同期全国人大常务会通过了 162 件法律案,全国人大通过的法律案占所有法律案的 22.5% 。九届全国人民代表大会以来,随着将全国人大常委会组成人员数量由 155 人增加到 175 人,常委会的组织能力持续增强,随之其立法的力量也逐渐增长,对立法活动参与的广度与深度都在不断提升。这一时期,全国人大审议通过的法律案只有 14 件,而同期全国人大常委会审议通过的法律

[1] 蒋劲松:《代议机关委员会制度原理》,载《政治学研究》2007 年第 4 期。

案则高达306件,全国人大审议通过的法律案仅占所有法律案的4.4%,尤其在十二届全国人民代表大会期间,全国人大常委会的法案通过数创纪录地突破了100件,全国人大与全国人大常委会立法案数量的对比扩大到4:102(见表1-2)。当然,不可否认的是,由于全国人大行使的是基本法律立法权,相较基本法律以外的其他法律,基本法律的数量相对稀少,全国人大的立法数逐渐下降在很大程度上也受到此因素的影响。但另一组数据,仍可以揭示全国人大立法权逐渐被全国人大常委会侵入的现实。据笔者统计,自十届全国人民代表大会以来,除宪法修正案外,全国人大通过的全部法律案都是经全国人大常委会先行审议再提请大会审议的。根据《立法法》的有关规定,此过程并非为立法的必经审议程序。这难免容易给人一种疑虑:全国人大常委会在预审、直接影响着应由全国人大通过的法律案。以上种种数据表明,近年来全国人大的立法功能在不断地弱化,而全国人大常委会则在不断强化。全国人大所立法律对国家和社会的规范密度越来越低于全国人大常委会所立的法律。全国人大与全国人大常委会的相互地位,由全国人大的实质最高地位逐渐转变为形式最高地位,由全国人大常委会对全国人大规范上的从属性逐渐转变为全国人大常委会实质上的主导性。[2]

表1-2　五届全国人民代表大会以来全国人大与全国人大常委会通过法律案数

数量＼届别	五届	六届	七届	八届	九届	十届	十一届	十二届	合计
全国人大	20	6	12	9	4	4	2	4	61
全国人大常委会	18	36	38	70	72	69	63	102	468
合计	38	42	50	79	76	73	65	106	529
全国人大立法占比	52.6%	16.7%	24%	11.4%	5.3%	5.4%	3.1%	3.7%	11.5%

资料来源:统计自全国人大常委会公报

〔2〕 韩大元:《论全国人民代表大会之宪法地位》,载《法学评论》2013年第6期。

(二)实践中全国人大常委会对立法的全方面主导

从全国人大常委会通过立法的具体情况来看,全国人大常委会已然进入了全国人大的立法权范围。从法律制定的方面来看,有些法律明确属于宪法指明的民事、刑事、国家机构等“基本法律”范围的,依照1982年《宪法》对立法体制的划分,这应当由全国人大进行立法,但现实中却是由全国人大常委会立法,如《侵权责任法》等[3]。同时,除明示的基本法律范围外,一些虽未被明示但应当属于“基本法律”范畴的法律,也存在由全国人大常委会立法的情况,如《集会游行示威法》,从理论上看应当属于基本法律的范畴,[4]现实中却是由全国人大常委会制定。从法律修改的方面来看,全国人大常委会虽行使对基本法律的修改权,但依照宪法规定其只能进行部分修改并不可违背原则。然而,事实上由于实践中“部分”如何认定的问题存在困难,全国人大常委会往往通过多次“部分”修改,将一些基本法律几乎全部更新。法律的修改包括修订和修正两种形式。所谓法律修订,是指对法律条文进行全面修改,重新公布法律文本以替代原法律文本。[5] 例如,1998年11月4日全国人大常委会便以修订的方式,对《村民委员会组织法》进行了修改,并作出修订决定。这显然违背了“部分修改”的立宪原意。而且,这种大量修改并不是个案。[6] 在“不违背原则”方面,全国人大常委会的修改活动也有违反的情况。例如,在全国人大常委会对《刑法》进行了22次补充和修改中,就涉及对刑法的某些原则如溯及力原则也进行了修改。此外,并不是所有全国人大制定的法律,全国人大常委会都有权进行修改。特别是有关全国人大自身组织建设及其职权的规定,如果由全国人大常委会进行修改,势必会增加其架空全国人大立法权的能力。历史上,全国人大常委会

---

[3] 如《惩治军人违反职责罪暂行条例》《中国人民解放军选举全国人民代表大会和县级以上地方各级人民代表大会代表的办法》。

[4] 蔡定剑:《立法权与立法权限》,载《法学研究》1993年第5期。

[5] 乔晓阳主编:《〈中华人民共和国立法法〉导读与释义》,中国民主法制出版社2015年版,第209页。

[6] 例如,1986年常委会对《选举法》和《地方各级人民代表大会和地方各级人民政府组织法》修改补充的条文分别占36%和44%,1995年对上述两法再次修改的条文分别占30%和42%;1998年常委会修改的《村民委员会组织法》增加和修改的条文占90%以上。具体论述可参见蔡定剑:《中国人民代表大会制度》,法律出版社2003年版,第268页。

曾对《地方各级人民代表大会和地方各级人民政府组织法》《全国人民代表大会和地方各级人民代表大会代表法》等法律多次进行修改，虽然这些修改是顺应时代进步的改动，但由全国人大常委会修改影响全国人民基本政治权利的《全国人民代表大会和地方各级人民代表大会代表法》以及影响全国地方组织权力架构的《地方各级人民代表大会和地方各级人民政府组织法》，在一定程度上弱化了全国人大在立法工作中的地位。

（三）实践中立法事项权限的混用

从全国人大立法的具体内容来看，也存在全国人大制定的法律内容不符合立法体制设定的情况。依照宪法规定，其所立之法应当是"基本法律"。然而，由于"基本法律"本身的界限模糊，对"基本法律"的认识和"基本法律"制定权的适用也存在极大的不确定性。除前文所述之全国人大常委会侵入全国人大立法权范围"高法低就"的情形外，也存在"低法高就"的情况，饱受学界诟病，〔7〕如《中外合资经营企业法》等法律〔8〕显然不属于"基本法律"的范畴。又如，十二届全国人大通过的《慈善法》，其既不属于规范刑事、民事和国家机构组织方面的基本制度，也不涉及公民基本的权利与义务保障，很难被认定为"基本法律"的范畴。在全国人大常委会副委员长李建国所作的草案说明中，也仅是将该法定义为"社会领域的重要法律"。由此可见，全国人大与全国人大常委会在立法权方面的二元结构已然出现了适用上的困境。全国人大常委会逐渐进入全国人大立法权限的范围，取代全国人大成为最重要的国家立法机关；全国人大自身法律制定权的运用也并未完全遵从宪法的规范。国家立法权的运行存在违反立法体制设计的矛盾现象。

二、全国人大与全国人大常委会立法权限的二元立法结构的形成

（一）中华人民共和国成立前的华北临时人民代表大会制度

追溯我国的立法权限问题，若只是单纯地从现行我国立法体制出发，则

---

〔7〕 韩大元、刘松山：《宪法文本中"基本法律"的实证分析》，载《法学》2003 年第 4 期；李克杰：《中国"基本法律"概念的流变及其规范化》，载《甘肃政法学院学报》2014 年第 3 期。

〔8〕 如《中外合作经营企业法》《外资企业法》《中外合资经营企业所得税法》《外商投资企业和外国企业所得税法》等。

至多可探寻至《中国人民政治协商会议共同纲领》(以下简称《共同纲领》)的规范。但在探索政权建设,并在此基础上开展立法活动的道路上,中国共产党在早期曾有过诸多的实践,“这些法律文献所确立的基本原则,许多仍然是建国后我国立法原则的基础”。[9] 尤其是1948年的华北临时人民代表大会及随之建立的华北人民政府,更是中华人民共和国人民政权建立的基础,是实践了的人民代表大会制度和人民政权的雏形。因此,理解全国人大与全国人大常委会立法权结构问题的源头,有必要追溯华北临时人民代表大会的制度设计。

1948年5月,中共中央决定实践毛泽东等共产党人关于人民代表大会模式的政权设计,酝酿召开华北临时人民代表大会,成立华北人民政府,并在此基础上探索全国性政权的建设工作。当年8月,华北临时人民代表大会(以下简称“临时人大”)召开,通过了《华北人民政府组织大纲》,逐步构建起了彼时的立法制度。由于彼时并未有关于“临时人大”权力及配置的宪法性文件,关于“临时人大”的法定立法权力不得而知。但从其立法实践来看,“临时人大”仅通过了几部组织与政权建设方面立法性质文件,[10] 在立法工作中并不处于全面主导地位。相较之下,华北人民政府在立法工作中发挥着主要作用,根据《华北人民政府组织大纲》第3条的规定:“华北人民政府……制定实施条例及规程。”[11] 从成立至并入中央人民政府的短短一年多时间里,其制定颁布了涉及组织建设、民政、财政税收等方面的法令200多项,成为此时期立法的“主力军”。尽管由于彼时人民政府委员会的执行机关性质,使在后世看来这些法令很大程度上被视为一种“行政立法”。但从另一个方面看,此时立法权限已被设立为一种二分的结构,即人大作为制宪机关创制宪法性文件与组织法,人民政府委员会行使其他立法权。

(二)中央人民政府组织法确立的议行合一体制

中华人民共和国最初的立法始于1949年9月27日在人民政协会议上

---

〔9〕 蓝全普:《解放区法规概要》,群众出版社1982年版,第1页。

〔10〕 如《华北人民政府委员会选举办法》《华北人民政府组织大纲》《村县市人民政权组织大纲》等。

〔11〕 中国法学会董必武法学思想研究会编:《华北人民政府法令选编》,中国法学董必武法学思想研究会2007年版,第17页。

《共同纲领》以及两部组织法[12]的通过。这从规范上确立了当时中国的立法体制。作为暂时代替全国人民代表大会成为国家权力机关的人民政协，可制定或修改《共同纲领》及前述两部组织法，同时作为议行合一的中央人民政府委员会享有“制定并解释国家的法律，颁布法令，并监督其执行”的权力。由此可以看出，此时的立法体制很大程度上继承了前文所论述之华北临时人民代表大会时期的立法体制，由政权机关修改宪法及组织法，人民政府委员会行使其他国家立法权。尽管彼时的制度早已不符合当前立法体制，这种二分结构与全国人大与常委会之间的内部二分也存在根本差异，但或许正是如此将立法权限予以二分的方式，为后世二元立法结构的形成创造了一种历史上的延续性。

当然，如果从另一个角度予以理解，前述两部组织法从内容看属于宪法性法规范文件，故而这种“制定或修改”组织法的权力依照马克思在《黑格尔法哲学批判》中对“两种立法权”[13]的理解，其或许更偏向于一种宪法的创制与修改权——制宪权与修宪权。人民政府所行使的才是后世所普遍理解的实质的国家立法权。因此，也可以说，此时期的立法权是一种实质的一元立法结构，人民政府委员会独享了国家立法权。

（三）1954 年《宪法》确立的二元立法结构

国家立法权限的二元结构问题的直接源头，源自 1954 年《宪法》的颁布。1954 年《宪法》第 22 条规定：“全国人民代表大会是行使国家立法权的唯一机关。”此规范长期来为学术界所引用，并被认为是立法权一元集中的典型标志，表示“立法权集中在全国人大一个机关手里，全国人大常委会没有国家立法权”。[14] 但事实上，从立法权的全面性角度而言，此条文表述之“唯一”与同法第 31 条的规范已然存在冲突。1954 年《宪法》第 31 条规定全国人大常委会可行使解释法律的职权。在宪法意义上的“解释法律”职

---

[12] 《中国人民政治协商会议组织法》及《中央人民政府组织法》。

[13] 即主权性质的立法权与国家制度下立法权。马克思在《黑格尔法哲学批判》中指出，卢梭与黑格尔在国家制度与立法权关系认知上存在二律背反，基于此种“二律背反”，马克思提出了“法外立法权”与“法内立法权”的概念，即确立国家制度（国家制度之外）的立法权与国家制度内的立法权。

[14] 乔晓阳主编：《立法法讲话》，中国民主法制出版社 2000 年版，第 11 页。

权,结合 1955 年全国人大常委会《关于解释法律问题的决议》(已失效)以及当前有关法律解释规范层级的理解,其显然是具备立法解释意涵的立法权的范畴。同时,根据 1954 年《宪法》的规定,全国人大常委会还行使着"制定法令"的权力。法令,依照制宪史料的记载,其事实上是带有法律性质规范文件的一种变体。在 1954 年《宪法》此条的初稿中,"制定法令"一句被表述为"通过和发布具有法律效力的决议和条例",〔15〕在 1982 年《宪法》制定之时,也曾有一方案稿中规定:在一定限期内有效的命令、决议和其他文件统称"法令",法令具有同法律同等的约束力。〔16〕 因此,此时全国人大常委会事实上已然获得立法的权力。或许也是意识到 1954 年《宪法》的"授权赤字"不适当地限制了全国人大常委会的行动能力,1955 年一届全国人民代表大会二次会议通过了《关于授权常务委员会制定单行法规的决议》(已失效),〔17〕授予了全国人大常委会的单行法规立法权。因此,1954 年《宪法》已变更了《中央人民政府组织法》所确立的议行合一框架下实质国家立法权由人民政府委员会单一机关来独立行使的设计,将包括解释权在内的实体性立法权限在全国人大与全国人大常委会之间进行了配置。自此,开启了我国立法体制的二元结构时代。

(四)二元立法结构的进一步充实

前述二元的立法结构,随着 1982 年《宪法》的颁布,得到了进一步充实。虽然依照当时宪法的规定,全国人大常委会掌握法令和单行法规的制定权,能够在一定程度上消解全国人大每年召开一次的立法效率限制。但随着情势的变化,尤其是面对随着政治与经济体制改革而诞生的旺盛立法需求,仅仅依靠全国人大常委会不完整的立法权难以及时回应需要。全国人大常委会"人数少,可以经常开会,进行繁重的立法工作和其他经常工作"。因此有必要"扩大全国人大常委会的职权和加强它的组织"。〔18〕 是故,1982 年《宪

---

〔15〕 韩大元:《1954 年宪法制定过程》,法律出版社 2014 年版,第 107 页。

〔16〕 许崇德:《中华人民共和国宪法史》(下卷),福建人民出版社 2005 年版,第 391 页。

〔17〕 陈鹏:《全国人大常委会"抽象法命题决定"的性质与适用》,载《现代法学》2016 年第 1 期。

〔18〕 彭真:《关于中华人民共和国宪法修改草案的报告——一九八二年十一月二十六日在第五届全国人民代表大会第五次会议上》,载《中华人民共和国全国人民代表大会常务委员会公报》2004 年第 1 期。

法》正式赋予了全国人大常委会国家立法权。在赋予立法权的同时,1982年《宪法》还对二者的国家立法权进行了一定程度上的划分,《宪法》第62条第3项和第67条第3项共同构成了我国立法体制中的立法权二元结构模式。[19] 至此,二元的立法结构被正式确立:有立法权的人民代表大会与同级的人大常委会共同行使立法权,成为掌控立法权的二元主体,并据此对立法活动进行分化,形成了差异化的立法程序,诞生了不同的立法成果。随着2000年《立法法》的制定及其在2015年的修改,这种差异化被进一步的充实。尤其是2015年《立法法》修改中增加了强化常委会工作机构职能、推动全国人大常委会对立法的提前介入和主导等规定,对全国人大常委会立法能力予以不断强化,致使二元立法结构的现实被不断巩固,导致了人民代表大会与常委会权限运用混乱的问题。

三、人大与常委会立法权限配置设计的矛盾思路

立法权,与代议制度密切相关,是代议机关最为基本的权能。议会权力的本质是民主的多数决,[20]而议会本身便是一个汇聚民主意志的场所。在其中最重要的体现便是人民通过代议机关行使立法权的活动。可以说,代议制度的建构与立法有着天然的联系。因此,通过代议制度,人民的意志在代议机关中成为"法",进而为人民所遵守。作为社会主义中国的代议机关,人民代表大会制度批判性地继承了资产阶级议会制度的立法权职能。马克思在总结巴黎公社的经验时曾经论述道:"一切有关社会生活事务的创设全都留归公社。"[21]据此,提出了社会主义国家人民代表机构建设的相关雏形。其中,"一切有关社会生活事务的创设"明确无误的是一种立法性的权力。在此之后的列宁于1905年提出"一切权力归苏维埃"的思想,即认为要将"整个的国家最高权力集中在由人民代表组成的一院制的立法议会手中"。[22] 因此,在社会主义政权中,作为国家权力机关,首先是一种具有立

---

〔19〕 秦强:《论全国人大与全国人大常委会的职权关系》,载《人大研究》2010年第12期。

〔20〕 马岭:《论议会权力》,载《海峡法学》2010年第2期。

〔21〕 《马克思恩格斯全集》(第17卷),中共中央马克思恩格斯列宁斯大林著作编译局编译,人民出版社1995年版,第589页。

〔22〕 《列宁全集》(第9卷),中共中央马克思恩格斯列宁斯大林著作编译局编译,人民出版社2013年版,第87页。

法权的代议机关。因此,制定法律的权力是最高代议机关的一项根本权能。

从我国人民代表大会的内部结构来看,虽然我国的人民代表大会制度被各国议会联盟划为一院制,但它却不同于普通一院制体制,其由人民代表大会和常务委员会两个机关组成,两者法律地位不同,却都可以独立行使立法职权,这也使它不同于西方的两院制。[23] 此种独特的二元立法结构,在一定程度上冲击了上述代议制度的理论推导。依照我国现行《宪法》第57条的规定,只有全国人大是最高权力机关,全国人大常委会仅是其常设机关。因此,无论从代议机关的代表性本身,抑或其对最高权力的排他性占有,都无法顺利推导出全国人大常委会对国家立法权的当然继受。因此,研究全国人大与全国人大常委会之间的二元立法结构,有必要对全国人大常委会的性质与设置本身进行理解。

如前所述,现行《宪法》将常委会定义为常设机关。理解何为常设机关便成为理解常委会相关问题的重心。人民代表大会常委会的设置始于1954年《宪法》。依据刘少奇所作之说明,此时的全国人大常委会被定位为"集体的国家元首",[24] 是在全国人大闭会期间承担起国家重大问题的讨论和决定职权的国家决策集体,有权监督其他国家机关的工作。同时,《关于中华人民共和国宪法草案的报告》还针对当时宪法未设置地方人大常委会进行了解释,认为当时"全国人民代表大会行使国家的立法权,地方各级人民代表大会没有这方面的职权"。[25] 所以,全国人大设置了常委会,而地方人大则无此需要。因此,可以看出,全国人大常委会的设置与在承担立法权的工作要求本身有着关联性。至现行《宪法》修改时,由于"全国人大代表人数较多,不便经常进行工作、行使职权";同时,为了加强全国人大常委会的组织,实现代表的专职化。因此,选择加强了全国人大常委会的职权,规定其享有立法权。从前述的立宪历史可以看出,全国人大常委会的常设机关意义在设计时是为了解决国家议会职权的日常行使问题的考量。其基本考虑是由全国人大常委会在闭会时期,作为日常机关代行全国人大的职权。然而,虽

〔23〕 李林:《立法理论与制度》,中国法制出版社2005年版,第353页。

〔24〕 刘少奇:《关于中华人民共和国宪法草案的报告》,载《山西省人民政府公报》1954年第19期。

〔25〕 刘少奇:《关于中华人民共和国宪法草案的报告》,载《山西省人民政府公报》1954年第19期。

然其设计构想上是否定了二者同时存在的冲突可能,但这种时间上意义的不可同时存在,并不意味着实质意义上的不可同时存在。全国人大常委会的权力行使结果,必定会对全国人大造成影响,所以在1982年《宪法》修改时,“有人提出,在扩大全国人大常委会的职权时,应当充分保证全国人大作为最高权力机关的地位”。[26] 为此,宪法规定了全国人大有对全国人大常委会决议“改变或者撤销”的权力。当然,有此权力并不意味着弥合了二者在立法权限行使结果上的冲突,尤其在实践中全国人大更无力对全国人大常委会的立法进行日常的监督,前文所述的立法情况已在事实上证明了全国人大常委会逐渐侵入全国人大立法权限的现实趋势。

结合前文所述,本书认为,全国人大常委会虽然在设计上是为全国人大闭会期间存在的代行机关,但从实质意义上,其存在已然逐渐改变了我国一院制的结构,在诸多方面与全国人大同享议会权力。当然,这种同享议会权力的“双层(双重)议会”模式并不是指向“两院制”的议会内部结构,而是指二者共同组成一个完整意义上的国家代议机关。在议会发展历史上,这种现象虽然比较稀少,但也并非绝无仅有。在中国历史上也曾有过类似时期,孙中山先生改造西方“三权分立”方案,提出五权宪法的设计。“于国民大会之外,并建立五院”,[27]将一体的国会权能予以区分,也即所谓“权能区分”理论。“权能区分”发端于“分权学说”,但又存在区别,其是指“将政权与治权划分开来,政权包括选举权、罢免权等,治权包括行政权、立法权、司法权、考试权和监察权。二者分别归于人民与政府,而以人民的政权来管理政府的治权”。[28] 其构想的目的是革除西方代议政治的流弊,真正地实现民权。但待至重庆政治协商会议之时,由于国民政府的独裁统治,与会代表多倡议废除国民大会,最终形成了“宪草修改原则十二条”,削弱了国民大会的权力,而充实了立法与监察两院的权能,并以此蓝本制定了1946年《中华民国

---

〔26〕 彭真:《关于中华人民共和国宪法修改草案的报告——一九八二年十一月二十六日在第五届全国人民代表大会第五次会议上》,载《中华人民共和国全国人民代表大会常务委员会公报》2004年第1期。

〔27〕 颜明圣、李炳南:《“国会”改革方案之理论与实际》,台北,扬智文化事业股份有限公司1999年版,第1页。

〔28〕 颜明圣、李炳南:《“国会”改革方案之理论与实际》,台北,扬智文化事业股份有限公司1999年版,第3页。

宪法》。据此宪法文本所建制的“立法院”与“监察院”,“分别为国家最高立法及监察机关”,国民大会依然保留了“代表全国国民行使政权”的地位。其所分别行使之“职权”,均属“民主国家国会”所得行使之重要职权。因此,属于“国会权力”的分配,可以非两院制的院会结构模式予以配置。分享权力的各机关所行使之权力合并观察,方能符合国会之功能图像。在全国人大与常委会的权限运行中,已然呈现出此种情形。至少在立法权限行使之层面,二者的权限共同构成一个完整的国家立法权。

从现行《宪法》对立法权的配置观察,此理解似乎能够寻找到某种印证。现行《宪法》第58条规定[29]意味着全国人大常委会与全国人大行使之立法权同源且同等级的国家立法权。从宪法修改的历史脉络来看,在1954年《宪法》和1978年《宪法》中,虽然全国人大常委会行使一定立法权,但国家立法权的相关条款并未直接规定全国人大常委会为行使国家立法权的机关。至1982年《宪法》修改时,明确了全国人大常委会的立法机关地位。因此,全国人大与全国人大常委会所行使的皆为国家立法权。那些认为全国人大所行使之国家立法权“效力层次高于、大于”全国人大常委会的观点,[30]无法从宪法规范上找到直接依据。从具体配置方面来看,二者存在明显区分,但又相互交叠。尽管“历史资料清晰地表明,现行宪法赋予全国人大常委会的一些职权原本是属于全国人大的”,[31]但这种历史的继受并不意味着全国人大可行使全部应当由全国人大常委会行使的立法权。例如《宪法》第67条第16、17项内容,其应为全国人大常委会之事项权,且相应权力在1978年《宪法》中并无规定,为现行《宪法》直接赋予之新事权。因此,这两个事项的立法权当然为全国人大常委会所独享。因此,全国人大与全国人大常委会之间的立法权力关系不应为包含与被包含之关系,过往诸多关于“全国人大常委会拥有的立法权是由全国人民代表大会的立法权派生出来的”[32]的论断,本书并不认同。本书认为,全国人大与全国人大常委

[29] 《宪法》第58条规定:“全国人民代表大会和全国人民代表大会常务委员会行使国家立法权。”

[30] 韩大元:《全国人大常委会新法能否优于全国人大旧法》,载《法学》2008年第10期。

[31] 林彦:《再论全国人大常委会的基本法律修改权》,载《法学家》2011年第1期。

[32] 薛佐文:《论“基本法律”和“法律”的性质和地位——质疑〈立法法〉第7条、第8条》,载《西南政法大学学报》2003年第2期。

会共享同一层次的国家立法权，其具体权限范围存在交叉重叠但又有所区分，二者所行使的立法权限共同构成了一个完整的国家立法权范畴。这也意味着，全国人大和全国人大常委会都是可独立完成立法活动的议事单元，这与一院制或者两院制存在巨大区别，因为“一院制或者两院制实质上都只有一个立法主体”。[33]

同时，这种认定还意味着，全国人大常委会的立法权限并不是源于全国人大，而是源于宪法。从授权的相关法理来看，授权活动是把一个机关自己掌握的职权授予出去的活动，而职权则是一种国家权力的法定化。根据近代的宪法理论，国家权力必须在宪法及法律的框架内被功能性地分解为各项具体职权。作为国家权力具体化的职权，其必然是来自人民的委托，也应当在人民委托的范围内活动。因此，职权的设定必须遵循“职权宪定”或“职权法定”的原则，职权是国家权力经由宪法与法律配置之后的结果。全国人大常委会所行使的立法权限本身便是一种由宪法所赋予的职权，而并非经由全国人大通过自身立法权授予。当然，此处可能存在一种倾向性的质疑，即认为 1982 年的修宪工作是全国人大通过的，也可理解为全国人大通过修宪的方式授予全国人大常委会立法权。但本书认为，这种理解并不与本书存在直接冲突，该观点本身认可通过宪法规范的方式赋予全国人大常委会立法权。同时，此种观点下，全国人大并非作为立法机关，而是作为修宪机关存在的，所动用之权力也非立法权而是修宪权，因此，即使从这个角度理解，全国人大常委会的立法权也并不来自全国人大。是故，作为同出自宪法的立法权，全国人大与全国人大常委会的立法权只是具有同源的属性，而非一种只归于全国人大的一元体制。

以上的研究结论意味着，宪法的规范文本已经为全国人大常委会设置了核心功能领域，且这个功能领域的部分权能（如前述《宪法》第 67 条第 16、17 项规定内容）过去并未被规定为全国人大之权限内容。核心功能问题决定着国家机关的权力配置及分野。国家权力分配的判断虽然存在遵循宪法规定的职能划分，且各机关不得越界管辖，但从实践来说，由于法律语言的不周延性，在各机关的权力之间必然存在模糊的边界地带。有观点认为，

---

〔33〕 章乘光：《全国人大及其常委会立法权限关系检讨》，载《华东政法大学学报》2004 年第 3 期。

国家事务应分配予组成结构与决定程序等各方面均具备(对各该事物而言)最佳条件的机关,即“功能适当”的机关来担当。这种观点意味着,一个国家机关的权力范围是以功能所确定的权力核心领域向外延伸的。核心功能领域的确立是一个国家机关独立于其他国家机关存在的标志。同时,从实践运作也可以看出,以其核心功能领域为基础,全国人大常委会的权能正在逐渐扩展并固化其权能边界。全国人大常委会以宪法赋予自身的立法权限为核心,逐渐形成了自身的权能范围,在实然上成为一个独立于其他国家机关存在的权力实体。由于其他国家机关的权力不可介入干涉核心功能领域,这种以核心功能向外扩展的情形如果依照当前逻辑演绎到极致,则必然会制造一个相对于其他国家机关权力分立的机关存在,在事实上导致了权力分立的结果。这意味着,全国人大常委会将与国务院、国家监察机关一样,都依照自身的核心功能领域,成为相互独立的国家机关。同时,这种权力的分工并不仅仅意味着国家权力的功能性分解,也代表着立法权能上产生了一种分离和潜在制约。由于在规范意义上,全国人大常委会与全国人大共享由宪法赋予的国家立法权,且在相同事项问题上的立法权能存在相互交织。这代表着全国人大常委会有进入全国人大立法权能事项范围内开展活动的能力。甚至可以说,虽然在规范层面,全国人大常委会从属于作为最高权力机关的全国人大,但随着全国人大常委会立法权限不断扩张,由其核心功能所发展而来的权力实体最终将在一定程度上影响全国人大立法权的发挥,进而将前述“双层议会”格局演绎成为一种全国人大常委会与全国人大之间“权力竞争”的模式。全国人大是最高权力机关,代表了全国人民的意志,由其产生的全国人大常委会虽然是其常设机关,但常委会的权能不能限制这种国家权力的行使。因此,作为人民意志代表的最高权力机关,全国人大可以制约由其产生的常委会,但全国人大常委会不应当具备影响全国人大立法地位的能力。故综上所述,如全国人大常委会继续按照此逻辑发展,或将在一定程度上影响全国人大在立法活动中的地位。

抛开未来可能的发展结果不论,当前我国国家立法权配置的模糊,也直接源于这种实践“双层议会”模式与传统的“一院制”模式立法理念的内部冲突。立法权二元结构的问题,在于国家立法权在全国人大与全国人大常委会间实然意义上的配置问题。配置上的问题,最为核心的即二者具体分配界限模糊。制造这种模糊的原因,除了立法技术本身的问题之外,主要还是由于国家立法权相关规范的设置事实上存在两种不同的导向。这导致了全国人大与全国人大常委会的立法权配置关系存在双重意义:一方面,从抽象意义上看,二者所行使的皆是国家立法权;另一方面,从具体配置上看,现行《宪法》又试图对二者进行某种层次的区分。这使在实践认识中存在二律背反式的矛盾,即二者既同是国家立法权,但又显然存在层次上的差距,进而致使对全国人大与全国人大常委会的立法权力界限难以厘清。具体而言:

一方面,从现行《宪法》中的国家立法权条款看,其规范全国人大与全国人大常委会共享国家立法权,实质意义在于承认立法权的统一性。这种规范符合制宪者"全国人大常委会是全国人大的常设机关"的表达,展现出将全国人大常委会作为代行全国人大日常职权之机关的用意。

另一方面,从具体立法权限条文看,在基本法律制定权、修改权等方面,全国人大与全国人大常委会又存在权力优先性上的差异:全国人大常委会只可制定和修改除应当由全国人大制定的法律以外的其他法律,以及对全国人大制定的法律进行部分补充和修改。条文规范中强调了一种全国人大优先的要求。此处规范制定之理由是基于"全国人大作为最高权力机关的地位"而设计,主要表达出"常委会对全国人大是从属、服从的关系,全国人大通过的法律和常委会通过的法律之间的关系是上位法和下位法的关系"〔34〕的思路。可以看出,在此全国人大常委会并未被视为拥有国家立法权的立法机关,而是全国人大下属的一个机构,即否认了全国人大常委会与全国人大的一体性。

本书认为,造成前述矛盾思路的原因主要是由于对全国人大常委会本身的认识就相对含糊。全国人大常委会的设置最初即展现一种基于事实的妥协,由于全国人大"工作的繁重",也由于会期问题,需要设立一个常设机关在闭会期间代行国家最高权力。前文也曾提到,在制宪者看来,1954 年的全国人大常委会是集体性质的国家元首。〔35〕 这表明全国人大常委会的设

〔34〕 章乘光:《全国人大及其常委会立法权限关系检讨》,载《华东政法大学学报》2004 年第 3 期。

〔35〕 刘少奇:《关于中华人民共和国宪法草案的报告》,载《山西省人民政府公报》1954 年第 19 期。

计本身是一种寄希望于在日常替代全国人大行使权力的机关。但修宪者在相关说明中表露的态度又并不希望二者实质成为同一个机关,认为全国人大常委会毕竟代表性有限,其民意基础不够,不宜将其视为一个日常意义上的独立代议机关存在。此外,在立法权问题上,基于国家立法权的重要性,制宪者在此似乎想要表达谨慎的态度,并未将国家立法权视为可分割的权能,而是视为一个统一体存在。因此,在全国人大常委会行使国家立法权的问题上,频频使用"常委会的组成人员也可以说是人大的常务代表"的说法,潜台词无非全国人大常委会的立法可以看成甚至就是全国人大的立法。[36]但这种想法显然无法应对现实的配置需要,由于全国人大与全国人大常委会都是行使国家立法权的立法实体,因此,在二者之间进行的权力区分必然要将存在于实体意义上的立法权限予以分割。制宪者在此仅做统一性的考量,而未考虑到具体配置的原理,自然也就导致了国家立法权内部配置上的问题。

综上所述,全国人大与全国人大常委会在立法权的规范配置和实践运行中已然背离了"一院制"的样态,二者皆是行使国家立法权的立法实体,其权力范围相互重叠又存在区分。这种"双层议会"的权力配置,如继续演绎,将导致全国人大与全国人大常委会最终形成一种在立法领域"权力竞争"的趋势,影响全国人大在立法活动中的地位。"二元立法结构"的模糊和矛盾在于制宪活动中未能梳理好国家立法权的设计思路,一方面,坚持最高权力机关优先的理念,试图确立全国人大立法权的优先性;另一方面,又认为国家立法权存在统一性,未考虑好如何对权力进行具体分割,进而产生了配置理念上的纠结,使当前全国人大与全国人大常委会之间的国家立法权限配置存在划分不清晰、层次结构不够合理、具体实体权限配置不够适宜等问题。

第二节 功能分化:全国人大专门委员会的立法权限配置模式

我国国家立法权的内部配置除在全国人大与全国人大常委会之间配置

〔36〕 林彦:《基本法律修改权失范及原因探析》,载《法学》2002年第7期。

之外,其具体立法权限的配置还呈现在全国人大专门委员会中。这种权限的配置虽然不涉及一个可以独立运行的宏观意义上立法权整体的归属,但决定了国家立法权运行的微观权力结构,深刻地影响着国家立法权行使的实效。近几十年的立法实践也表明,全国人大专门委员会作为国家权力机关不可或缺的一部分,有效地延展了立法权运转的深度,增强了权力机关专业性与权威性,对我国的立法工作产生着重大影响。因此,有必要厘清全国人大专门委员会的立法权限配置,寻求优化的空间,以促进我国国家立法权得到更好的行使。

一、专门委员会立法权限配置的现状

不同于前文所论述过的全国人大与全国人大常委会之间的立法权限配置,立法权限在专门委员会之间配置的是一种程序性立法权限。程序性立法权限是指立法过程中的有关权力,如提案权、审议权、表决权、公布权等。[37] 这些程序性立法权限的单独存在并不是一个完整立法权,却在具体立法活动中影响着立法权的实现。从各国的制度实践来看,立法机关内部各个委员会的设立,表明立法活动尤其是审议活动的重心已经逐渐从院会(大会)向各个委员会转移。由于各专门委员会在立法程序中行使着不同的程序性权力,因而存在彼此之间的分工与协调问题。概括而言,专门委员会一般具有三个方面的立法权限,即立法提案权、审议权限和备案审查权限。本书将分别对此三个方面的立法权限予以探讨:

(一)立法提案权

提出法案既是正式立法程序启动的标志,也是立法权限启动的标志,因而提案权可以视为立法权的一个组成部分,是一种程序性的立法权限。在我国的制度实践中,这种立法程序的启动并不仅仅指向法规范的制定,也包括立法解释程序与立法监督程序——备案审查后的一种撤销程序的启动。就立法提案权的归属问题,各国议会规定存在极大差异,议员、委员会、政府均在享有提案权主体的范围之内。世界议会联盟曾对 83 个国家的议会关

〔37〕 乔晓阳主编:《中华人民共和国立法法讲话》,中国民主法制出版社 2008 年版,第 50 页。

于提案的规定所作的归纳整理,[38]如表 1 –3 所示:

表 1 –3　若干国家议会对提案的规定情况统计

提案主体	议会数目
议员	82
委员会	15
政府	69
国家元首	29
议会领导机关	6
选民	6
司法机关	8
政党组织	8
社会经济组织	8

资料来源:Inter – Parliamentary Union, Parliaments of the World, Gower Publishing Company Limited, 1986。

从表 1 –3 可以看出,委员会的提案权在各国的议会立法中并不占据主体地位。从理论上说,提案主体的制度设计与一国的政体、国体、国家结构及其背后的理论思想都有着很密切的关系。提案权是否由委员会所行使,与各国之国情有着密切联系。在我国,专门委员会作为一种开展经常性的立法工作,研究、审议和拟定有关议案的人民代表的聚合体,且为宪法所明确规范之机关组织,由于其地位的正式性和其因组成人员身份的特定性而成为行使立法提案权的机关主体。具体而言,全国人大专门委员会的提案权可以分为以下几个方面:

[38] Inter – Parliamentary Union, *Parliaments of the World*, Gower Publishing Company Limited, 1986. 转引自李林:《立法理论与制度》,中国法制出版社 2005 年版,第 147 页。

1. 在全国人大及全国人大常委会立法程序中的提案权

根据《立法法》之规定，全国人大专门委员会有权提议法律案。[39] 单纯从条文规定而言，《立法法》的这一规定仅是明确了全国人大专门委员会的提案主体身份，但结合相应人民代表大会组织体制与立法体制，则还存在以下几点无法直接得出的特殊内涵：

第一，全国人大专门委员会作为机关主体，其提案权是一种程序上优先的提案权，不受其他主体的否定审查限制。将其程序中“决定列入……议程”的规定与其后“决定是否列入……议程”的规定相对照，方可发现其规定之特殊意涵。按照前文所述《立法法》的相关规定，由国家机关所提出的立法提案，大会主席团或常委会委员长“决定列入会议议程”。但其条文相较于代表团、代表联名以及委员联名的规定存在差别。关于代表的提案，法律规定存在“是否”的字眼，这就表明，大会主席团或常委会委员长会议可以否决代表的提案，不将代表的提案列入相关会议的议程，将代表的相关提案完全排除在立法的程序之外。“对于国家机关的提案，无论是大会主席团，还是委员长会议都无此权力否决这类提案，只能依程序作出决定。”[40] 因此，全国人大专门委员会的提案权是一种不受其他主体否定性事前审查的提案权，能够直接开启相应的正式立法程序。

第二，全国人大专门委员会作为议事单元，其提案权的行使需经自身的议事程序进而方可提出。从产生方式、组织的属性以及职权职能来看，全国人大专门委员会一方面是作为大会的工作机构存在，另一方面其也是全国人大这个议会的议事单元，承担着必要的议事职能，其组织与工作方式遵循着合议制机构的模式。因此，全国人大专门委员会的职权行使必然是通过议事的方式进而决策的权能运用。具体来说，在立法提案权方面，全国人大

〔39〕《立法法》第 14 条规定：“……全国人民代表大会各专门委员会，可以向全国人民代表大会提出法律案，由主席团决定列入会议议程。”第 26 条第 2 款规定：“国务院、中央军事委员会、最高人民法院、最高人民检察院、全国人民代表大会各专门委员会，可以向常务委员会提出法律案，由委员长会议决定列入常务委员会会议议程，或者先交有关的专门委员会审议、提出报告，再决定列入常务委员会会议议程。如果委员长会议认为法律案有重大问题需要进一步研究，可以建议提案人修改完善后再向常务委员会提出。”

〔40〕周宇骏：《试论我国立法的决定列入会议议程制度》，载《南京航空航天大学学报（社会科学版）》2013 年第 4 期。

专门委员会提出议案必然依照议事规则，由专门委员会全体会议审议并通过，进而方才能动用其提案权限。是故，全国人大专门委员会的立法提案权看似是一项与其他程序性权限相独立的立法权限，但实质运用却必然与其他程序性权限相勾连，其立法提案权的运用以专门委员会的审议权和表决权运转为前提。

2. 在立法解释程序中的提案权

立法的提案权不仅仅包括对创制或修改等立法活动的法律案提出权，还应当包括在立法解释程序中对法律解释议案的提案权。当前，《立法法》并未规定法律解释程序是如同法律创制、修改等程序一样的提案权启动模式，而仅规定全国人大专门委员会“可以提出法律解释要求”。这意味着法律解释要求的提出与法律案的提案存在差异。有学者认为，法律解释要求不属于议案，原因在于“法律解释要求的提出，是希望全国人大常委会进行法律解释的建议，一般不需要提出具体解释的内容”。[41] 换言之，照此理解，法律解释要求并不包含实质性内容，不属于提案范畴。

从实践来看，法律解释要求提出本身依然是以议案方式提出，[42] 区别只在于其没有提出解释内容，而只是提出解释要求。此外，《各级人民代表大会常务委员会监督法》第33条也规定有提出解释议案之要求。[43] 显然，立法解释的要求的提出，依然还是一种议案。本书认为，提案权或者说议案本身并未对其内容存在一致性要求，解释案与法律案完全可以依照不同属性需要分开。同时，法律解释要求是希望全国人大常委会作出解释，也并不意味着全国人大专门委员会不可以提出相应的建议解释的方向。毕竟依照《立法法》有关规定，法律解释案的草案拟定权甚至可以交给全国人大常委会工作机构行使，作为专业性的议事单元，全国人大专门委员会显然更适宜

---

〔41〕 乔晓阳主编：《〈中华人民共和国立法法〉导读与释义》，中国民主法制出版社2015年版，第186页。

〔42〕 如1999年6月11日，国务院《关于提请解释〈中华人民共和国香港特别行政区基本法〉第二十二条第四款和第二十四条第二款第（三）项的议案》，采用了议案的模式。

〔43〕 《各级人民代表大会常务委员会监督法》第33条规定：“全国人民代表大会法律委员会和有关专门委员会经审查认为最高人民法院或者最高人民检察院作出的具体应用法律的解释同法律规定相抵触，而最高人民法院或者最高人民检察院不予修改或者废止的，可以提出要求最高人民法院或者最高人民检察院予以修改、废止的议案，或者提出由全国人民代表大会常务委员会作出法律解释的议案，由委员长会议决定提请常务委员会审议。”

来承担此种内容创造的工作。是故,以提案权称呼这种解释要求的权限,并无不可。全国人大专门委员会享有在立法解释程序中的提案权限。

3. 在备案审查后撤销程序的提案权

在立法程序中,除包括法律案、解释案等创造性内容的提案权限外,全国人大专门委员会还拥有在立法监督中的程序启动权限——备案审查后撤销程序的提案权。根据《立法法》第100条之规定,全国人大专门委员会在备案审查后,认为被审查规范与宪法、法律存在抵触而制定机关不修改的,有权提出予以撤销的议案。但从制度实践来看,这种撤销程序的提案权显然并未发挥实效。

备案审查,虽然从狭义来看,是指向规范性文件的备案与审查两项具体工作,但我国的法学界乃至于法律规范中往往对"备案"或"备案审查"这一词义作广义理解。2015年《立法法》第96~102条,基本规范了我国对规范性法文件的备案、审查以及改变撤销制度。2000年《立法法》中本章的标题为"适用与备案",到2015年《立法法》修改时,与《各级人民代表大会常务委员会监督法》概念表述一致,其被修改为"适用与备案审查"。过去的"备案"和现在的"备案审查",事实上代表着对规范性法文件的完整立法监督权。由此,具体来看当前的审查制度,可以发现其除审查程序制度之外,还包含了审查结果的部分,即作出审查判断后如何处理的监督方式,这是一种广义的审查理念。或许正是由于将审查作广义理解的理念,在一定程度上导致了对处理结果的忽视。对于立法监督工作而言,进行审查后的处理后果才是决定监督实效的关键。因此,立法监督的核心在于审查制度,决定审查制度效用的核心在于包括撤销权在内的审查后果处理方式。早在2000年就曾有实务界人士指出,每年经全国人大有关机构具文指出抵触的"法规"约有二三十件,但迄今为止尚无一例通过备案程序被撤销。[44] 即使是在党的十八届三中全会提出需要完善备案审查机制之要求后,根据对《中国法治建设年度报告》的统计,虽然全国人大有对主动审查与申请审查的行政法规、地方性法规和司法解释的数目加以公开,但从未有备案审查后撤销程序的提案提出,导致该制度的实践效果存疑。[45]

---

〔44〕 刘克希:《较大的市制定的地方性法规应当经批准》,载《现代法学》2000年第5期。

〔45〕 统计结果来自中国法学会发布的2014年至2018年《中国法治建设年度报告》。

(二)审议权限

审议权限是专门委员会最重要的程序性立法权限,通过审议权限的实践,专门委员会发挥了自身的议事辅助功能。现代的代议机关人员规模庞大,法案基本上无法仅仅依靠在院会上的审议活动获得充分的讨论,这就迫使代议机关在立法程序设置上将很多前期性的工作交给专门的议员来处理,这些专家以组织化的形式出现便是各个委员会。因此,将法案交由有关的专门委员会进行审议是世界各国议会通例。这不但能够提高审议的深度、保障立法的科学性,而且通过专门委员会之间的分工与程序衔接也能够提升立法效率。

1. 在全国人大立法程序中的审议权限

根据《立法法》有关制度设计,全国人大专门委员会在全国人大立法程序中的审议权限主要包括有关专门委员会的审议、宪法和法律委员会的统一审议,具体而言:

首先,列入会议议程的法律案,先由有关专门委员会进行审议。由于专门委员会的设置本身是依照着专业性分工,将代表予以分类重组,因此,由专门委员会开展的审议工作,主要也是针对法案涉及的专业性、技术性内容予以审议,以保证审议活动更加深入、全面。因此,对各专门委员会而言,除法律委员会外,专门委员会主要是对涉及其专业领域的相关法律案进行审议,例如,财经委员会负责审议与财经相关的法律案,科教文卫委员会负责审议与教育、医疗、文化等相关的法律案等。若一个法律案涉及多个专门委员会的事项时,所涉的专门委员会都将参与审议。在实践中,除对专业性内容进行审议外,专门委员会还会审视草案的结构、格式、文字表述等形式内容,[46]以保证法律案的形式完善。

其次,列入大会会议议程的法律案,由宪法和法律委员会予以统一审议。统一审议是我国立法独有的审议制度,是专门委员会审议工作的核心。宪法和法律委员会的统一审议制度,存在以下几点制度内涵:

第一,宪法和法律委员会在法律案审议工作中拥有相对于其他专门委

---

〔46〕 乔晓阳主编:《中华人民共和国立法法讲话》,中国民主法制出版社2008年版,第150页。

员会的优先地位。从立法程序来看,宪法和法律委员会的统一审议,是在代表团和专门委员会开展审议之后,汇总相应审议意见再进行审议,提出审议报告。换言之,这意味着宪法和法律委员会的统一审议除对法律案本身开展审议外,还对其他有关专门委员会的审议意见进行了二次审议。同时,宪法和法律委员会在统一审议中还拥有相较于其他有关专门委员会不具备的特定权力。相对于其他的专门委员会,宪法和法律委员会基于统一审议的法定职权,还具有“法律草案修改权”这一派生性立法创议权。其可以对法律案进行修改,提出法律草案修改稿,对法律案内容予以创造。因此,宪法和法律委员会凭借着统一审议在审议工作中获得了相对于其他专门委员会的优先地位,成为地位相对特殊的专门委员会。

第二,宪法和法律委员会的统一审议直接影响法律文本的结构、内容和文字表达。如前文所讨论,在统一审议中,宪法和法律委员会可以提出法律草案的修改稿和表决稿,事实上拥有一项“法律草案修改权”的派生性立法创议权。从立法程序来看,除宪法和法律委员会提供的修改稿与表决稿外,也不存在其他在审议后可进入会议议程和审议讨论的法律案。因此,宪法和法律委员会在统一审议中的法律草案修改工作直接决定着法律案的结构、内容和文字表达,对法律案最终文本产生至关重要的影响。

2. 在全国人大常委会立法程序中的审议权限

与在全国人大立法程序中的审议权限运用一样,全国人大专门委员会在全国人大常委会立法程序的审议环节中,也包括专门委员会的审议与宪法和法律委员会的统一审议工作。只是由于全国人大常委会立法程序存在三审制的程序设计,与全国人大的立法程序稍有区别。因此,专门委员会在其中的审议权限运用也与在全国人大立法程序中存在少许不同。

首先,专门委员会在全国人大常委会立法程序中的审议,会面向更多的意见收集。根据《立法法》的有关规定,有关专门委员会在审议时应当采取多种形式听取各方面的意见。从实践来看,具体会采取座谈会等方式。同时,常委会工作机构还会对常委会组成人员的初审意见、相关领域的本级人民代表大会代表、下级人民代表大会常务委员会以及有关部门、组织和专家的意见建议等进行收集,送专门委员会作为审议的参考。这相较全国人大立法程序中的要求更为繁复,有更多民主汇集方面的考量。

其次，专门委员会在全国人大常委会立法程序中的审议，可以邀请其他委员列席会议，发表意见。而且，相应审议规定有反馈机制，这相较于全国人大立法程序又有不同。这种程序设计明确规范了多个专门委员会的联合审议与协调问题，对专门委员会的审议权限的运用予以更细致的规定。

最后，在宪法和法律委员会的统一审议工作中，全国人大常委会立法程序增加了反馈机制。常委会立法程序里，在统一审议的独立报告中，宪法和法律委员会除对重要的不同意见予以说明外，还应就未采纳的意见向相应专门委员会反馈。这一规定在全国人大立法程序中并未出现，其原因在于专门委员会与宪法和法律委员会是分工合作的关系，其目标一致。增加此规定的目的在于促使专门委员会共同做好立法工作。[47] 但这种解释显然忽略了全国人大立法程序中并未有此规范，本书认为，此处不一致应当与全国人大立法是一种院会立法活动有关。专门委员会在此活动中必然列席会议，已然能够通过宪法和法律委员会报告中对重要不同意见的说明，了解专门委员会意见未被采纳之原因，无须宪法和法律委员会再度专门予以反馈。常委会会议时，专门委员会成员未必出席，因此需要单独予以反馈。

3. 在法律解释程序中的审议权限

除在创制或修改等法律创设程序中的审议权限外，在法律解释程序中也存在审议权限的配置问题。根据我国《立法法》第 48 条之规定，法律解释程序的审议权限，由宪法和法律委员会根据常委会讨论中意见予以审议和修改。从此规定可以看出，相较于"立、改、废"立法程序中的审议工作，法律解释程序中的审议缺失了专门委员会的审议权限。至于是否要提出审议结果报告的问题，亦没有明确规定。这构造了一种"自上而下"的法律解释案审议体制。

（三）备案审查权限

在一国之法规范体系中，各层级的规范应当保持协调与一致性，以实现规范体系的顺畅运转，维护法制统一，因而确立了对法规范的审查制度。审查是立法监督的重要手段，因而也是立法活动的重要组成环节。根据《立法

---

〔47〕 乔晓阳主编：《〈中华人民共和国立法法〉导读与释义》，中国民主法制出版社 2015 年版，第 152 页。

法》与《各级人民代表大会常务委员会监督法》的有关规定，目前我国全国人大的规范法文件备案审查主要包括法规备案审查与司法解释备案审查两种。据此，全国人大专门委员会享有对法规和司法解释的审查权限。

1. 法规审查

根据《立法法》第96、97条之规定，全国人大专门委员会有权对行政法规、地方性法规、自治条例和单行条例进行主动与被动的审查。具体而言，全国人大专门委员会在法规审查方面拥有以下权限：

首先，程序启动权限。尽管在《立法法》第99条第1款规定的审查要求的提出机关主体并不包括全国人大专门委员会，但同条文的第3款又规定，专门委员会可以开展主动审查。因此，专门委员会甚至可以越过全国人大常委会，自行启动审查程序，拥有独立的审查程序启动权限。

其次，抵触判断审查权限。根据《立法法》的有关规定，全国人大专门委员会承接审查要求或建议，或主动启动审查程序，对相关规范性文件予以审查。据此，全国人大专门委员会拥有此抵触判断的审查权限。

最后，审查后的撤销启动权。如前文所述，本书认为，审查后的撤销启动权应归为提案权的一种，故在前文提案权部分已予以论述。

2. 司法解释审查

《立法法》在附则中要求最高人民法院、最高人民检察院作出的具体应用解释应当备案。同时，根据《各级人民代表大会常务委员会监督法》第32、33条之规定，全国人大专门委员会有权对其予以审查，判断其是否与法律相抵触。与前文论述相一致，全国人大专门委员会的司法解释审查方面，也拥有程序启动和抵触判断的审查权限，唯一不同的是，由于司法解释并非一种立法性文件，面对司法解释不修改的强制监督权限，则并非撤销启动权，而是提出要求制定机关修改、废止的议案或提请全国人大常委会作出法律解释的议案的提案权。

二、专门委员会立法权限配置的问题

尽管《立法法》《全国人民代表大会组织法》和《各级人民代表大会常务委员会监督法》等法律就程序性立法权限在专门委员会的配置予以较为详尽的规定，编织了一套程序相对严密的立法权限设计。但从制度实践来看，专门委员会的立法权限配置依然存在诸多不和谐之处,影响着专门委员会之间的分工与协调,阻碍着立法实践工作的顺畅和完善。总结而言,本书认为,专门委员会的立法权限配置问题综合表现在以下方面:

(一)宪法和法律委员会立法权限的制度优势

专门委员会的立法权限配置中最为明显也是长期以来为学术界所批评的一个问题,就是专门委员会之间的权限配置存在一定程度上不平衡的隐忧。这种不够平衡相对显著的外在表现即立法活动中宪法和法律委员会表现出相对其他专门委员会的功能优势,而这些优势其他专门委员会并不具备。具体而言,这种功能上的优势主要体现为以下几点:

1. 统一审议程序制度的立法权限优势

宪法和法律委员会取得功能优势最主要的表现,即在统一审议程序制度中。这项自 1982 年开始确立的制度,可以称得上是我国立法审议程序中最为核心的制度,很大程度上直接形塑着我国法律文本内容与结构,深刻地影响着我国立法的实践。这一制度也导致宪法和法律委员会在一定程度上拥有了超越各专门委员会的优势。统一审议制度最初的设计是基于过去立法活动中草案出自多门、审议未能体现专业性和中立性、部门话语和利益表达相对较多等问题,通过宪法和法律委员会这种专业性代表汇集的委员会,对草案的法律问题进行把关,以提升立法质量。在制度运转的几十年来,宪法和法律委员会的统一审议对提升我国立法质量、构建中国社会主义法律体系做出了巨大的贡献。尽管统一审议制度对立法活动做出巨大的贡献,但不可否认的是,统一审议制度也存在一定的不足。以其为核心的立法审议活动在一定程度上存在审议权限不够平衡、其他审议作用相对弱化的情况。具体来说,这主要表现为统一审议制度中,宪法和法律委员会被赋予如下其他专门委员会不具备的立法权限优势:

(1)单一委员会面向其他专门委员会的审议

查阅《立法法》有关规定可知,宪法和法律委员会的统一审议程序设计,无论是在全国人大立法中还是在常委会立法中,都属于一种在其他或专门委员会审议结束、相关意见提交后,针对法律草案及这些审议意见开展的审议活动。具体来说,这种审议存在两项基本的事实:第一,宪法和法律委员会有权审议其他专门委员会的审议意见,即一种审议之上的审议,宪法和法律委员会在此取得了超越一般专门委员会的特殊地位;第二,宪法和法律委员会的统一审议,有权直接修改或排除其他专门委员会的审议意见。相对而言,其他专门委员会的审议意见是参考性的,而宪法和法律委员会的审议意见具有某种程度上的终局性意义(虽然全国人大立法程序中存在主席团对宪法和法律委员会报告审议通过后方才印发会议的终局性限定,但若将讨论的后期独立报告权纳入考量,则宪法和法律委员会的统一审议基于锚定效应,基本属于具备终局性意义)。这种制度设计导致了宪法和法律委员会在立法审议权限上取得了决策的优势,能够审议其他专门委员会的立法权限行使结果(审议意见),能够对其他专门委员会的立法权限行使结果作出否定或采纳的决定(在统一审议报告中),这制造了一种立法权限上的相对优势。从议事法理来看,宪法和法律委员会与专门委员会同属于全国人大中一个层级的基础议事单位,对于全国人大这种合议制的代议机关而言,应当是地位相互平等的存在,[48]其所提供的都是为全国人大整体议事活动开展前期审议工作的辅助议事功能。统一审议的这种优势设计,在某种程度上已经超越了程序分工的界限,在未来的长期发展中,可能会制造一种立法权限不平衡的审议活动。许多研究者指出,这样区别对待专门委员会的设计,与设置专门委员会的目的不符,也与世界各国立法机关各委员会都承担对法案审查的职责不相适应。[49] 更有学者批判认为,宪法和法律委员会统一审议的程序制度设计,在制度实践上可能将妨碍其他专门委员会完整地、自始至终地行使议事权。[50]

(2)后期独立报告权

独立报告权是指委员会在议会的立法程序中以自身名义独立向院会作出报告的立法程序权限,这一权限与独立审议权等并列,是委员会在立法活动中最为重要的权限之一。后期独立报告权则是相对与前期独立报告权,指向独立报告在立法程序中的期间点。

---

〔48〕 蒋劲松:《论人大各专门委员会的独立报告权》,载《人大研究》1995 年第 7 期。

〔49〕 周伟:《全国人大法律委员会统一审议法律草案立法程序之改革》,载《法律科学》2004 年第 5 期。

〔50〕 蒋劲松:《代议机关委员会制度原理》,载《政治学研究》2007 年第 4 期。

从我国的立法体制实践来看,宪法和法律委员会的独立报告权处于靠后的阶段。无论是在全国人大立法程序中与法律草案修改稿一同向主席团提出的审议报告,还是在常委会立法程序中二审与三审阶段宪法和法律委员会的汇报和审议结果报告,从其权限运用的期间来看,都是处于其他专门委员会的审议意见提出之后。相比之下,其他专门委员会仅享有前期的不完整的报告权,只能印发会议,而不能在议事活动中直接向会议或会议领导机构报告。这种权限设计导致宪法和法律委员会的独立报告权与其他专门委员会的报告权出现了区分:宪法和法律委员会的独立报告权基于程序的后置以及权限的完整性,将对立法活动产生主要的效果,而其他专门委员会的意见则由于其独立报告权本身的限制,只能发挥着次要的、参考性的效用。宪法和法律委员会的后期独立报告权获得了相对的优势。

从制度本身的目的效用来看,独立报告权的设置本身即为了平衡立法活动的综合性与专业性的立法事实判断需求,实现全体会议(院会)与(专门)委员会之间的业务分工。这种设计是基于专门委员会自身设置的目的——议事的专业性辅助需求而设定的。通过专门委员会的审议和独立报告,全体会议(院会)方可了解相关立法在专业性领域上的实践事实与理论问题的判断情况,同时平衡各方的利益表达。当前将宪法和法律委员会独立报告权拔高并后置的设计,则将导致一种基于报告的立法锚定效应:审议报告的基本情况很大程度上会直接影响到最终的定稿。这并不仅仅是审议制度的问题,而暗含着一定基于人类心理的行为经济学逻辑,即所谓的锚定效应。锚定效应是指:"在不确定的情境下,人们的决策结果受到先前呈现信息的影响,导致目标值向初始值即'锚'(anchor)的方向偏离,产生估计偏差的现象。"[51] 也就是说,作出决策时,人们会受到前期呈现信息的影响,不自觉地以此种信息为基准进行决策考量。当前只授予了宪法和法律委员会后期独立报告权的设计,会大大地加强这种锚定效应的作用,使最终的立法选择不自觉地偏向于宪法和法律委员会的意见。尽管宪法和法律委员会在立法活动中基于自身的专业性能力存在一定功能优势,但从长远角度来看,这种制度设计可能会致使立法活动中的意见表达渠道单一化,带来立法中

[51] 唐卫海、徐晓惠等:《锚定效应的产生前提及作用机制》,载《心理科学》2014 年第 5 期。

的利益考量不平衡的风险。

(3)法律草案修改权限

相对于其他的专门委员会,宪法和法律委员会基于统一审议的法定职权,还具有“法律草案修改权”这一派生性立法创议权。在前文已经论述过,宪法和法律委员会在统一审议中,有权综合审议并排除其他专门委员会乃至其他各方的意见,完成对立法草案的修改工作,提出法律草案的修改稿和表决稿。这一活动已不同于一般的审议活动,盖因其所提供的不仅仅是一般的审议意见和报告,还将对法律草案的框架、内容和文字予以直接加工。因此,此种权限是一种立法创议权。

在西方国家的立法实践中,这种带有修改提案性质的创议权,被设计为提案制度,即立法修正案制度。立法(法案)修正案制度是指“通过修正案的形式对已提交立法机关审议的相关法案进行调整和修改”。[52] 这一制度与我们一般所认识的法律修正案制度存在一定差异,后者主要针对已颁布实施的法律,而前者则针对仍处于立法程序中的草案。由于立法修正案直接针对已提交的草案,因此,立法修正案在通过后“往往与原法案合并,表现为一体的法律形式”。[53] 由于立法修正案是针对处于立法程序中草案的提案,故从另一个角度看,其就是直接针对草案提案者的提案权的一种提案,即对于提案权的补充及对起草者提案权的一种限制。“为了使立法臻于完善、切实可行与科学完备……立法机关的代表势必会对已提出的法案产生不同意见。”[54]

但在我国,不同于其他国家立法机关中的设计,这种很大程度上直接决定法律文本的结构和内容的权限并不为全部专门委员会所行使,而仅仅为宪法和法律委员会所拥有。这与我国人大议事的基本原则有关,由于我国人民代表大会制度是一种民主集中制的体制,故相应制度与西方议会的意见整合机制不同。在西方议会,尽管议员可以提出修正案,但这些修正案背后往往存在各种党派与利益集团的操纵,因此,提出的修正案会相对集中,

〔52〕 夏正林:《香港特别行政区对政府法案修正案相关问题研究》,载《政治与法律》2012 年第 6 期。

〔53〕 李林:《立法修正案比较》,载《法学研究》1991 年第 6 期。

〔54〕 李林:《立法修正案比较》,载《法学研究》1991 年第 6 期。

以此实现整合。在我国,由于在审议中代表和常委会组成人员能够充分表达意见,此时意见相对分散,必须要通过宪法和法律委员会和常委会工作机构收集整理,进而实现意见整合。[55]

然而,前述理解显然无法完全解释当前的制度设计。首先,这种理解无法解释法律草案修改权仅由宪法和法律委员会行使而其他专门委员会无权行使的问题,宪法和法律委员会并不天然具备整合民意的优势。即使从专业性角度出发,宪法和法律委员会也并不必然具备全部专业上的优势能力。其次,这种对法律草案进行修改的派生性立法创议权,其本意应当是为对抗草案起草所带来的锚定效应和利益偏向的弊病,但宪法和法律委员会主导的"法律草案修改权"很大程度上无法达致前述目的。这种配置模式体现出以下的制度设计逻辑:基于锚定效应存在,起草活动在很大程度能够直接影响结果。现行政府部门负责主导起草工作,由于政府部门意志强势,存在部门利益问题。因此,要转由宪法和法律委员会通过独立行使立法创议权予以调整,保持中立。初看之下,其逻辑并不存在什么问题,但仔细推敲可以发现,这一逻辑恰恰默认了立法提案程序的弱势,否定了"人大主导立法"所追求的加强利益平衡与博弈的基本理念,而选择简单地以文本创制主导权移转为突破口,以"中立的人大部门"替代"强势的政府部门",并未从根本上解决过去立法中存在深层次矛盾,反而无益于立法中多样性利益诉求的展现与平衡。

2. 立法解释程序中的立法权限优势

宪法和法律委员会除在法律的"立、改、废"等立法创议上的统一审议外,在法律解释领域,也拥有其他专门委员会不具备的权限。如前文所述,在法律解释程序中,只有宪法和法律委员会拥有对解释案的审议权,而其他专门委员会仅拥有提案权。这显然给宪法和法律委员会带来了立法权限上的优势。尽管有关释义中指出,如实践中需要专门委员会审议,可以由委员长会议决定交专门委员会进行。但这种理解仅仅是理解而并不是法律规范,从立法的完整性来看,当前的规定仍存在一种遗憾,有可以更进一步调整的空间。

---

〔55〕 乔晓阳主编:《〈中华人民共和国立法法〉导读与释义》,中国民主法制出版社2015年版,第174页。

综上所述，宪法和法律委员会在统一审议程序制度和法律解释程序中拥有其他专门委员会不具备的一些立法权限，存在相对其他专门委员会的权限优势，体现出一定程度上并不平衡的立法权限配置设计。

（二）专门委员会的程序性立法权限缺失

前文关于宪法和法律委员会权限优势的讨论，多是从正面视角来揭示宪法和法律委员会拥有的较其他专门委员会更多更强势的立法权限。然而，如果从另一方面看，基于功能性与专业性考量，宪法和法律委员会拥有这些立法程序性权限似乎理所应当，与其法律相关专门委员会的地位并不相斥，这也是部分实务界人士在解释立场上维护相应机制设计的缘由。因此，如果从另一个角度看待，这种专门委员会之间的不平衡风险似乎并不应该完全归咎于宪法和法律委员会的强化，更多地只考虑了对宪法和法律委员会的强化，而其他专门委员会依然持续弱势所导致的。或者，具体而言，是其他专门委员会在程序中的权能缺失，导致了一定程度上立法不平衡风险的出现。基于前文的讨论，可以发现其他专门委员会缺失如下一些程序性立法权限，导致了其立法能力的不张。

1. 立法程序中提案修改立法创议权限的缺失

如前文所述，在我国，宪法和法律委员会相较于其他专门委员会一个最大的优势就在于统一审议制度。统一审议制度中宪法和法律委员会相较于其他专门委员会的核心权限，并不是宪法和法律委员会对其他专门委员会意见进行审议的权限，而是宪法和法律委员会在统一审议中行使着唯一的法律草案修改权这一派生立法创议权。换言之，宪法和法律委员会借此垄断了对法律草案的内容塑造，构造出一种一定意义上终局判断兼具实体实质的程序性权限。在我国立法制度设计中，这种对提案进行修改的立法创议权，其他专门委员会并未行使，这直接导致了其他专门委员会在立法能力上的弱化。

从议事法理来看，提案修改权这种立法创议权属于委员会独立修正权的一种。独立修正权本身是委员会这一基本制度的设计目的之一，即通过设置独立的专业委员会，以专业的代表对法律草案进行审议和修改，促使进入院会的法律案更加完善。这在各国的立法实践已基本形成通行惯例。例如,在英国,委员会设计了不同于院会的专门辩论规则,以实现对修正案中的单词进行增加或删除的问题进行充分讨论。[56] 在美国,法案在进入二读前将会交付委员会审查,而此过程中议案的修改工作主要由大委员会下的小组委员会进行。小组委员会在审议中将会通过听证会等方式获取各方意见,进而对法案进行修改。[57] 由此可见,对提案的独立修正权本身在各国都属于委员会审议活动的重要组成部分。在我国专门委员会的审议工作中恰恰缺失了此项权限,致使专门委员会立法审议活动的实质能力大打折扣,难以发挥出专门委员会设计的效用。对于这一点,其他专门委员会似乎也存在不满:早在七届全国人民代表大会期间,基于对过去五年的立法经验总结,全国人大内务司法委员会曾在报告中如此建议:“在法律草案的提出、审议过程中,应当充分挖掘专门委员会的潜力。”[58] 无独有偶,此后全国人大教科文卫委员会也曾在其报告中指出:“专门委员会在审议和拟定法律案方面的作用没有得到充分发挥。”[59] 尽管这些诉求随着《立法法》的制定而尘埃落定,但显然,其他专门委员会在相应权限上的缺失极大地影响了专门委员会设置上的平等,影响着其他专门委员会立法能力的发挥。

2. 立法解释中其他专门委员会审议权限缺失

如前文所述,除在法律的“立、改、废”等立法创议上的统一审议外,在法律解释领域,其他专门委员会不具备审议权限,该权限只为宪法和法律委员会所行使。尽管有关人大工作人员在释义中指出,如实践中需要其他专门委员会审议,可以由委员长会议决定交其他专门委员会进行。但这种理解仅仅是理解而并不是法律规范,从规范层面的制度设计来看,其他专门委员会在立法解释中的审议权限存在缺失,有必要赋予专门委员会这种审议权限,以加强专门委员会的立法功能。

3. 联合审议机制设置的缺失

回顾当前我国立法体制中专门委员会程序性立法权限的设计,可以发现,除专门委员会的部分程序性立法权限本体缺失外,一项至关重要的机

---

〔56〕 在委员会,议员可以对同一问题若干次发表其意见。See J. AG. Griffth, *Parliament, Fictions and Procedures*, Sweet & Maxwell, 1989, p. 232.

〔57〕 周伟:《各国立法机关委员会制度比较研究》,山东人民出版社 2005 年版,第 393 页。

〔58〕 刘政等:《人民代表大会工作全书》,中国法制出版社 1999 年版,第 647 页。

〔59〕 刘政等:《人民代表大会工作全书》,中国法制出版社 1999 年版,第 671 页。

制——联合审议机制设置也存在诸多缺憾。

目前的立法体制中，一项立法提案涉及多个专门委员会的，会交由多个委员会进行审议。由于涉及多个委员会的审议活动，因而立法中也存在一定的多委员会协调设计。例如，审议时邀请列席制度、专门委员会之间意见不一致时的报告制度、人大常委会立法程序中宪法和法律委员会统一审议排除其他专门委员会审议意见的反馈制度等。但这些制度都适用于各专门委员会各自分别独立审议的情况，而缺乏真正的多个专门委员会进行联合审议的机制设计。

事实上，不同于对司法领域“公检法联动”那样的排斥，立法的审议活动是一种广泛吸纳意见建议，实现利益博弈与平衡的活动，并不需要考虑那种不偏不倚的独立判断要求。因此，多个专门委员会在审议活动中联合开展是可行的，更是必要的。这有利于实现充分讨论与沟通，降低有效信息的损耗成本，提升立法审议活动的质量，是一种充分发挥专门委员会立法功能效用的机制。委员会开展联合审议的活动是各国立法实践的通行做法。然而，这样的机制设计在当前我国的立法体制中存在缺失，委员会的协调和沟通只能通过邀请其他专门委员会列席的方式进行，这完全不利于立法的开展。因此，建立一套行之有效的联合审议机制十分必要。

综合来看，当前专门委员会立法权限配置存在的问题，主要表现为宪法和法律委员会在统一审议和法律解释程序中具备其他专门委员会未拥有的立法权限，存在权限上的优势；专门委员会提案修改权、立法解释审议权以及联合审议机制等程序性立法权限配置上存在缺失，导致了宪法和法律委员会和其他专门委员会之间立法权限配置出现一定程度上的不平衡，相对弱化了专门委员会的制度功能，未来可能影响专门委员会之间的分工与协调。

三、专门委员会立法权限配置问题的历史与制度原因分析

（一）专门委员会设置的历史考察

全国人大权力与组织的正式确立源于1954年《宪法》的宪定规范，全国人大专门委员会亦不例外。由于此时人民代表大会制度仍处于探索中，对全国人大应如何行使立法权等职权，更没有形成系统的认识。因此，1954年

《宪法》对专门委员会的着墨不多,只规定设立民族、法案、预算、代表资格审查四个常设委员会和其他需要设立的委员会,并规定了民族、法案两委员会在闭会期间受全国人大常委会的领导。其后,在同时通过的人大组织法中,又对其规定作出了一定细化,规定法案委员会拥有审查法律案与法令案,向全国人大和全国人大常委会提出法律案与法令案等立法权限。但总体来看,彼时人民代表大会制度尤其是专门委员会制度尚未正式成型,对其立法功能的发掘不足,除法案委员会辅助承担了一些起草与审查工作外,专门委员会在立法工作中只起到了极其有限的作用。

及至 1956 年后,受苏联斯大林时期问题的经验教训影响,中共中央意识到了民主与监督的重要性。1954 年《宪法》中的人民代表大会制度尤其是其专门委员会设计,在健全社会主义法制方面仍存在不足,有必要在制度上加强全国人大的经常性工作能力。因此,1956 年年末至 1957 年年初,彭真率全国人大代表团访问了苏联与东欧诸国,考察其议会组织和常设委员会等情况。[60] 此后,全国人大形成了设置专门委员会,充实其职能的相关报告。根据公开披露的文献记载,其时建议增设司法检查、工业、商业、交通等八大委员会,与国务院相关部门一致,实行"对口监督",强调要"唱对台戏",[61]实现社会主义的民主。然而,遗憾的是,这些设计最终遭到了搁置,并未成功进入修宪修法阶段。但这一时期的设计与认识,为之后 1982 年《宪法》中的专门委员会的设计奠定了良好的理论基础。

及至 1982 年现行《宪法》出台前,为了加强人民代表大会组织的职能,增设专门委员会的想法开始在修宪者们的宪制构架中酝酿。彭真曾指出:没有设立专门委员会时,问题都被提到主席团与人大常委会上,主席团和人大常委会人数较多,会议会期也存在限制,难以分门别类地讨论各种问题,导致工作不好进行。由此可以看出,专门委员会的设计初衷与议事效率及专业性密切相关。宪法修改草案的报告中也明确指出:"(专门委员会的设

---

〔60〕 张媛:《屹立于新中国民主法制史上的丰碑》,载《法制日报》2013 年 11 月 5 日,第 1 版。

〔61〕 《彭真关于全国人大专门委员会和立法问题的谈话》。转引自张春生:《人大专门委员会制度的历史叙事》,载凤凰网 2018 年 7 月 17 日,http://wemedia.ifeng.com/69524160/wemedia.shtml。

置是)为了充分发挥人民代表大会制度的作用。”[62] 据此,1982 年《宪法》第 70 条规定设立民族、法律、财经、科教文卫、外事、华侨等专门委员会,明确了其作为全国人大常设工作机构的宪法地位。在 1982 年《宪法》规定的基础上,人大组织法对专门委员会的职权予以细化,明确了其在提案、审议等立法工作中的权限。自此,专门委员会的制度被正式确立,随着全国人大工作的深入,在 2018 年我国通过最新的《宪法修正案》,全国人大又陆续增设了监察与司法、环境资源、农业农村、社会建设等委员会,不断地充实了协助全国人大决策的专业力量。

(二)专门委员会立法权限配置的功能主义分工导向及其问题

从前述专门委员会设置的历史来看,全国人大专门委员会的制度设计目的主要指向一种功能分工导向,其组织设置与权力配置同样遵循着这一理念。从制度设计的总体理念来看,“权力分工……是宪法工程师们的共识……成为了 1982 年《宪法》起草的指导思想”。[63] 从相关制宪资料来看,践行功能最适的原则,依照客观规律对各国家机构的权力予以分工,是所有国家机构规范应“遵循的方向”。[64] 1982 年《宪法》(草案)中,就国家机构的组织和权力配置的指导方向问题,彭真曾在宪法草案说明中予以详细阐述。[65] 理论界的研究指出,“使全体人民能够更好地行使国家权力”“使国家机关能够更有效地领导和组织社会主义建设事业”“使各个国家机关更好地分工合作、相互配合”等阐述都是在表达“国家权力行使要有效能”这样一个核心思想。[66] 整体来看,这是在表达一种考虑了权能与效率关系,强调治理能力的功能主义的权力配置进路。因此,在人民代表大会各项权限配置上自然也遵循着这一贯穿国家机构设置与权力配置制度设计的基本思

---

[62] 彭真:《关于宪法修改草案的几个问题的报告》(1981 年 12 月 19 日)。转引自张春生:《人大专门委员会制度的历史叙事》,载凤凰网 2018 年 7 月 17 日,http://wemedia.ifeng.com/69524160/wemedia.shtml。

[63] 张翔:《我国国家权力配置原则的功能主义解释》,载《中外法学》2018 年第 2 期。

[64] 彭真:《关于中华人民共和国宪法修改草案的报告》,载《人民代表大会制度重要文献选编(二)》,中国民主法制出版社、中央文献出版社 2015 年版,第 570 页。

[65] 彭真:《关于中华人民共和国宪法修改草案的报告》,载《人民代表大会制度重要文献选编(二)》,中国民主法制出版社、中央文献出版社 2015 年版,第 570 页。

[66] 张翔:《我国国家权力配置原则的功能主义解释》,载《中外法学》2018 年第 2 期。

路。同时,如前所述,专门委员会的设置是为了分门别类地开展全国人大的议事和立法工作,进而通过专业化的分工设计,以发挥人民代表大会的制度效用。

实践中,专门委员会的具体立法权限也彰显着这种功能分工导向的价值。如前文归纳,专门委员会的立法权限主要涵括提案权、审议权限和审查权限三个方面,无论是对属于自身委员会专业性事项所涉及的法律问题进行提案,还是对涉及自身专业性内容的法律案进行审议,抑或就有关专门委员会的规范法文件进行审查,其基本活动都是基于自身的专业性优势开展的活动。其全部权限配置的内在精神事实上是通过分类化的方式,回应现实社会对于自治事务的多样化需求,换言之,是针对立法治理中所涉及的多方面事务的具体回应而展开的分配。因此,当前人民代表大会中专门委员会的分类设计和立法权限配置,正是遵循以上原理的产物。

从理论上看,代议机关中的委员会制度的诞生本身就是呼应这种立法机关专业分化与功能性价值的需要。立法是一项复杂的、涉及专业广度和深度要求都较高的活动。尽管其展示着民意的要求,但同时,为了更好地反映社会事实的需求,就必然需要相应的专业知识予以辅助。从历史来看,在立法机关形成之前,立法工作也往往要借助掌握专业技能者来完成。[67] 随着专门立法机关的诞生和发展,尤其是立法数量开始增长,相应的专业性需求就不断涌现,应对多样化社会现实的法案往往会涉及各种专业性问题,这便需要由相应专业的代表去开展具体审查。此外,法律的制定本身也是一个极具专业性的活动,法律内部的融贯性以及法律与整体法律体系之间的融贯性要求,使立法成为一项技术性活动。传统院会制的立法机关本身的程序和组织功能难以保证前述这些要求全部实现,故而基于专业分化的需要,立法机关在组织内部进行了一定的专业分工,即委员会的构建。由是,委员会制度从两个角度展示着对整体立法机关的立法功能的强化——组织的行动力与专业性。一方面,通过委员会这种组织的设置,集中了一定的具有行动力的立法机关代表,在组织上直接强化了立法机关的活动能力。通过委员会的工作,立法机关加强了自身的立法决策活动能力,强化了自身运

---

〔67〕 例如,欧洲中古时期的王室法,又如中国的唐律编纂亦是由专业人士完成,据载,《贞观律》由长孙无忌、房玄龄、裴弘献等领衔学士、法官耗费十年方才编订完成。

用立法权的效能。另一方面,委员会通过一定的专业分化,集合和培养专门知识的代表,强化了立法机关在立法活动中的专业能力,保证了法律的制作符合融贯性和专业性要求,加强了立法机关的自主性。这种功能性价值,事实上表达着基于功能分化的一种功能主义导向的权力分工意义,展示着一种功能主义的权力配置进路。

尽管以功能主义进路为内在价值的这种配置理念,能够通过分类化的方式,提升立法活动的专业性,促进全国人大更好地发挥制度效用,但这种配置理念的贯彻并非只创造了益处,也在一定程度上存在一些不足,而这些不足成为导致专门委员会立法权限配置实践出现问题的缘由。

首先,功能主义导向的专业性分工配置理念,难以克服人类的认知局限问题。功能主义导向的配置理念,其前提在于理解相应制度的价值功能,换言之,必须能够充分认知并把握某种事物的功能。具体在专门委员会的分工设计中,则是要求对于功能分化,或者说专业性分工有着充分的理解。这种专业性分工所针对的是社会分工的事实,即复杂且不断发展的社会事实。虽然随着对认识的不断深化,专门委员会的分工在不断地发展和调整,但面对不断演进的社会现象,这种调整往往存在滞后性。也就是说,这种功能主义导向在专门委员会的立法权限配置中很难实现其最优化。例如,有学者就曾指出,全国人大专门委员会没有按统一的标准分类,对社会治理需求的现实回应仍有不足。[68] 此外,不仅仅是这种划分本身,由于对社会事实认知的局限,专门委员会的组织准备和权限运用的需求之间往往也会存在不匹配的情况,致使其时长无法完全发挥出功能效用。这种局限来源于功能主义导向配置理念天然的不足,难以通过理念本身的更好贯彻予以修正。

其次,对于这种功能主义导向的专业性分工配置理念的片面强调,也导致了制度实践中不平衡问题的产生。尽管以专业为分类的设计促使专门委员会能够在立法活动中发挥强大的功能,但如若仅考虑功能价值而不考虑权限配置的其他因素要求,则必然造就配置的不合理和不平衡。如前所述,当前全国人大专门委员会的立法权限配置出现了一定程度上的不平衡,表现出宪法和法律委员会相对优势,而其他专门委员会效能不张的制度现状。

---

〔68〕 柴逸扉:《完善全国人大专门委员会制度的思考》,载《改革与开放》2011 年第 8 期。

这是由于立法权限在配置时仅考虑了组织的功能性分工因素，只强调其在法律相关事务中的专业能力能够促进立法效率，而未考虑分工的同时也需要注重平衡与协调，导致整体权限配置的失序。事实上，当前全国人大专门委员会的立法权限配置虽然依照组织的专业性分离而在功能分化上予以了区分，但其在整体的权限配置上的这种功能性差异，主要是通过对某一专门委员会的加强，进而实现一种对配置在专门委员会中的程序性权限予以集中的统摄：一方面，专门委员会的权限配置在组织中依照一种专业性上的功能分化予以分配——例如，在审查权限方面，专门委员会分别审查其领域的法律提案——这显然意味着专门委员会立法权限配置建立在一种功能导向的基础上；另一方面，宪法和法律委员会通过其在统一审议制度下获得的对其他专门委员会的审议权、后期独立报告权和法律草案修改权等权限，实质上获得了优位于其他专门委员会的地位，并在立法程序中尤其是统一审议制度中实现了对其他专门委员会的集中统摄，展示出一种强化的倾向。从理论上看，这展示为一种在功能导向的基础上坚持集中模式的倾向。然而，如果某一权力在配置时过于强大，将会破坏整体结构，导致该权力凌驾于系统中与它一同被配置的其他权力之上，影响其他权力的发挥。当前专门委员会立法权限配置即在一定程度上存在此类问题：只考虑加强宪法和法律委员会一个委员会的立法能力，除导致其他专门委员会应有的权限缺乏外，也造成了各专门委员会的权限运用能力不足。专门委员会间权限配置的失衡，抑制了其他专门委员会立法功能的发挥。更进一步看，专门委员会本身代表着利益表达的内涵，通过专业性划分，可能更多地展示相关领域的利益表达和意见，当前除宪法和法律委员会外的其他专门委员会的效能不张，很大程度上压抑了这种价值的实现，在立法程序中无法更好地进行利益表达，背离了专门委员会制度设计的初衷，消弭了立法活动对一种共同利益的价值塑造。因此，对功能主义导向的片面强调，将削弱专门委员会本身的制度价值。

第三节　组织嵌套：委员长会议的立法权限配置与运用实践

那些表现在立法程序中影响着立法活动各个环节的程序性立法权限，

除配置给全国人大专门委员会外，也为全国人大中的其他组织所行使。全国人大常委会立法在国家立法活动中占据主体地位，对立法工作产生重要影响，更享有诸多的立法权限。因此，相对于仅仅出现于全国人大会议期间的大会主席团，活动更为频繁的全国人大常委会委员长会议（以下简称委员长会议）更值得研究。是故，分析我国国家立法权的内部配置问题，有必要深入分析委员长会议的地位与权属，为相应优化配置寻求恰当的切入点。

一、委员长会议设置的机构性质

委员长会议的设置始于1982年《宪法》第68条。作为一种新创设的机构模式，根据相关参与修宪者的记录，这种设计是一种强化集体领导的考量。这使合议制的常委会体制有了更为核心集体领导机构，"使合议制的集体领导又掺入了某种首长制的因素"，〔69〕以最终实现"发挥集体智慧，加强领导核心"〔70〕的双重效果。

《宪法》中关于委员长会议的性质和职权的规范主要包括1982年《宪法》第68条第2款的规定。〔71〕单从这个条款来看，对于委员长会议的地位性质，在宪法中并未进行详细的规定。〔72〕所谓重要日常工作具体指向哪些内容，程序性或实体性皆无准确答案。同时，这种"处理重要日常工作"本身又并非一种领导模式的"处理"。盖因从委员长会议与专门委员会的关系条款规范来看，委员长会议是"指导协调"，专门委员会是受常委会领导。是故，部分实务界人士所认知之"委员会会议是常委会的领导机构"存在认知上的偏差。从宪法规范来看，其并非决策组织，亦非权力机关，只可处理日常工作，而未有其他宪定的具体职权，亦非代替或作为国家机构进行决策。事实上，如果结合《全国人民代表大会组织法》等基本法律规范中关于委员长会议具体职责的规定即可以发现，委员长会议的职责主要集中在议案决定提交、会议议程确定与指导协调专门委员会工作等方面。因此，委员长会

---

〔69〕冀业：《全国人大委员长会议组织与权力运作研究》，北京大学2009年硕士学位论文。

〔70〕许崇德：《中华人民共和国宪法史》（下卷），福建人民出版社2005年版，第512页。

〔71〕委员长、副委员长、秘书长组成委员长会议，处理全国人民代表大会常务委员会的重要日常工作。

〔72〕周宇骏：《试论我国立法的决定列入会议议程制度》，载《南京航空航天大学学报（社会科学版）》2013年第4期。

议的机构性质并不是一种国家职权机关。

综上所述,本书认为,委员长会议与全国人大各专门委员会同为服务于全国人大常委会的服务性机构,甚至其权限还小于身为全国人大议事单元的专门委员会。宪法也没有像规定常委会职权那样明确列举委员长会议的职权,没有像规定常委会是人大的常设性机构那样规定委员长会议是常委会的常设性机构,而只是规定委员长会议处理常委会的重要日常工作。因此,这种"处理日常工作"应具有服务性、辅助性的特点,具有某种处理议会内部行政事务的性质。[73]

二、委员长会议的立法权限配置现状

由于委员长会议自身的特殊机构属性,决定了其并非如专门委员会那样成为议事单元之一,享有列举宪定职权的常设性机构,而是作为一种全国人大常委会的议事辅助机构存在。其一方面总揽议会内部行政事务,另一方面协调议会议事的程序活动,处理常委会的重要的日常工作,其所行使之立法权限也多偏向于这种模式。结合《立法法》等法律的规定,具体而言,委员长会议拥有以下立法权限:

(一)法律提案权

委员长会议在常委会立法活动中拥有法律提案权。此种权限是正式的法定提案权,而非类似将相应法律草案决定提交这种议程控制权。根据《立法法》有关规定,委员长会议与其他法定的国家机关以及全国人大专门委员会一样,拥有法律提案权。然而,审视相应规范,这一权限存在一定的合理性危机。首先,委员长会议并不属于一种独立国家职权机关,甚至不是具有宪定职权的常设性机构。宪法对其工作范围的定性仅是"处理重要日常工作"。显然,法律提案权并不是处理日常工作的意涵就可以包容的,而应当是常委会职权组成部分,是立法权力链条中的一环,兼具程序和实体双重性质。当然,也有倾向性观点认为,专门委员会也享有法律提案权,否定委员长会议法律提案权的合理性,岂不是意味着"委员长会议的地位还不如专门

〔73〕 周宇骏:《试论我国立法的决定列入会议议程制度》,载《南京航空航天大学学报(社会科学版)》2013 年第 4 期。

委员会”。本书认为，从宪法本身规定来看，专门委员会是规范了职权的人大内部职能机构，而委员长会议未有具体职权规定；委员长会议虽然可以指导、协调专门委员会，但此种权力仅是“指导”而非领导；更为重要的是，专门委员会的法律提案权在宪法中能够找到规范依据，宪法规定专门委员会“拟订有关议案”，可以从中引申出法律提案权的内涵，而相比之下，委员长会议处理重要日常工作的定性则并不具备相应内涵。其次，委员长会议兼具议程控制权，也即享有决定将其他提案者的法律草案等议案列入会议议程的权限。这样的权限意味着委员长会议同时兼具着“运动员”与“裁判员”的身份，存在违背程序公正理念的嫌疑。最后，《立法法》中所规定的法律提案权作为提案权的一种，一般而言是与《全国人民代表大会组织法》中的提案权规定相一致的。享有法律提案权的逻辑必然是某一主体享有提案权。但作为组织法的《全国人民代表大会组织法》中并未给予委员长会议此种权限，这一规定显然属于《立法法》所增添之权限，从权力逻辑上看存在一定合理性危机。

（二）立法程序调控权

委员长会议在立法活动中乃至其全部工作中最为重要的一项权限，即其对于常委会会议的立法程序特定阶段的调控权。具体而言，这一权限包括以下几种具体情形：

第一，法律草案列入议程决定权。根据《立法法》的有关规定，委员长会议有对会议议程进行决定的权力。[74] 从相应规定可以看出，全国人大常委会列入会议议程的决定由委员长会议做出，对于机关主体提案，委员长会议没有否决的权力；对于常委会组成人员提案，委员长会议则可以决定不列入会议议程。相较全国人民代表大会的相关制度，常委会的列入会议议程制

---

〔74〕《立法法》第 26 条第 2 款规定：“……法律案，由委员长会议决定列入常务委员会会议议程，或者先交有关的专门委员会审议、提出报告，再决定列入常务委员会会议议程。如果委员长会议认为法律案有重大问题需要进一步研究，可以建议提案人修改完善后再向常务委员会提出。”第 27 条第 1 款规定：“……组成人员十人以上联名……提出法律案，由委员长会议决定是否列入常务委员会会议议程，或者先交有关的专门委员会审议、提出是否列入会议议程的意见，再决定是否列入常务委员会会议议程。不列入常务委员会会议议程的，应当向常务委员会会议报告或者向提案人说明。”

度增加了一个规定,即不列入议程的,应当做出报告或说明。[75] 这一规定导致了一定的质疑,即认为《立法法》的有关规定超越了宪法关于委员长会议的"处理日常工作"规定,认为此种"判断权不应由委员长会议掌握",[76] 本书认为,这种议程控制权本身应当并未超越委员长会议自身的定位。委员长会议为常委会进行服务,作为一种内部事务的机构,决定其服务对象的会议的会期以及会议议程事项是完全可能的。并不违反法律之逻辑。因此,委员长会议享有对于提案列入会议议程的决定权,并不是源于某一种实体性的国家机关的国家权力,而是基于其自身机构的内部事务的服务管理职能,是一种类似于工作安排的决定。[77]

第二,撤回法律草案同意权。除列入会议议程这种议程的程序性控制权限外,根据《立法法》的有关规定,委员长会议还有权决定同意提案权撤回其法律提案,以终止法律案的审议活动。[78] 一般而言,对于理由充分的撤回请求,出于对提案人提案权本身的尊重,同意其撤回并无问题。但"说明理由 + 委员长会议同意"的制度意味着委员长会议存在不同意的判断可能。相关法律规范仅有《立法法》第 40 条短短的一句,这就导致相应制度在制度实践中存在大量的空白。对于说明理由是否进行审查;审判判断的标准为何,是实质审查还是形式审查;若不同意撤回,是能够由委员长会议自身决定还是需要报告常委会决定等相应一系列的后续处理制度都未有明确规范,有必要予以进一步的充实。

第三,法律案的终止审议报告权。根据《立法法》的有关规定,对于一些法定满足时间要求且存在重大分歧的法律案,由委员长会议报告常委会终

[75] 周宇骏:《试论我国立法的决定列入会议议程制度》,载《南京航空航天大学学报(社会科学版)》2013 年第 4 期。

[76] 马岭:《委员长会议之设置和权限探讨》,载《法学》2012 年第 5 期。

[77] 周宇骏:《试论我国立法的决定列入会议议程制度》,载《南京航空航天大学学报(社会科学版)》2013 年第 4 期。

[78] 《立法法》第 40 条规定:"列入常务委员会会议议程的法律案,在交付表决前,提案人要求撤回的,应当说明理由,经委员长会议同意,并向常务委员会报告,对该法律案的审议即行终止。"

止审议。[79] 一般而言,这种终止审议的结果是直接伴随着委员长会议的报告发生的。此种程序也与前述同意撤回草案类似,对某些后续处理的具体程序制度未能予以细化明确。尽管终止审议这种程序调控是由委员长会议的报告行为所直接影响决定的,但报告后是直接产生终止审议的结果,或是常委会还会进行一定审查予以认可或否定,并未有具体规定。同时,也有学者质疑此种权限属于"实质性权力"而非"日常工作"的范畴。[80] 因此,对于相应权限制度,本书认为还有必要进一步细化。

第四,法律解释案列入议程决定权。除"立、改、废"等法律创制方面的法律案列入会议议程的决定权外,委员长会议还有权就法律解释案列入会议议程做出决定。由于这两种决定权具有相似性,且常委会的法律解释具有立法性质,因此列入会议议程方面所面临的问题几乎一致,不再赘述。

第五,重新提出法律案列入议程决定权。《立法法》还规定,对未表决通过重新提出的法律案,由委员长会议决定列入会议议程。与前文法律提案列入会议议程几乎一致,不再赘述。

(三)专门委员会间协调权

作为"指导、协调"专门委员会的机构,委员长会议在立法活动中,协调着各专门委员会之间的意见,是专门委员会之间的居间协调者。如前文所述,《立法法》建立了专门委员会间的意见协调机制和不同意见报告制度。在实践中,委员长会议在接到报告后,一般会"进行研究,提出解决的意见"。[81] 如果仍无法解决的,委员长会议会动用自身的议程调控权限对法律草案予以搁置。但从委员长会议的机构属性和具体权属来看,委员长会议能够行使的应当是一种具备程序性意义的调控权限,并无作出实体性判断的能力与权限。因此,其如何"提出解决"意见值得探讨。同时,根据有关

---

〔79〕《立法法》第42条规定:"列入常务委员会会议审议的法律案,因各方面对制定该法律的必要性、可行性等重大问题存在较大意见分歧搁置审议满两年的,或者因暂不付表决经过两年没有再次列入常务委员会会议议程审议的,由委员长会议向常务委员会报告,该法律案终止审议。"

〔80〕马岭:《中国〈立法法〉对委员长会议职权的规定》,载《学习与探索》2013年第8期。

〔81〕乔晓阳主编:《〈中华人民共和国立法法〉导读与释义》,中国民主法制出版社2015年版,第157页。

规定,委员长会议对专门委员会的指导、协调限于“日常工作”,如果根据前文对“日常工作”的理解,其应当不包括立法权限行使本身。此外,《立法法》规定,除表达协调机制之外,还存在报告制度,即向专门委员会设定了报告之义务,从相关释义的理解来看,这种报告制度设定的缘由是“委员长会议是……领导机构”,[82]显然存在认知上的偏差。因此,这种协调与报告制度本身是否适当,还有值得进一步探讨的空间。

(四)表决程序启动权

根据《立法法》之规定,委员长会议在常委会立法中掌控着表决程序的启动权。这种表决启动权表现在多个方面:首先,法律草案表决的提请,由委员长会议决定;其次,对于分歧条款,委员长会议可以决定提请单独进行表决;最后,委员长会议可以提请暂缓表决,单独表决后委员长会议可根据情况暂缓表决。因此,表决程序的启动基本由委员长会议所控制。

(五)撤销提请权

除法律创制程序外,在法律监督活动中,委员长会议也享有一定程序性权限。如前文所述,对抵触宪法、法律的行政法规、地方性法规等规范,在审查判断后制定机关不修改的,在提出撤销案或建议后,由委员长会议决定提请审议。因此,委员长会议享有撤销权的提请权限,其决定直接影响着全国人大常委会立法监督工作中撤销权的行使。

三、委员长会议实质立法权限的异化

如前文所述,委员长会议在常委会立法活动中行使一定的程序性权限。从制度规范来看,尽管部分权限存在争议,但总体来看,委员长会议基于其机构属性,掌握的多数程序性权限仍是合理适当的。然而,制度规范上的适当设计并不意味着实践中的合理运用。从立法实践来看,这些权限的行使在具体的立法活动中存在一定的偏差,产生了偏离委员长会议机构属性的情况,这导致了委员长会议超越自身定位和权限,出现了一定的权限异化倾

---

[82] 乔晓阳主编:《〈中华人民共和国立法法〉导读与释义》,中国民主法制出版社 2015 年版,第 157 页。

向。本书认为，这种异化倾向具体来说，主要可以归纳为以下几个方面：

（一）议程控制权转向议题控制权

本书曾经论述过，委员长会议享有一定的议程控制权限，在立法活动中，其有权决定法律草案、法律解释案等提案列入会议议程。这是一种立法程序上的调控权限，通过这种程序调控，委员长会议能够对立法是否进入会议程序、进入的时间等施加影响，进而影响整体立法活动的实际效用。当然，从另一个方面来看，如前文所论述的，尽管这种调控将对整体立法活动乃至立法权的行使产生影响，但这种影响是程序性的，也是属于委员长会议自身的定位范围内的权属。委员长会议对议程的控制，与其自身的常委会事务服务管理机构定位相匹配，是一种工作安排和会议节奏掌控上的自然的权能。当然，从世界各国议会议事的通行做法来看，这种权限一般由程序委员会与议长所分享。由于我国人大不设议长职位，由委员长、副委员长、秘书长等人组成的委员长会议，在设置之初本身又彰显着一定"集体领导"的意味。因此，我国委员长会议的定位类似于西方国家议会中"议长＋程序委员会"的组合。

然而，随着制度实践的演进，在立法实践中，委员长会议的功能不仅仅满足于这种议程控制范畴的程序性权限，而开始向具有实体性权限意义的"议题控制"扩张。这使委员长会议在立法活动中的效用从程序调控逐渐向实质决策转变。委员长会议的这种议题控制倾向，体现为以下几点：

第一，立法规划与计划的法定化和不断强化。委员长会议一直以来控制着立法规划与计划的批准权，这种批准在实际上调整着立法活动的主题与方向。由于我国的立法活动基本严格按照立法规划与立法工作计划开展，从表1－4可以看出，立法规划对实际的立法活动发挥着重要影响。尽管近年来落实的立法规划数量占据立法总数的比例呈现下滑的态势，但不可否认，经由立法规划的立法项目数仍接近立法总数的一半，立法规划对立法活动的调控效果可见一斑。同时，根据部分学者和相关人员的理解，"立法规划（计划）具有指令性和指导性"，[83]是故，立法规划与计划对立法活动

〔83〕　乔晓阳主编：《中华人民共和国立法法讲话》，中国民主法制出版社2008年版，第102页。

的控制显然不容小觑。在2015年修订的《立法法》中也增加了关于立法规划和计划的条款,明确"由委员长会议通过"。这事实上赋予了委员长会议一项影响立法议题的新权能,尽管这一权限并不属于立法权限的范畴。但如前所述,通过此种权限,委员长会议获得了一种议题控制的权限,直接影响着未来立法活动的主题面向。有学者批评认为:一方面,这种权限的存在直接影响了立法对于社会现实的直接反映,破坏了立法的民主基础;[84]另一方面,这一权限的存在实际上也是对立法议案能否进入议程获得审议通过进行了提前投票,[85]直接影响了提案权本身的独立性和民主性。

表1-4 第七届全国人民代表大会以来立法规划及落实情况

项目 \ 数据 \ 届别	第七届	第八届	第九届	第十届	第十一届	第十二届
立法规划数	64	152	89	77	64	102
立法规划通过数	12	73	50	39	30	62
立法总数	15	79	76	73	63	152

资料来源:全国人大常委会公报

第二,实质意义规范性文件的制定权能。除前述通过立法规划和计划进行议题上的控制外,委员长会议在规范性文件制定方面,也在逐渐行使着一种实体意义的权力,使其权限不再限于程序性方面。[86] 这标志着委员长会议的活动逐渐进入实体性领域,开始对议题和议事活动施加影响。

(二)专门委员会间协调权转向领导权

本书已经论述过,委员长会议享有对各专门委员会的日常工作"指导"

〔84〕 刘松山:《立法规划之淡化与反思》,载《政治与法律》2014年第12期。

〔85〕 梁存宁:《论"规划立法"模式的成功与不足——以全国人大常委会立法规划为研究对象》,载《人大研究》2013年第2期。

〔86〕 例如,第十届全国人民代表大会第四十次委员长会议就曾通过《司法解释备案审查工作程序》,虽然名为工作程序,但由于其还包含着权限运用和配置的内容,且具有着外部性意义,这种规范性文件的制定权显然不应当属于委员长会议。无独有偶,在第十二届全国人民代表大会第五十八次委员长会议上通过的《向社会公布法律草案征求意见工作规范》,其内容不仅仅是内部的操作规程,还涉及立法权限行使的规范性文件。

和“协调”的权限。这种权限在立法活动中的集中体现，即委员长会议成为各专门委员会的协调者，但各专门委员会的审议意见不一致时，需报送委员长会议。从委员长会议本身的定位来看，让其成为各专门委员会的协调者并无不妥，其本身即承担着在议会内部提供事务性辅助和处理的职能。但对专门委员会的立法审议活动而言，其审议意见本身恐怕已很难归入日常工作的范畴，而是一种职权行为；且在报告之后，委员长会议当如何处置，更是对委员长会议的定位提出了挑战。在西方各国的立法制度中，这种进行协调、统一意见的角色一般由议长或召集人担当。议长或召集人根据议事的程序规则，在立法辩论的意见交锋中稳定讨论的主题和方向，进而确定动议的表决方向，最终实现一种不同意见的协调。

在我国，委员长会议通过独立于不同意见专门委员会的集体领导者的居中裁决方式，看似以集体民主的居中裁判对不同意见予以协调，但这种独立于集体却恰恰在使一种程序上的协调权变成一种实质上的决策和领导权。由于委员长会议是独立于专门委员会的存在，其通过听取报告汇报，提出解决意见的方式进行协调，则其协调的活动即一种以自身机构之判断取代原专门委员会审议意见的处理。换言之，在这个“报告—协调”模式中，尽管委员长会议作为第三者以一种类似与法官的居中裁断来提供解决方案，但这种方案提供本身却是一个超越自身机构定性和权属的过程，在此活动中委员长会议实质上行使了一定的审议权，更借此获得了一种对于专门委员会的领导权——委员长会议可以通过自身的实质审议意见压制专门委员会之审议意见。同时，由于委员长会议垄断了表决启动权限，专门委员会无权将自身的不同审议意见提请表决决定。因此，在此立法活动中，委员长会议对专门委员会间的协调权，并不是一种程序性的协调，而是通过各种议事或表决程序环节控制，实现意见统一。委员长会议进而发展成为一种实质上的领导权，以自身之判断意见为专门委员会审议意见的不统一提供解决方案。

表1-5 委员长会议立法权限的制度规范与实践情况对比

制度规范	实践现实
法律提案权	法律提案权
议程调控权	议题决定权
专门委员会协调权	专门委员会领导权
表决启动权	表决启动权
撤销提请权	撤销提请权

四、委员长会议与党领导立法

如前文所讨论的,委员长会议的实质立法权限在制度实践的运作中发生了逐渐偏移的现象。本书认为,之所以产生这种偏移,并非简单的权力扩张。委员长会议立法影响力的不断扩张,在很大程度上是由于其自设立之日起就试图发挥对于全国人大立法工作的一种领导作用。然而,为何要通过委员长会议发挥这种领导作用?委员长会议在实质上除了前述的不断挑战权限范围的现象之外,又如何发挥着这种领导作用?这一切问题都与党领导立法问题存在内在关联。

(一)委员长会议与人大常委会党组的组织嵌套关系

理解委员长会议与党领导立法问题的关系,首先需要理解委员长会议与党的关系。在这种关系中最为直接的,即其与人大常委会党组之间的组织嵌套关系。

1.党组制度与人大常委会党组设置

中国共产党的党组制度起源于党的七大党章的设定,但其最初的组织形式在此之前就已有雏形。在1922年党的二大《关于共产党的组织章程决议案》中就已有关于党基层组织模式的要求。1925年党的四大提出了党团的形式,"随后的国民革命时期、红军时期、抗战时期都一直是以党团的形式"。[87] 在党的七大党章中,基于对党的组织的改革,将此种在"在政府……领导机关中,凡有担任负责工作的党员"的组织形态正式明确为"党组",并

〔87〕 孙淑萍:《党组及其作用的历史考察》,载《长白学刊》2000年第6期。

规范了其任务是“指导党员”“加强党的影响，实现党的政策”。在党的七大党章中的这种从党团向党组的过渡，并不仅仅代表名称上的变化，更代表一种民主集中制基础上的集中统一领导实践要求。

首先，从前述关于党组的规定可以看出，党组最初设立的对象是党外组织内的党员。通过为该组织内党员成立一个党组，进而强化党对这些组织的影响，在各种领域和组织中贯彻党的政策。这些规定也表明了在党组最初设立后，最为重要的任务和必须要完成的事项即贯彻党的意志。它的规定不仅具有纪律性的形式，更具有政治性的目的，这与这一时期党强化对政权集中性和统一领导紧密相关，是日后中国共产党从革命党逐步取得全国政权，实现党对国家领导的重要组织保障。

其次，从组织的人事和领导权看，党组要受到同级党委的领导。根据党的七大党章规定，在党组中会设置党组书记和干事会，以实现民主集中，领导党组活动，党组书记和干事由所属党委指定。这说明了党组的人事是由同级党委控制，受到同级党委的直接领导。同时，党的七大党章还继续明确要求“各级非党组织中之党组，服从各该级党的委员会之领导，并执行其决议”。因此，党组在其工作运转中，需要服从同级党委的领导，执行其决议，是党委之下的执行组织。

人民代表大会中党组的设置，最初则可以追溯到中华人民共和国成立之初，在中央人民政府内成立党组的实践。早在 1949 年 11 月，中共中央即通过决议，决定在中央人民政府内部成立了党委、分党组和党小组等多层次党组织，以实现在政府内部党的意志的贯彻和党的领导。[88] 随着 1954 年《宪法》的通过，全国人民代表大会正式建立，中央人民政府发生调整，原有机构都随之合并或停止。尽管我国国家机关组成结构发生变化，但其内部的党组织却依然伴随着此前已成立党组织的重新整合，[89] 在工作中发挥效用。1956 年 1 月，在中共中央国家机关工作委员会领导下的全国人大常委会机关党组正式成立。与之相对应，1956 年党的八大党章中，明确了“在国家机关和人民团体的领导机关中……应当成立党组”。同时，还增加了党中

---

〔88〕 相关文件内容参见《关于在中央人民政府内组织中国共产党党委会的决定》。

〔89〕 1955 年 4 月，原中央人民政府内成立之党委会——中共中央直属机关委员会更名为中共中央国家机关工作委员会。

央通过中央国家机关等的党组来领导相应组织的规定。[90] 但自1957年开始,党内的民主政治生活开始出现问题,尤其在"文化大革命"期间,人民代表大会制度遭到破坏,全国人大长期未开展活动,其党组更未能发挥其设计效用。在其后党的九大和十大党章中,甚至删除了党组的相关规定。

随着国家与党的政治生活逐渐开始拨乱反正,1977年,党章中恢复了在国家机关中成立党组的相关规定,更在此基础上进一步强化领导,明确规定中央国家机关的党组成员直接由党中央来指定。[91] 伴随着这种规定的恢复,人民代表大会党组也恢复建立,1978年5月,全国人大常委会党组成立。此时党组的设置和规格,相较1956年之全国人大常委会机关党组又有提高。人大机关党组面向为人大办公厅等机关工作人员,而人大常委会党组则包括了人民代表大会中拥有中国共产党党籍的主要领导成员。随着1982年《宪法》的通过,全国人大常委会党组旋即停止,人民代表大会内部仅存在全国人大常委会机关党组和全国人大常委会法工委党组。这一现象的产生,与彼时"党政分开"的执政思路有关,党的十三大党章甚至将党组的规定改为"可以成立",削弱了党组的影响和作用。但这种设置导致了党的领导弱化等诸多问题,1989年8月,中共中央发布了《关于加强党的建设的通知》,恢复了人大常委会党组的设置,其成员由委员长、中国共产党党籍副委员长和秘书长组成。在2015年通过的《中国共产党党组工作条例(试行)》(已于2019年修订)中,再次明确了在全国人大常委会中设立党组的规定,并强调了党组的政治领导责任。自此,全国人大常委会党组制度完全定型,在实践工作中发挥着加强党的领导、贯彻党中央意志的效用。

2. 组织嵌套

"嵌套",从字义上理解,即嵌入并套在一起的意思。嵌入物能够与被嵌入物适配,就会形成持久稳固的关系。[92] 组织的嵌套,即两个不同组织的相互嵌入适配。这种嵌套会使具有相互联系的双方关系更为稳定,并在发展具体的发展和演变中,形成具有强势性的一方掌控和领导整个嵌套组织

---

[90] 中央委员会通过中央的国家机关和全国性的人民团体中的党组来领导这些组织的工作。

[91] 在国家机关和人民团体中,应设立党组。中央一级国家机关和人民团体的党组成员由党中央指定。地方各级国家机关和人民团体的党组成员由相当的党委指定。

[92] 喻国明:《嵌套性:一种关于微博价值本质的探讨》(上),载《新闻与写作》2011年第8期。

发展方向以及其决定其呈现的具体性质。全国人大常委会党组和委员长会议正是这样的一种组织嵌套关系。这种嵌套的产生,首先存在人员上的重合,其次也存在结构上的耦合。具体而言:

首先,组成人员的重合,彰显两个组织的相互嵌套。委员长会议由委员长、副委员长和秘书长组成。如前所述,全国人大常委会党组则由委员长、中国共产党党籍的副委员长和秘书长组成。仅从人员的组成规定来看,这种重叠必然十分显著。本书还进一步梳理了近三届全国人大常委会党组和委员长会议的人员组成嵌套情况。从表 1－6 可以看出,全国人大常委会党组在委员长会议中占据着优势地位,对合议制机构而言,人员的多数优势则意味着决议决策上的全面主导。因此,通过此种人员的保障,全国人大常委会党组实现了对委员长会议的主导。

表 1－6　第十一届全国人大以来的全国人大常委会党组人数

届次	全国人大常委会党组人数	委员长会议人数	党组占委员长会议比例
第十一届全国人大	8	14	57.14%
第十二届全国人大	11	14	78.57%
第十三届全国人大	10	16	62.5%

资料来源:中国人大网

其次,结构上的耦合。从前述的对比来看,全国人大常委会党组事实上成为委员长会议的一种内部组织存在,其组成嵌套入了委员长会议中。二者都是一种合议制模式的存在,通过集体的决策决议影响整体的判断。这种组织结构上的嵌套使党组与委员长会议具有紧密的依存关系,并且在组织建构中不断使党组与人大常委会获得融合。党组通过人事制度、政策传达等政治领导模式,实现党的意志的传达,而委员长会议则通过在前文所讨论之立法权限不断影响立法活动。因此,这种结构上的耦合,实现了一种政治系统与法律系统的接入,体现了法律与政治的双重意义,即卢曼所讨论的结构耦合(structural coupling)问题。在卢曼看来,法律与政治虽然是两套自创生的社会分支的功能系统,但其在保持自身独立自生运转的同时,不可避免地受到了相互的影响。卢曼详细地解析了这种影响,并以“耦合”概念予以定义分析。在他的论述中,耦合被区分为运作耦合(operational coupling)

与结构耦合(structural coupling),运作耦合意味着一个事件,在它发生的期间内可以划归为两个系统的不同意义。[93] 在人大常委会党组和委员长会议的制度实践中,它每一次运转的过程事实上是一种运作耦合的呈现,体现了法律与政治的双重意义。当其成为一种固定化的机制,它便演化成一种结构耦合的现象。"结构性联系是一种形式,即一种两面形式……由此限制并方便了环境对系统的影响。"[94] 因此,结构耦合是一种形式化的特定媒介接口。作为结构化同时又呈现政治与法律双重逻辑理念的组织嵌套关系正是这样一种法律系统与政治系统的结构耦合。

(二)党领导立法的具体形式:通过委员长会议的领导

全国人大常委会党组的组织目标和任务,即"完成党和国家交给的任务,指导机关和直属单位党组织的工作"。[95] 党的十九届三中全会通过的《中共中央关于深化党和国家机构改革的决定》中,再次强调要求党组发挥"定期汇报工作,确保党的方针政策和决策部署在同级组织中得到贯彻落实"[96] 的作用。然而,全国人大常委会党组是一种党的组织而非国家机关组织,在这种目标指引下,全国人大常委会党组必须借由一定的国家机关组织与权属以实现其目的。如前文所述,委员长会议主要处理重要的日常工作,这种宏观的指导地位与全国人大常委会党组实践其目标所需求之手段相匹配。同时,基于前述的组织嵌套的存在,全国人大常委会党组在委员长会议中占据着优势地位,能够直接影响并决定委员长会议的决策决定。因此,通过全国人大常委会党组影响委员长会议,成为实现党领导立法的核心节点和重要抓手。

具体而言,通过全国人大常委会党组对委员长会议的影响,进而促使党领导立法存在以下操作方式:

第一,全国人大常委会党组必须服从党中央的决策、命令,在委员长会议的全体活动中贯彻党的意志。对党中央决策命令的服从和贯彻,一直以

---

〔93〕 何尊:《卢曼社会系统理论视角下的法政关系研究》,吉林大学2014年硕士学位论文,第24页。

〔94〕 [德]卢曼:《社会的法律》,郑伊倩译,人民出版社2009年版,第233页。

〔95〕 徐高峰:《中国共产党在人大设立党组的前前后后》,载《红广角》2014年第9期。

〔96〕 《中共中央关于深化党和国家机构改革的决定》,载《人民日报》2018年3月5日,第1版。

来就是党组成立和工作的基础目的。早在党的二大通过的《关于议会行动的决案》中,对议会中的中共党员之活动即有此种要求。[97] 在1989年全国人大常委会党组正式确立时,其成立的任务和基本要求也有“完成党和国家交给的任务”“保证党中央决策的贯彻落实”。在2015年通过的《中国共产党党组工作条例(试行)》(已于2019年修订)中更是明确了党组的工作职责与方法,指导了其具体运作。虽然党领导立法是政治上的必然要求和保障。“作为国家机关的首长,可以不接受党委的命令;作为党员,不能不接受党委的命令。”[98]委员长会议在立法活动中有一定的决策能力,例如,在立法规划计划方面的主题确定权限、议程的控制权限等。在这些活动中贯彻党中央的决策命令,能够促进党对立法的领导。这种贯彻的实现,往往是通过全国人大常委会党组来进行的:在委员长会议前,全国人大常委会党组往往会召开会议,统一思想、传达中央的决策部署,从而在立法中实现与党中央保持一致,保证党的方针、政策、意志能够通过立法程序在法律中予以贯彻。

第二,全国人大常委会党组通过请示报告制度,在具体的立法活动中实现党对立法议题和内容的控制审查。根据《中共中央关于加强党领导立法工作的意见》和《中国共产党党组工作条例》,全国人大常委会党组应当就立法中的重要问题,按照所涉及事项[99]和内容层次划分[100]的具体要求,向党中央请示报告。[101] 在党中央审定批准之后,全国人大常委会党组将会召开会议传达党中央的审定意见;在委员长会议召开时,这些意见将借由委员长

---

[97] 本党国会议员,绝对受中央执行委员会的监督和指挥;省会、市会、县会议员绝对受中央执行委员会特派员和区及地方执行委员会监督和指挥;一切重大政治问题,由中央执行委员会授以方略。本党议员之个人及团体(共产党议会团体)绝对不得自主。

[98] 张友渔:《一个必须认真研究、探索的问题——关于进一步扩大社会主义民主、健全社会主义法制和政治体制改革的问题(一九八六年十二月四日)》(下),载《中国法学》1987年第3期。

[99] 凡属政治方面的立法,在制定前,全国人大常委会党组应将立法的指导思想和原则呈报中共中央审批。

[100] 政治方面的法律和重大经济、行政方面的法律,在法律草案基本成熟后,提交全国人大或常委会审议前,也应报中央审批。其他方面的法律草案是否需要报中央审批,由全国人大常委会党组决定。

[101] 中央对法律起草工作实行统一领导,凡由全国人大及其常委会起草的法律,都一律由全国人大常委会党组报中央审批。其他部门起草的法律草案需报全国人大审议的,也都由全国人大常委会党组统一报中央审批。

会议中的中国共产党党籍成员提出,以影响委员长会议的行动。换言之,中共中央借由全国人大常委会党组实现了对立法议题和内容的间接政治审查,并借助全国人大常委会党组成员传达此政治审查的意见和建议,影响委员长会议,进而促使委员长会议通过自身立法权限,在立法活动中渗透党中央的意志和观点。极端情形下,如果党中央在审定活动中传达了反对的意见,全国人大常委会党组还可通过其在委员长会议的多数优势,运用委员长会议的程序性调控权限,在程序上阻止相应法律案审议和表决的继续进行。

从相应的操作方式可以看出,委员长会议之所以出现当前的一些权限偏移问题,与其同全国人大常委会党组相互嵌套的党领导立法进路有一定联系。借助这种组织嵌套关系,通过党组在委员长会议占据的组织优势,党的意志得以直接传达,委员长会议的决策能力得以不断强化,党中央的政策方针得以落实和贯彻。但一味地通过对委员长会议的决策强化模式来实现党对立法工作的领导,可能会由于过度介入实际的决策活动,不利于巩固党对国家立法工作的领导权威。党对立法工作的领导,不宜将委员长会议与党组混同,将其作为领导立法工作的"总抓手"。由于存在人大常委会党组和委员长会议的组织嵌套关系,目前党领导立法工作的开展往往会强化对委员长会议的影响,导致了一种将委员长会议和党组视为一体的情况。然而,尽管中国共产党党员占据多数,但委员长会议和党组仍存在本质差别,不应将二者混为一谈,更不宜将党组在党领导立法工作中应当承担的种种职责全都借助委员长会议这一平台表现出来。有必要转变思路,将二者在一定程度上予以区分,重新重视通过党组织自身发挥领导作用。

综上所述,委员长会议在立法实践中不断扩权和不符合自身设定的主观意志表达,很大程度上和其与全国人大常委会党组的组织嵌套关系密切相关,作为贯彻党在立法活动中意志的抓手和核心组织,委员长会议自然会出现前文所述的偏移其自身权限内容的形态。因此,委员长会议制度实践问题的核心与解决之道,实质在于如何加强关于党领导立法问题的理解。党的十九届三中全会通过的《中共中央关于深化党和国家机构改革的决定》指出,要"理顺党的组织同其他组织的关系,更好发挥党总揽全局、协调各方作用"。因此,理顺全国人大常委会党组与委员长会议的嵌套关系,方能明确委员长会议的立法权限配置问题,进而优化我国国家立法权的内部配置。

第四节　科层化：人大常委会工作机构的机构性质与立法职责

一、人大常委会工作机构立法相关职责现状及问题

（一）人大常委会工作机构的性质及设置

全国人大常委会工作机构，作为一种不同于专门委员会的构造，其组织本身及其职责都在立法问题上有特殊的性质和地位。在正面讨论工作机构的属性之前，我们有必要回顾历史，进而在历史的脉络中探寻常委会的工作机构诞生及其属性。

全国人大常委会工作机构在立法活动中以全国人大常委会法制工作委员会（以下简称法工委）为典型代表。全国人大常委会法工委的前身——全国人大常委会法制委员会，成立于党的十一届三中全会之后。1979年2月23日第五届全国人大常委会第六次会议作出《设立全国人大常委会法制委员会的决定》，并通过了由主任、副主任和委员共80人组成的名单任命，建立起全国人大常委会法制委员会。其时的法制委员会负担了大量的立法工作，在创立之初，便创造了巨大的成就，三个月起草了七部法律，[102]填补了当时我国法制的空白。在1982年《宪法》实施之后，随着全国人大宪法和法律委员会等专门委员会的成立，立法程序更加完善，全国人大常委会法制委员会之前负担的职能依照新宪法的规定交付给了宪法和法律委员会，其自身逐渐演变成为单纯的全国人大常委会的工作机构。1983年9月第六届全国人大常委会第二次会议通过相关决议，将全国人大常委会法制委员会改为全国人大常委会法制工作委员会。根据时任法制委员会秘书长王汉斌同志的回忆，“为此，全国人大组织法还专门规定，常务委员会可以根据需要设立工作委员会，主要就是指的设立法制工作委员会”。[103]

---

〔102〕 分别是：《地方各级人民代表大会和地方各级人民政府组织法》《全国人民代表大会和地方各级人民代表大会选举法》《人民法院组织法》《人民检察院组织法》《刑法》《刑事诉讼法》《中外合资经营企业法》。

〔103〕 夏莉娜：《王汉斌回忆法制委员会与法工委建立的前后》，载《中国人大》2009年第3期。

从此段历史我们可以看出,全国人大常委会法工委的前身法制委员会所承接的职能,便是"协助全国人大常委会加强法制工作"。[104] 虽然法制委员会以及后来的法工委在立法事业中发挥过甚至仍发挥着巨大的作用,但这种作用是在协助全国人大常委会工作的过程中所体现的。这种"协助",正是重要的工作机构之属性内涵。

工作机构,又称办事机构。最早的法律规定见于1979年《地方各级人民代表大会和地方各级人民政府组织法》第30条[105]以及1982年《全国人民代表大会组织法》第28条。[106] 这些规定都相对原则笼统,并未对工作机构的性质任务作出界定。一般认为,全国人大常委会的工作机构在宪法上并无地位,与专门委员会不同,其没有宪定的职权,并不是职能机构。工作委员会建立的理论依据是全国人大常委会行使职权的需要。[107] 因此,工作机构主要承担的工作便是为职能机构提供服务,[108]协助常委会的职权工作行使。我们可以理解,全国人大常委会工作机构的性质便是为全国人大常委会和全国人大专门委员会的立法工作提供专业的服务辅助的机构,而不是一种享有立法权的职能机构。正如前文所说的,"协助"是其机构的主要任务及其工作机构属性的核心内涵。

尽管全国人大常委会工作机构是一种提供专业服务的辅助性机构,从性质上看并不应享有立法相关职权。但在立法实践活动中,其还是行使一定的权限,影响着整个立法权的实现。尤其是在2015年《立法法》修改后,这些权限有进一步扩大的趋势。

(二)常委会立法程序中的职责

由于自身机构属性的限制,全国人大常委会工作机构在立法程序中并

---

[104] 《全国人大常委会会议公报:设立全国人民代表大会常务委员会法制委员会》,载中国人大网,http://www.npc.gov.cn/wxzl/wxzl/2004-02/09/content_327738.htm。

[105] 1979年《地方各级人民代表大会和地方各级人民政府组织法》第30条规定:"常务委员会根据工作需要,设立办事机构。"

[106] 《全国人民代表大会组织法》第28条规定:"常务委员会可以根据需要设立工作委员会。工作委员会的主任、副主任和委员由委员长提请常务委员会任免。"

[107] 俞静尧:《试论全国人大常委会工作委员会建设》,载《法学评论》1993年第5期。

[108] 蔡定剑:《中国人民代表大会制度》,法律出版社2003年版,第483页。

不具备实体性的立法权限,甚至无法通过自身权属直接影响立法程序的进程。基于这种服务辅助性质,常委会工作机构在立法程序中所能提供的,正是这种具有辅助性的工作,具体而言包括:

第一,立法调研。向大会提出的法律案,在大会闭会期间由常委会审议的,由常务委员会工作机构进行调研。

第二,征求意见。常委会在审议列入议程的法律案时,需要征求、听取各方意见,这一工作主要由常委会工作机构完成。常委会工作机构听取意见后,将草案发送有关人大代表、地方人大常委会和有关部门、组织、专家等征求意见。向社会公布征求意见的具体工作也是由其完成。

第三,收集意见。在收集各方意见和分组审议意见后,常委会工作机构需要收集整理相关意见及有关资料,送宪法和法律委员会、专门委员会。

第四,草案评估。在宪法和法律委员会进行统一审议,提出审议结果报告前,常委会工作机构需对草案作出评估,其评估情况列入宪法和法律委员会的统一审议结果报告中。

综合来看,常委会工作机构在常委会立法程序中所进行的都属于辅助性的服务工作,提供相应的专业性服务,不掌握实体性或程序性的权限,并不会直接影响到立法的进程和结果。这与其提供专业服务的辅助机构定位相一致。

(三)法律解释程序中的职责

根据《立法法》的有关规定,全国人大常委会工作机构在法律解释程序中,负担着研究拟订草案的职责。一般而言,作为立法准备的草案拟定不列入立法正式权限。但在立法解释中,此时法律解释程序已然随着解释议案或解释要求的提出正式启动,工作机构在此过程中研究拟订草案,事实上与专门委员会在宪法中规定之"拟订有关议案"相类似,属于立法活动中的职权性质权限。同时,此种权限也是一种具有实体性意义的权限,基于法律解释的特殊性,法律解释的提案权与起草事实上存在分离。换言之,在解释要求提出之后,实际上的法律解释案完全由常委会工作机构起草完成并提出,常委会工作机构在事实上决定了提案的面貌和启动时机,获得了极大的权限。这种将具备实质上的实体性和程序性启动的权限交与常委会的工作机构是否适当，值得探讨。同时，前文讨论过，法律解释的启动权限本身按照《各级人民代表大会常务委员会监督法》有关规定，又包含一定的内容创造权限。因此，当前这种权限设置存在较大的不合理因素，有必要予以理顺。

（四）询问答复权

全国人大常委会的工作机构除前述在立法活动中的职责外，还具备类似法律解释功能的法律询问答复权。有研究指出，法律询问答复制度，实质上是立法解释制度的补充。[109]

法律询问答复自诞生之始就存在效力上的疑问，其是否具备规范性效力一直都为学界所探讨。在实践中，更曾出现过法律询问答复影响司法裁判的案例。尽管从规范意义上，法律询问答复并未被明确其效力内涵，但由于其对立法解释的补充性意义，往往会被理解为一种具有实质性意义的立法权限内容。从常委会工作机构的性质来看，其长期掌握一种在某种程度上可替代部分立法解释的实质性立法权限，显然存在合理性质疑，对这一制度，在未来的国家立法权配置中应当予以理顺。

（五）备案审查阶段的职责

1. 法规和司法解释审查中的职责

在过去常委会工作机构在法规和司法解释的备案审查工作中，仅承担和前文所述立法程序阶段相一致的辅助性工作，对实体性的审查效果和审查程序的进行并无影响能力。然而，随着 2015 年《立法法》的修改，常委会工作机构被赋予了基本与专门委员会一致的权限。尽管在相关条款的规定中，对常委会工作机构所采用的是“研究”而非“审查”的特殊名词，但从实际的程序启动等法律效果来看，这种“研究”实质就是一种“审查”。甚至在《立法法》第 99 条第 3 款中丝毫不掩饰地表达常委会工作机构进行的是“主动审查”。

正是由于此种规范设置，常委会工作机构在法规和司法解释的审查中，

---

〔109〕 乔晓阳主编：《〈中华人民共和国立法法〉导读与释义》，中国民主法制出版社 2015 年版，第 220 页。

享有着与前文所述专门委员会一致的程序启动、抵触判断的审查和审查后的撤销启动权限。其具体内容在此就不再重复讨论。但从立法基本法理和常委会工作机构的性质权属来看，在备案审查这种立法监督活动中赋予常委会工作机构与专门委员会相一致的实际审查和程序权限显然是不适当的。首先，从组织性质来看，常委会工作机构是承担辅助性服务工作的机构，并不属于人民代表大会的议事单元，其成员也大部分不属于常委会的组成人员或人民代表大会代表，不具备代议机关性质，不应当承担议事职能和人民代表大会立法与监督权限；其次，常委会工作机构属于行政性的内部工作机构，实行首长负责制，是以行政命令之科层制方式开展工作，其必须遵从领导意志，与审查和判断工作所需要的一种独立的委员会模式相去甚远，在工作方式上也不适宜承担相应工作。

2. 柔性纠错机制

除审查权限外，全国人大常委会法工委在备案审查阶段还存在一项重要职责的实践——柔性纠错机制的行使。

过往关于立法监督处理机制的认知，都围绕着撤销权的行使展开。然而，以杭州潘某请求审查案为代表的数例披露案例直接印证了另一种立法监督处理机制的存在。过往那些认为全国人大常委会被动审查工作没有实际运行的批判，事实上是相对片面的。从实践来看，立法监督后的处理，一直以来并未采取撤销权行使的法定制度，而存在一种不同于撤销权的内部沟通的传统方式解决问题。全国人大通过内部沟通方式，促使原制定机关自行纠正的这种立法监督处理机制，本书将之定义为柔性纠错机制。采取内部沟通方式运作的柔性纠错机制，事实上并非全国人大常委会在此时才创设出的新制度，应当说是早在过往的案例实践中，业已存在的一贯传统。只不过这一传统一直以来都由于立法监督实践长期以来不公开透露的现实，未在此体制中的外界人士很难窥探其内在实质。对于相应立法监督处理实践的认识，只能从一些公开资料中寻觅到冰山一角。

首先，从立法监督的规定上看，我国立法监督对通过内部沟通方式的柔性纠错模式的偏好，并非全然不向外界展现，反而早在过往的制度设计中，已有相应的雏形。早在2000年《立法法》第91条第1款规定就设定了一种

“提出建议权”,[110]这一建议权被设置在撤销权行使之前,其权能行使甚至直接影响到撤销权是否运用,事实上成为撤销权的一个前置程序,又由于此“提出建议权”的实效发挥主要在于被审查规范制定机关的反馈,故而有学者认为其是该条文首创了柔性监督。[111]随着制度的不断发展,此“提出建议权”制度获得了进一步的确认和扩充,2005年修改的《行政法规、地方性法规、自治条例和单行条例、经营特区法规备案审查工作程序》第9条和第11条增加了法律委员会单独研究提出意见以及专门委员会书面意见是“建议制定机关自行修改或者废止该法规”的内容,[112]此规范进一步完善了《立法法》的有关规定,将“提出建议权”转化为了一种实质上的“建议修改权”,或者说“书面要求修改权”。随着这种“提出建议权”向“建议修改权”的权能扩张,其对立法监督制度的影响越发明显。

其次,除了制度层面逐渐显露之外,在实践层面,伴随着实务工作者对我国立法监督实效质疑的回应,实践中这种柔性纠错机制的存在价值也逐渐表露出来。在介绍我国立法监督制度时,一些人大工作人员往往会提到2004年全国人大常委会成立了专司备案审查工作的机构全国人大常委会法工委备案审查室,至2017年间“通过沟通协商、督促制宪机关纠正的法规、司法解释累计有上百件”。[113]更有学者直言指出全国人大常委会在相应问题上是“鸭子浮水”,工作不在表面,而内里“一直在忙碌”。[114]我们往往只能从一些典型的案例中和一些公开的资料中触碰到些许蛛丝马迹。以立法监督案例中最为轰动的孙志刚案为例,全国人大常委会并未如一些学者所

---

[110] 《立法法》(2000年)第91条规定:“全国人民代表大会专门委员会在审查中认为行政法规、地方性法规、自治条例和单行条例同宪法或者法律相抵触的,可以向制定机关提出书面审查意见……”

[111] 马岭:《我国规范性法律文件的备案审查制度》,载《财经法学》2016年第3期。

[112] 《行政法规、地方性法规、自治条例和单行条例、经济特区法规备案审查工作程序》第9条规定:“法律委员会研究认为法规同宪法或者法律相抵触的,可以与制定机关进行沟通协商,提出意见。制定机关按照所提意见对该法规进行修改或废止的,不再进行审查。”第11条规定:“……由有关专门委员会向制定机关提出书面审查意见。建议制定机关自行修改或者废止该法规。”

[113] 徐曼曼:《许安标:备案审查信息平台已经完成测试》,载新华社,http://www.xinhuanet.com/politics/2017lh/2017-03/09/c_129505417.htm,最后访问日期:2018年10月11日。

[114] 李丽:《违宪审查:树立宪法的最高权威——纪念82宪法实施30周年(下)》,载《中国青年报》2012年10月18日,第1版。

言无所应对，而只是缺乏对外表达。在时年5月针对“孙志刚案”的审查建议书提交人大后，在6月全国人大常委会曾邀请有关学者召开座谈会，探讨问题处理的方案，其后国务院方才废止了相应条例。在其他的一些诸如湖南新晃侗族自治县等备案审查纠正案例中，也隐约可以看到全国人大常委会通过内部沟通协调方式解决的痕迹。尽管无法得见全貌，但随着在制度规范和官方话语表达中的一些信息被揭示，处于不公开状态当中的柔性纠错机制在长期的运行中逐渐显露冰山一角。

综合来看，在长期实践中，柔性纠错机制发展为一种立法监督处理传统的路径依赖。随着近年来备案审查工作的加强，柔性纠错通过一些实践逐步开始了法治化革新，当能更有效地融入我国正式立法监督制度中。但从另一个角度来看，由常委会工作机构掌握这种实质上的立法监督处理权限，和前述备案审查权限一样，与其机构性质并不相符，其职责设置是否恰当，有必要进一步深入探讨。

表1-7　全国人大常委会工作机构的实质立法权限

<table>
<tr><td rowspan="3">程序性立法权限</td><td>解释程序</td><td>法律解释拟订</td></tr>
<tr><td rowspan="2">备案审查</td><td>审查研究</td></tr>
<tr><td>柔性纠错</td></tr>
<tr><td>实体性立法权限</td><td colspan="2">询问答复</td></tr>
</table>

二、常委会工作机构的科层化及其对实践的影响

常委会工作机构作为一种提供辅助性专业行政服务的机构，其组织呈现为一种科层化的技术文官系统。这一随同着其他技术文官系统持续壮大的群体在我国的立法机关中逐渐兴起，并对立法活动产生越来越大的影响。作为一种系统封闭并持续扩张的“立法科层化”组织，常委会工作机构必然借助自身的技术特征，不断扩展自身影响，自我扩权。

（一）科层制的组织

1. 科层制的常委会工作机构

科层制（bürokratie），是马克斯·韦伯（Max Weber）在讨论宰制

(herrschaft)问题时对组织的一种划分,他对理性的组织及其内部支配等问题进行了探讨,指出科层制的组织形式的样态与特征。在韦伯看来,法制型宰制的最纯粹执行方式,是透过一种科层制来管理干部。基于此,韦伯认为,法制性宰制在组织上存在一些基本的要求,即具备一种合法的秩序设定。[115] 在科层制中,从组织之外获取的合法性,能够成为组织内部"强制协作"权力的基础,也即一种协调、控制和指令。

审视常委会工作机构即可以发现其具备了典型的科层制特征,是一种科层化的组织。首先,常委会工作机构的组织结构是一种构造了多级阶层的层级化构造。以全国人大常委会法工委为例,法工委设置了"法工委(省部级)—××室(司厅局级)—××处(县处级)"的层级结构。更为明显的是,其还为相应职位的成员安排了由《公务员职务、职级与级别管理办法》明确划定的干部行政级别,确立了一种行政管理模式的组织结构。其次,常委会工作机构的成员属于国家法定公务员或参照公务员职位,实行一种首长负责制。常委会工作机构的成员并非人大代表一样的选举职位,而是由通过国家公务员考试等各种干部选拔体制,任命或聘任之公务员。同时,在工作机构中并非如专门委员会一种采用代议机关的合议制工作方式,而是实行一种首长负责制,借助一种行政指令的管理权力来协调、指挥整体组织和成员的行动选择。是故,常委会工作机构的组织性质符合科层制的特点,是一种典型的科层制组织。

2. 技术性文官系统

常委会工作机构这一科层制组织,在强调民主和博弈、合议与表决的立法活动中占据地位,并持续扩大自身影响,是以其技术性文官系统的特征为起点与根据的。具体而言:

首先,技术性一直是常委会工作机构设置的固定内涵。从历史来看,改革开放后立法工作的起点就是由独立兼具权力与技术性机构所主导。1979年,为了应对改革开放立法的需求,第五届全国人大常委会决定成立包括80

[115] 首先,各种职位的组织是依照官僚层级制(amtshierarchie)的原则。或者说,组织里的人必须以清楚界定的职位阶层制组织起来。其次,就理性的组织而言,原则上行政干部的成员必须绝对地和生产工具的所有权,或管理的所有权分离。最后,在理性类型的组织中,在职者也不可能占有(appropriation)该正式职位,即职位源于组织,成员不得据该项职位为己有。

名成员的全国人大常委会法制委员会，这一委员会是现今全国人大常委会法工委的前身。这一机构在短时间内承担并完成了大量的立法工作，如其曾在三个月内制定七部法律。同时，由于彼时依照宪法规定，全国人大常委会并不享有法律制定权，因而这一机构在当时兼具权力主导型和技术科层型的双重特征。一方面，从人员组成来看，机构的两任主任分别由彭真、习仲勋等党和国家领导人兼任，此时的立法直接贯彻着中央意志，体现着权力主导的色彩。另一方面，这一机构作为全国人大常委会法工委的前身，也是一种技术性科层制机构。彼时全国人大常委会并无国家法律制定权，该法制委员会也无宪法或法律规定的立法权限，组建这一机构的目的即协助加强法制工作，具有辅助性的技术特征。此外，从其组成人员来看，成立之时即特意选择了法律、政治、经济、语言文字等方面的专家。根据相关负责同志回忆，作为该机构副主任的胡乔木还专门指出："邀请语言文字专家当顾问，专门负责从文字……把关。"[116] 从当前的现实实践来看，以全国人大常委会法工委为例，目前其拥有200多名成员，人数远远超越了各专门委员会委员和常委会组成人员的人数。其组织内也按照法律部门分设了研究室、民法室、备案审查室等内设机构，拥有大量专门从事各个部门法研究和创制的法律专家。[117] 法工委内的立法技术型文官，事实上已然形成了一种立法职业共同体。

其次，常委会工作机构也通过辅助性专业能力进入立法活动。在前文的论述中讨论过，常委会工作机构在立法活动中所担任的角色，是一种专业性的辅助角色。作为一种科层制组织的常委会工作机构因此借以进入以民主性为本质特征的立法活动中。但随着其自身借助专业性技术优势的不断发展，其在立法活动中借助这种技术性优势在逐渐转化为实质的权力优势。正如培根所言："人类知识和人类权力归于一。"[118] 知识的占有意味着其能够为主体获得权力取得优势，因此，正是凭借这一种"知识—权力"逻辑结构，常委会工作机构将技术优势转换为确立自身对立法活动的主导权。尤其是在备案审查层面，借助一种技术型文官系统的人才数量和知识优势，常

〔116〕 夏莉娜：《王汉斌回忆法制委员会与法工委建立的前后》，载《中国人大》2009年第3期。

〔117〕 王理万：《立法官僚化：理解中国立法过程的新视角》，载《中国法律评论》2016年第2期。

〔118〕 ［英］培根：《新工具》，许宝骙译，人民出版社1984年版，第8页。

委会工作机构在2015年《立法法》修改中获得了直接的实体性权限——法规审查权。因此,常委会工作机构正借助此种专业能力优势,逐步转化为自身权限的扩张,持续扩大这一科层制组织的影响。

(二)立法科层化与隐形立法者

前述科层制组织的不断扩张,正是一种立法科层化的具体表征。其是更为广义层面的我国职业立法群体借助其技术专业能力在立法活动中形成立法主导和立法封闭的机构展示。

首先,"立法沉淀"权力运行带来的立法实质主导。从权力运行的角度而言,全国人大的立法权已经出现了明显的"沉淀"的趋势。[119] 如前文所述,全国人大整体的立法权能向全国人大常委会集中,全国人大常委会事实上成为立法的主导者。全国人大常委会立法受委员长会议决策的影响,这使实质立法权力进一步集中。委员长会议作为并无较强专业业务背景的领导官员,其在立法活动中又进一步依赖常委会工作机构提供技术性辅助。据此,常委会工作机构发挥着"事实上的立法引擎"功能。[120] 由技术型专业能力所制造的立法实质主导实践面向,构造了一种立法文官群体事实上主导立法的现实情形。立法活动在这技术化的过程中被科层化(bureaucracy)了。

其次,立法文官群体的专业性制造了一种技术型封闭,逐渐垄断了关于立法的知识。如前所述,常委会工作机构的科层制仅是立法技术型文官系统的一个缩影。其实,不仅仅是法工委等立法机关的工作机构,从中央到地方各级国家机关的各种研究室中,都存在大量的立法文官。这些立法文官借助科层式文官的流动性,相互连接形成了一个跨机构的庞大立法文官群体,这个群体通过立法的专业化和技术化趋势塑造知识壁垒、构筑职业共同体,形成了一种技术性的话语封闭。尽管这种职业共同体的技术型知识为立法带来了效率和专业性,但同时也极大地影响了立法的民主基础。事实上,技术化的科层制文官系统成为民主正当性的替代品,一种科层制文官主

---

〔119〕 王理万:《立法官僚化:理解中国立法过程的新视角》,载《中国法律评论》2016年第2期。

〔120〕 卢群星:《隐性立法者:中国立法工作者的作用及其正当性难题》,载《浙江大学学报(人文社会科学版)》2013年第2期。

导模式的立法活动在中国逐渐发展。

综上所述,立法科层制文官通过技术型主导和技术型封闭,制造了对立法活动的主导和控制,专业技术性取代了民主性成为立法合理性的基础,立法文官成为隐藏在制度背后的"隐性立法者"。

三、科层化组织介入立法的历史与制度原因

如前文所论证,常委会工作机构在其组织机构属性、工作模式等方面,都呈现一种科层化的模式。基于其技术性和专业性的辅助机构的组织创设固有内涵,常委会工作机构逐渐形成了在专业性问题上的强势地位,构造了一个庞大的立法职业共同体。以此专业性为基础,作为一种科层制组织的常委会工作机构因此借以进入以民主性为本质特征的立法活动中。并且,随着其自身借助专业性技术优势的不断发展,其在立法活动中逐渐转化为实质的权力优势。2015 年《立法法》中规定常委会工作机构获得备案审查权正是这种以专业性理由代替正当性理由获得立法权限的集中体现。同时,不仅在显性的权限获取上,在隐性的层面,立法文官还通过技术型主导和技术型封闭,制造了对立法活动的主导和控制,利用其专业性知识壁垒,在立法审议和意见收集获得中开展对民主意见的"挑选"工作,这实质上致使常委会工作机构对意见的取舍具有决定权,成为隐藏在制度背后的"隐性立法者"。

首先,从历史来看,常委会工作机构这种科层化组织介入立法的设置源于全国人大常委会的专业性力量构建需求。1982 年《宪法》修改后,全国人大常委会获得了国家立法权,开始负担国家立法的主要工作。为了应对伴随着改革开放和社会转型期大量的立法需求,充实自身的立法能力,全国人大常委会需要一定具备专业知识与技能的辅助人员提供协助,常委会工作机构的作用及其对立法的影响自此逐渐凸显。

其次,从制度设计来看,常委会工作机构这种科层化组织在立法活动中也主要依靠其专业性能力发挥作用。无论是在常委会立法程序、法律解释程序和询问答复活动中提供辅助性工作的职责,还是 2015 年《立法法》修改所新增加的备案审查权限,其都是基于一种专业性能力而衍生的,制度设计的理念源于对专业性力量的倚重。

全国人大常委会工作机构的设置并非一种中国独创的机构模式。尽管组织和权限相应配置有所差异,但这种立法机关中辅助性机构的设立也可从别国的国会制度中寻觅到类似举措。从全国人大常委会工作机构的制度目标来看,其是为帮助立法机关立法之助理人员。在西方国家的国会中,这部分成员一般被称为“立法助理”或“国会幕僚”。立法助理制度的发展与20世纪以来立法机关所面对之社会现象的综合复杂密切相关。尤其在福利国家时代开启之后,政府职能日益膨胀,专业性要求不断上升,立法机关的立法活动也必须做出应对。因此,立法助理应运而生。

因此,综合来看,常委会工作机构的基础立足点和其权力获取的逻辑起点即专业性知识。通过专业性知识的辅助,常委会工作机构方才获得了相应立法权限。具体来看,这种凭借专业性知识获取权力的逻辑,是使知识理性成为实在权力的基础。然而,合理性本身并不足以构成权力合法性的基础,更不可能取代合法性成为权力的来源。依靠知识理性获取权力的逻辑违背了权力的正当性要求。立法权限是立法权的组成部分,其内在必然蕴含着合法性权威的基础要求,常委会工作机构获取权力的逻辑起点是专业性知识显然说服力不足。

进一步分析,常委会工作机构的这种技术型文官体系构建,或者说基于专业性知识的权限配置,本质上仍是一种强化功能主义导向理念指导权限配置的产物。具体来说:第一,专业性知识的建立,显然是一种基于功能和社会分化而产生的知识。基于专业性知识的权限配置,存在一种功能主义的价值要求。常委会工作机构,尤其是法工委近年来的不断扩大和强化,正是这种功能导向价值追求的结果。第二,常委会工作机构的运转,采用的是一种行政科层制的工作模式,相较于其他立法机关组织,显然有着更为强势的集中色彩。从常委会工作机构的权限来看,其在立法审议等活动中通过收集意见的方式来整理相关的意见发表,强化了对审议中的统一性色彩的要求,而弱化了公开辩论等博弈的设计。因此,技术型文官系统的建立,是片面强调强化功能主义价值导向的结果。

本章小结

本章通过组织区分的角度,对我国国家立法权内部配置的现状进行了梳理。本书认为，从制度规范和现实实践来看，国家立法权的内部配置主要体现为全国人大及其常委会、专门委员会、委员长会议和常委会工作机构等组织的立法权限配置，总结而言，具体表现为以下几个方面：

首先，全国人大及其常委会的立法权限配置现状与问题。制度实践中，全国人大及其常委会的立法权限配置呈现出一种二元立法结构：全国人大常委会与全国人大共享立法权，都可独立完成一整套立法程序，开展立法活动；二者权力范围相互重叠又存在区分。“二元立法结构”的模糊和矛盾，在于制宪活动中未能梳理好国家立法权的设计思路，一方面，坚持最高权力机关优先的理念，试图确立全国人大立法权的优先性；另一方面，又认为国家立法权存在统一性，未考虑好如何对权力进行具体分割，进而导致当前全国人大与其常委会之间的国家立法权限配置存在划分不清晰、层次结构不够合理、具体实体权限配置不够适宜等问题。

其次，全国人大专门委员会的立法权限配置现状与问题。当前专门委员会主要掌握着程序性立法权限，概括而言，包括立法提案权、审议权和审查权。从制度实践来看，专门委员会的立法权限配置依然存在诸多不和谐之处，主要表现为宪法和法律委员会在统一审议和法律解释程序中具备其他专门委员会未拥有的立法权限，存在权限上的优势；而专门委员会提案修改权、立法解释审议权以及联合审议机制等程序性立法权限配置上存在缺失，导致了宪法和法律委员会与其他专门委员会之间立法权限配置出现一定程度上的不平衡，相对弱化了专门委员会的制度功能，未来可能将影响专门委员会之间的分工与协调。

再次，委员长会议立法权限配置现状与问题。委员长会议作为一种全国人大常委会的议事辅助机构存在，主要掌握立法提案权、立法程序调控权、专门委员会间协调权、表决启动权和撤销提请权。从立法实践来看，这些权限的行使在具体的立法活动中存在一定的偏差，产生了偏离委员长会议机构属性的情况。这与党领导立法问题存在内在关联，有必要理顺全国人大常委会党组与委员长会议的嵌套关系，优化相应权限配置。

最后，常委会工作机构的立法职能现状与问题。常委会工作机构是一种提供专业服务的辅助性机构，从性质上看并不应享有立法相关职权。在立法实践活动中，其还行使着一定的权限，影响着整个立法权的实现，主要包括备案审查权、询问答复权和柔性纠错机制等。作为一种科层化的“立法文官系统”,常委会工作机构通过技术型主导和技术型封闭,制造了对立法活动的主导和控制,这致使专业技术性取代了民主性,成为立法合理性的基础,立法文官成为隐藏在制度背后的“隐性立法者”。

第二章

我国国家立法权内部配置的问题揭示与分析

前一章所叙述之当前我国国家立法权内部配置所存在的问题，其实质都指向一种宏观意义上的立法权在现实化的过程中被分解于不同立法组织间所产生的实践与立法权性质之间的张力。是故，相应制度困境的本质连接着对立法权本身属性以及权力与组织关系的认识问题。正是过往立法权力配置理念中暗含的那些关于立法权属性及权力与组织关系的错误认识，导致了配置方法的误区，进而造成了当前的配置困境。因此，解决当前我国国家立法权内部配置制度困境的出路，当是厘清立法权内部配置的逻辑，在理解立法权性质以及组织与权力关系的基础上，重新确立关于立法权内部配置科学的认识及相应方法，科学配置各个议事单元的立法权限。本章的讨论从国家立法权本质属性出发，发掘了立法权的属性对其内部配置的意义，并通过统一视域重新理解了权力与组织之间的关系，试图在此基础上梳理一套指引国家立法权内部配置实践的方法论规则。

第一节　我国国家立法权内部配置及其制度困境的问题揭示

一、国家立法权、立法权限与立法职权

本书讨论至此，已经使用过多个与“立法”和“权”相关的概念。这些概念尽管都紧紧围绕着“国家立法权”这一主题，从名词的表达上看具有相似性，但显然并非相同的概念。这些具备着相似性的概念如若在使用中——至少在本书的相关讨论中——不加以鉴别、予以明确的话，必然会对本章讨论的核心命题造成概念上的混淆，引发讨论上的偏离。因此，在开始理论梳理和分析之前，有必要对国家立法权、立法权限和立法职权这三个概念予以辨析，以明确概念，方便后文的论证。

（一）国家立法权

国家立法权是本书的核心概念，是全书讨论所围绕的对象。在规范意

义上，我国国家立法权仅指全国人大及其常委会行使的立法权。[1] 但对国家立法权所涉的“立法权”意义本身，规范并无说明。在本书的讨论中，这种立法权的实质内涵究竟如何？国家立法权与其他相似概念关系为何？又或者说，为何本书要使用国家立法权而非其他概念作为本书之核心概念？在此本书试图通过概念之分析，明确本书所表达核心概念之意涵。

对立法权的概念理解是所有立法理论的基石。关于立法权概念的理解方式直接决定了相应理论的讨论基础和逻辑发展方向。传统西方法学理论中，对于立法权有结构主义和功能主义两种不同的理解。[2] 在结构主义的视域中，立法权被视为一种政体结构划分的结果，是被划分出的国家机关的必然延伸。换言之，立法活动是立法机关的工作领域，而立法权即立法机关的职权。在广义上看，这种视域中的立法权被视为与行政权等权力相区别的国家权力，即权力分工意义上立法机关的全部权属。

在功能主义的视域中，立法权则被视为一种结果意义导向的权力。对立法权的判定并不以国家政权结构为划分标准，即并非只有立法机关才行使立法权，任何在结果意义上有“立法”这一创造普遍性规范文件的功能性权力都属于立法权的范畴。在这种视域中，立法权并不仅限于立法机关的职权，也可为行政机关制定法规、发布命令之权力，司法机关作出具有普遍效力意义的司法解释之权力，其他组织创制自治规范或规则的权力都属于立法权的一种。

本书认为，在我国理论界与实务界的概念使用中，对“立法权”的意义表述事实上是二者皆有。一方面，国家立法权被视为作为国家立法机关的全国人大及其常委会创制法律的权力；另一方面，那些行政法规、规章等的创制也被冠以“行政立法权”的名目，地方性法规的制定权也被称为“地方立法权”。因此，对立法权的概念使用事实上是存在混淆的。但无论从哪个方面来解释“立法权”的概念，这一概念都具备一种宏观的整体性意义，这使“立法权”的概念与“立法权限”或“立法职权”区别开来。

从我国的宪法和法律规范来看，这种整体性意义也是国家立法权概念

---

〔1〕《宪法》第 58 条规定：“全国人民代表大会和全国人民代表大会常务委员会行使国家立法权。”

〔2〕李林：《走向宪政的立法》，法律出版社 2003 年版，第 27 ~ 30 页。

的固有内涵。我国宪法中的“立法权”一词，有且仅出现自现行《宪法》第58条国家立法权条款之规定。观察此条文表述可以看出，宪法并未对立法权本身作出定义和划分，尽管后续全国人大和全国人大常委会职权规定条款中有关于国家立法权的具体内容，但其表述仅为“制定和修改……法律”。由此可以明显看出，在我国宪法和法律中的“国家立法权”本身即一种宏观的整体性意义表达，并不直接涉及具体职权或权限内容的规定。因此，本书所讨论的“国家立法权”也是符合此种理解的一个宏观的整体性概念，并无特定的具体内容指向，仅表达一种创制、认可、修改、解释、废止规范性法文件的整体性权力。

（二）立法权限

“权限”一词，顾名思义，具有权力之限度（limits of authority）的含义。这是一个典型的复合词汇。在日常使用中，这一概念更侧重于对所有者的“掌握”意义，而较少强调“限度”的限制内涵。一般来说，“权限”一词指向可行使权力的范围，即职责承担者为完成相应职责所应当具备的，对某事项进行决策的范围和程度。根据“权限”的这种定义，可以从中发掘出核心概念的几层特定含义：

第一，限度必然表示存在被定义的一定范围，这种范围围绕着权限所涉事项所展开，存在横向的事项范围和纵向的程度强弱两个维度，故而权限指向的是一种行事的空间。对于“立法权限”而言，即指在相应事项上的决策空间。第二，存在限度（limits）也意味着该权力被配置或要被配置给某一主体，限度意味着一种已被明确的划定，而划定则表示该权力已被配置或要被配置给一个特定主体所掌握，因此，权限与配置之间存在一种必然的联系。第三，存在被配置或定义表示该“权限”已然明确、不可再做分割，换言之，“权限”表示一种已经确定下来的最小权力单位概念，故而“立法权限”指向一种微观的立法权力单位，可以通过不可再分割的确定方式表达整体立法权的部分。第四，在本书讨论中，以“立法”与“权限”相结合，“立法权限”是指向在立法活动中，被配置给不同职责主体运用的与立法相关联的事项决策空间。这种权限可以指向立法权中那些已被明确的程序权，比如提案权等；也可以指向那些不被法定立法程序纳入事项范围，却实质影响立法活动之事项的决策权限,如立法规划的决策权等。

(三)立法职权

"立法职权"一词,在本书中着墨不多,但由于其与"立法权限"的概念存在较大的相似性,因此,有必要予以辨析。

职权是一种国家权力的具体化。根据近代的权力理论,公共权力的行使权应当依据其功能与结构分解为具体的各项权力,这使得国家权力必须在宪法及法律的框架内被功能性地分解为各项具体职权。作为国家权力具体化的职权,其必然是来自人民的委托,也应当在人民委托的范围内活动。因此,职权的设定必须遵循着"职权宪定"或"职权法定"的原则,职权是国家权力经由宪法与法律配置之后的结果。[3] 因此,职权是一种已经被法定化在机关中的国家权力,与作为机关的职能密切相关。故"立法职权"一词,是指被宪法和法律规定给国家机关的立法权力,比如,《宪法》规定全国人大常委会具有解释法律的立法职权。

"立法权限"和"立法职权"的概念存在较多的相似之处,但比较二者的概念核心依然存在差别:"立法权限"更多指向立法活动中各种事项的决策空间,其不一定要求法定,也不一定需要是一种机关的职权,更不一定需属于法定的立法程序所涉的事项范围内;立法职权则必然是法定的,是与某一国家机关职能相连接的权力,只能由机关主体所掌握,例如,委员长会议等内设机构尽管掌握一定之立法权限,但并不能掌握所有的立法职权。

二、立法权的本质特征与我国国家立法权内部配置

(一)作为权力簇的立法权

尽管前文的论述中对国家立法权概念和其他相关概念予以分析和区别,但由于国家立法权这一概念本身的特殊意义,仅仅通过一种相对笼统的整体性权力来作出理解,无益于揭示其背后的理论实质与制度张力。又或者说,立法权作为立法中至关重要的概念,并不仅仅是从概念上具有意义,

[3] 周宇骏:《论地方国家权力机关的授权立法:问题与理据》,载《福建师范大学学报(哲学社会科学版)》2017 年第 2 期。

而是其普遍意义上的本质特征对立法本身存在重要影响，其特质塑造了“立法”和“立法权”应有的样貌，进而对本书所讨论的国家立法权内部配置等提出了要求。因此，讨论一种普遍意义上的立法权本质特征，是研究其内部配置问题的重要前提。

首先，如本书所讨论的，在我国的理论与实践语境中，立法权是一种宏观的整体性权力概念，其并未指向那些在规范上直接明确的权力事项内容，而更偏向于一种权力主体的表达，即宪法规范中唯一明确的立法权内容。这种整体性概念的表达，一如许多理论家所提出的，与其说是一种内容明确的实体权力，不如说是一种被制度化的权威。[4]“权威”(authority)是一个与权力具有密切关系性，但又内涵有别的概念。权威是指具有合法性的，使对方自愿服从的能力。权威与权力的区别，就在于信从与强力的差异。如汉娜·阿伦特所论述的：“权威的本质排斥一种外部的强制力量。暴力存在，则权威无存。”[5]换言之，在这里立法权并不是被视为一种强力或单纯的改变他者行动选择的强制力量，而是一种通过制度塑造来实现自愿服从的合法能力。这种理解与立法权本身的诞生和作用方式密切相关：

第一，在当前整体性的立法权描述中，只强调了立法权的行使主体而非权力内容，即立法权是只能由权力机关和其常设机构所行使的，通过人民意志凝聚和共同利益塑造对社会关系进行调整的权力，而非明确其是对何种事项进行作用的权力。立法权中所蕴含的民主性和社会化意义由此被揭示，来源于代表人民意志的代议机关的立法权在此被强调是一种共同体集体自我统治的抽象表现。因此，立法权并非一种强力，而是一种具备合法性的，能够体现一种自愿服从的能力。第二，立法权由代议机关所行使，而代议机关的运转模式是一种集体的共同参与，通过合议制等方式，开展共同决策，以运用其权力。这意味着立法权是一种集体行使的权力，即说明此立法权并非一种单纯的单一源头决策并延伸的权力链条，其强力色彩被削弱，而被赋予了制度化的科学性与民主性，增强了其自愿服从能力的特性。第三，立法权的作用方式，也表明了自身的制度化权威内涵。立法权本身的权力

---

〔4〕［法］亚历山大·科耶夫：《权威的概念》，姜志辉译，译林出版社2011年版，第67页。

〔5〕Arendt H., *Between Past and Future. Eight Exercises in Political Thought*, Viking, 1968, p. 92.

运行结果,只是一种文本形成,或者更深一步说,是一种制度塑造,并不直接将强力作用于被规范的对象。立法权本身作用的实现,往往仰赖于一套由其他权力(如行政权、司法权等)提供的符合判断和"奖惩机制",进而影响他者的行动选择,实现权力的目的效果。换言之,立法权只通过制度塑造以影响其他权力运用来发挥间接作用,而不直接使用强力作用于对象。因此,综上所述,立法权是一种制度化权威而非单纯的权力强制力。

其次,作为制度化权威的立法权,其真实实现依赖于一个现实化的制度过程。尽管立法权作为一种制度化权威,而非单纯的强力存在,但如果从另一个角度理解,对于权威而言,它本身也是一种基于权力之上的存在,又或者说,可以"把权威定义为合法的权力"。[6] 在语源学上,权力的希腊语同义词是 dynamis、拉丁语 potentia、德语 Macht 以及它的各种变形都暗示着权力的潜在属性。[7] 因此,潜在性是权力包括立法权的本质特征,这就要求其必须通过一定形式被现实化(actualization)。基于立法权的制度化权威特性,其现实化即一个依靠一定制度载体实现的制度化过程。组织正是这样的一个制度载体,因为制度本身并不是一个真实的物质化存在,而仅是被归纳的形式结构,这种形式结构在物质世界的实践中,必然是依赖一定的物质载体来实现的。权力的物质载体正是组织(详见后文第二节中组织与权力即同一对象的内容与形式的相关论述),是故,立法权在组织中实现其现实化。在我国,人民代表大会是一个具有一定结构性的组织设计。如前文所述,其内分为大会、常委会、专门委员会、委员长会议、常委会工作机构等不同层次不同规模的组织机构,而国家立法权在其中的现实化,则必然随着组织的分化,被分解为一定的与之相对应的权力结构。换言之,在现实化的过程中,国家立法权这一整体性概念在实践中被分解为存在于不同组织或主体之间的具体权力构成及这些主体之间的相互关系。因此,总结来看,立法权的实质构造是一种权力簇,其一方面是宏观的、整体性的、制度化的权威,代表着一种共同意志的集体权力;另一方面,其在现实化过程中,又分解在了各组织之间,成为各立法权限,形成权力结构。

上述分析,可以发掘出国家立法权内部配置与立法权限的关系。立法

[6] 俞可平主编:《政治学教程》,高等教育出版社 2010 年版,第 45 页。

[7] [美]汉娜·阿伦特:《人的境况》,王寅丽译,上海人民出版社 2009 年版,第 156 ~ 158 页。

权限是各主体所拥有的在立法活动中有关事项的决策空间。根据前文论述中对“权限”这一复合词汇的本源探讨,这些事项的决策空间实质上是一种权力的最小构成单位。同时,这种决策空间的存在并不是一种能够自发性产生的,而是基于一定需求被“配置”的。换言之,立法权限是国家立法权内部配置中,被分解给各立法组织的具体权力构成内容。国家立法权的内部配置是整体的国家立法权中各具体立法权限被分配给不同立法组织的过程。

此外,从前述分析中还可以发现,国家立法权内部配置的基础关系是权力与组织的关系。立法权的现实化过程是一个立法权被分解在不同组织间的过程,也是国家立法权的内部配置过程。“配置”一词,根据《辞海》的解释,是指“配备、安排”[8],将适当对象布置于适当位置。“配置”一词本身即包含一种适当性要求的内涵。因此,国家立法权内部配置的实质,是立法组织与被分解在立法组织中的国家立法权的适当调配。这种所谓的分解在组织之间的国家立法权内部配置,存在两个必然性的前提——组织和权力。国家立法权内部配置的基础关系在于组织和权力之间的关系。

(二)立法权属性对国家立法权内部配置的基本要求

对国家立法权的内部配置存在立法科学性的要求。《立法法》第6条要求“科学合理规定”“国家机关的权力”。这种科学性要求本身体现为一种对客观规律的遵循。马克思曾指出:“立法者应该把自己看做一个自然科学家……把……内在规律表现在……法律之中。”[9]具体来看,科学立法反映社会客观规律的要求构成了一种对立法者的外在限制。这种限制在法规范的审查工作当中,被审查者准确地提炼出来。遍观各国规范性审查的合法性判断标准,基本存在一种“目的—手段”的判断结构。[10] 换言之,最基本意义上的科学立法,是指立法事实判断符合客观以及为实现其目的“手段”运用科学。虽然当前研究者关于科学立法的标准论述很多,但基本都被涵

〔8〕 辞海编纂委员会编:《辞海》,上海辞书出版社1979年版,第1958页。

〔9〕 《马克思恩格斯全集》(第1卷),中共中央马克思恩格斯列宁斯大林著作编译局译,人民出版社1956年版,第183页。

〔10〕 此种结构主要评价立法内容中涉及立法的目的和手段是否有事实支撑的问题。具体讨论参见陈鹏:《合宪性审查中的立法事实认定》,载《法学家》2016年第6期。

盖在此认识中。

这种关于国家立法权的科学性要求，体现在国家立法权内部配置层面，即被配置给各组织的具体立法权限这一过程及结果应当符合立法权本身的规律性要求。同时，如前文所述，国家立法权内部配置涉及权力和组织的关系，投射在具体制度实践层面，即立法权的基本属性以及具体立法组织的结构功能问题，此二者当为国家立法权内部配置所应考虑的因素。如果深入分析这两个因素可以发现，二者可以统一解释为立法权的自身属性问题以及立法权在不同立法组织中能实现何种运用的问题。从规律性的角度来看，即立法权自身的规律以及立法权运用的规律。国家立法权内部配置的科学性应当遵循这两个客观规律，方能实现权力配置的科学合理。

立法权自身的规律和运用的规律，都源于立法权本质属性的要求。立法权作为一种权力簇，并分解形成由各立法权限组成的权力结构，意味着结构影响整体，整体的本质要求也对结构的塑造产生着影响。结构化理论认为结构本身兼具构成性和使动性，这意味着结构存在影响行动者的内在动力。换言之，结构会塑造一种标杆或价值，以促使一种内在的动力生成，其自身的塑造会通过对内在动力的干预决定未来整体效果的实现。也就是说，立法权本身的结构会影响着整体效果的发挥，因此，从另一个角度看，立法权本质的实现，也仰赖一个适当权力结构存在。这表明，立法权的本质特征，对国家立法权内部配置提出了要求，适当的国家立法权内部配置，其核心追求是通过自身的适当配置，构造适当的权力结构，以达致整体的优化，展示立法权的本质特征。

本书认为，基于立法权自身的规律和运用的规律，其要求国家立法权的结构是为一种串联式平行结构。也就是说，国家立法权内部配置也应当符合这一串联式平行结构的要求。具体来看，立法权是一种宏观整体性的权力，但其现实化又被分解为具体的各项权限，其一方面是宏观的、整体性的、制度化的权威，代表着一种共同意志的集体权力；另一方面，其在现实化过程中，又分解在了各组织之间，是一种权力簇，是各项权限的集合，这对权力结构提出了以下要求：

首先，立法权作为制度化权威的构建力量，集体性的权力属性要求国家立法权应当是一种平行结构。立法权本质是一种制度化权威，换言之，立法权应当是一种共同体集体自我统治的抽象表现，其通过使人们自愿服从来构建其权威性基础。因此，在现代社会意义上的国家立法权，必然是一种集体权力，其由代议机关的全体代表共同行使，即国家立法权应当公共化。另外，构建制度化权威的立法权来源于一种全体人民对自我统治的政治实践，其反对异己力量对人的统治，展现一种源于人本质的自在平等。换言之，作为集体性权力的国家立法权，在其现实化的分解当中，应当平等地被分配给各主体，构造一种平行的结构，而不应存在权限不平衡的结构形态，违背立法权作为集体权力的属性要求。

其次，立法权是作为一种具备宏观整体意义的权力簇存在，要求国家立法权整体的运转必然是串联的模式，有利于产出立法成果的方向。如前文所述，立法权存在宏观整体性意义，又必须现实化为一种权力簇的集合。这意味着国家立法权是通过权力簇整体的运转去实现整体国家立法权的运转，这要求着组成权力簇的各项具体立法权限应当协调地运转，保障立法权的运用——立法成果的产出。这就对国家立法权结构提出了两个方面的要求：一方面，国家立法权的各项权限并非不可分割的一个整体，其被分解在立法机关内部的不同组织之间，意味着立法权运用时存在多项权限的运用问题，这便带来了权限的次序问题。换言之，国家立法权需要借助具体的程序予以实现，即排列次序或者说程序性权限。作为一种结果导向的权力，产品产出是国家立法权运用的方向，因此，各项权限必然应当沿着一条串联的结构予以衔接，以保障整体国家立法权运用的协调，最终形成立法成果。另一方面，国家立法权运用的目的是立法成果的产出，这也要求作为权力簇组成的内部各项权限不应当内耗。各项权限链接的编排并不意味着权限一定能保持一致的方向。国家立法权结构应当符合立法权运用的目的——有利于立法成果的产出，而不应存在权限之间不同方向的内部消耗。因此，国家立法权的这种权力簇需要通过一种串联的方式统合，最终保障各项权限协调一致，促进整体国家立法权有效运转。

综上所述，国家立法权应当呈现为一种串联式的平行结构，各项权限按照有利于国家立法权运转的方向协调一致串联排列，被分解在不同组织之间的权限也应当平等设计，保持平行结构，最终体现立法权自身的规律和运用的规律。

三、当前我国国家立法权内部配置制度困境的本质

前文的讨论中认为，立法权的本质特征决定了国家立法权的串联式平行结构，而国家立法权的结构又对国家立法权内部配置提出了要求，要求其实现适当的配置，以符合结构，促使整体的优化。如果从反面来看这种推演逻辑，则可以发现，整体优化的失败，国家立法权内部配置的不合理，其必然是不符合国家立法权结构，违背了立法权本质特征。因此，在本书第一章中所论述的那些配置不合理的制度困境，其实质就是未能符合国家立法权的结构要求，违背了立法权的本质特征，致使国家立法权实践在一定程度上呈现异化的倾向。具体而言，存在以下两个层面的异化倾向：

首先，国家立法权内部各具体立法权限在配置时即违背了国家立法权的结构要求，导致国家立法权的现实实践出现了一定程度的异化倾向。如前文所述，作为权力簇的国家立法权在实践中需要依托组织这一物质载体分解在诸组织之间运行，形成权力结构，即立法权限的配置。但如若在这一过程中，被分解配置的立法权限不依照立法权自身的属性和应然权力结构，则必然导致实践的权力结构失范，造成国家立法权实践的异化风险。在第一章中所讨论的全国人大与全国人大常委会的立法权限配置问题，即这种情况的表现。由于在配置中二者皆是可独立完成立法程序的议事单元，其权力范围相互重叠又存在区分，形成了“双层议会”的权力配置，如继续演绎，将导致全国人大与全国人大常委会潜在风险上存在发展为一种权力竞争且制约结构的倾向。这种“二元立法结构”的模糊和矛盾，使当前全国人大与全国人大常委会之间的国家立法权限配置存在划分不清晰、层次结构不够合理、具体实体权限配置不够恰当等实践问题。同时，这种权力结构本身，也未能完全符合立法权本身的整体性制度化权威要求。竞争且制约的二元结构配置，并不是国家立法权的权力簇的分解表现，而是将国家立法权塑造成为实质的双重平行权力；这与国家立法权的串联式结构存在不一致，将分离的特征凌驾于立法权的整体性之上，使国家立法权实践出现了一定异化，影响了国家立法权的权威。无独有偶，在第一章中论述的专门委员会权限配置问题，也是配置时不符合立法权属性结构的具体表现。当前专门委员会之间的立法权限配置一定程度上存在不平衡状态，尤其是除宪法和

法律委员会之外其他专门委员会的立法权限的缺失，导致了国家立法权结构的空缺，各专门委员会之间的不平等更一定程度上背离了立法权对民主性和平等性的要求，这种在配置即违背立法权属性和结构要求的情况，是实践中制度困境的本质。

其次，国家立法权内部各立法权限在配置后被所归属之组织的属性影响，带来一定的异化倾向。如前文所述，国家立法权的现实面向是通过组织这一物质载体，使作为整体性的权力簇的国家立法权被分解为权力结构，即所谓国家立法权内部配置。因此，国家立法权内部配置与组织本身密切相关。然而，从另一个角度来看，尽管立法权会在组织中被予以分解，但这并不意味着实践中那些承担了相应立法权限的组织会是合适的承担者。须知，根据结构化理论，作为一种结构载体的组织，本身兼具构成性和使动性。一方面，结构构造外在形式；另一方面，形式也会约束内在的行动者的行为。换言之，这意味着结构存在影响行动者的内在动力。组织将通过内部再次形塑被安排在组织中的权力（详细见第二节中组织对权力的作用相关论述）。也就是说，如果组织的性质方向并不符合立法权本质属性的方向，组织的属性就会阻碍那些被配置在组织中立法权限的实践，更将导致它们偏离国家立法权所需要的样貌，产生异化的倾向。例如，在第一章中所讨论过的委员长会议的立法权限配置问题就是前述过程的具体表现。委员长会议在立法实践中，由于其与全国人大党组的人员嵌套和结构耦合，其组织的属性超越了原本宪法和法律赋予委员长会议的服务机构定位，进而逐渐影响被配置其中的立法权限，导致这些立法权限纷纷出现偏移和异化的倾向，违背了立法权本身赋予的属性和结构要求。同时，第一章中所研究过的全国人大常委会工作机构的立法权限实践也存在类似问题。常委会工作机构作为一种提供辅助性专业行政服务的机构，其组织呈现为一种科层化的技术文官系统。这些作为技术性文官的“立法文官”通过技术型主导和技术型封闭，制造了对立法活动的主导和控制。实质的立法权限不断扩张，超越其应然被赋予的权限范围。专业技术性取代了民主性成为立法合理性的基础，常委会工作机构逐渐成为隐藏在制度背后的“隐性立法者”，使国家立法权的部分实践出现了一定程度上的异化倾向。

综上所述，第一章中所讨论的当前国家立法权内部配置制度实践中存在的困境,都是国家立法权内部各立法权限在配置时未能符合立法权本质属性和权力结构要求——那些被分解在组织间的权力在分解时未按适当要求分解,抑或在配置后由于受到所在组织属性的影响发生偏离——被分解的组织属性不符合权力的属性要求,最终导致国家立法权在实践中出现了一定的异化倾向。

四、制度困境的根本原因:认识局限与方法误用

目前我国国家立法权内部配置制度困境的本质,在于实践配置中立法权可能出现的异化倾向,而这种异化倾向主要体现在两个具体层面,这两个层面不仅仅是对异化现象的描述,同时也是异化可能产生的具体缘由:第一,国家立法权内部各立法权限在配置时一定程度上与国家立法权本身的结构要求存在差异,进而导致立法权的现实实践产生了异化倾向;第二,国家立法权内部各立法权限在配置时对相应权限所应配置的组织构成认识不够,导致权限在配置后被所归属之组织的属性所影响,出现一定的异化倾向。总结而言,这两个层面的实质都是一种配置时的不匹配状态。换言之,我国国家立法权内部配置的制度困境产生原因,实质指向在制度设计时未能完全符合科学合理的规律要求,致使配置的国家立法权内部各具体立法权限与立法权本身的属性及运行规律不完全匹配,最终导致各种实践问题的发生。

(一)过往国家立法权内部配置设计的认识局限

深入来看,前述的这种不匹配或者不符合规律要求,最根本的原因是由于过去我国国家立法权内部配置的设计在认识上即存在局限,一定程度上未能把握好立法权本质属性以及其对国家立法权内部配置的要求,从具体实践来看:

首先,全国人大和全国人大常委会之间的立法权限配置,在制度设计时存在一定矛盾思路,导致配置上存在一些问题。如第一章中所分析的,当前国家立法权在全国人大与全国人大常委会间这种“双层议会”式的内部配置,如继续演绎,将导致全国人大与全国人大常委会最终形成一种权力竞争且制约的结构。此种“二元立法结构”形成的原因,在于制宪活动中未能很

好地梳理国家立法权配置问题，一方面坚持最高权力机关优先的理念，试图确立全国人大立法权的优先性；另一方面又认为国家立法权存在统一性，基于全国人大与全国人大常委会的一体化，而未考虑如何对权力进行具体分割。也就是说，在配置理念中未能进行全面且统一的考量，一方面基于法制统一和最高权力机关的一体化，在某些权限配置规范中遵循一种集中一体化的思路；另一方面又由于一种立法功能实现的需要，在另一些权限配置设计时予以分工设计。因此，产生了配置理念上的抵牾，这导致在实际的配置结果上在集中一体化上坚持不够，分工的界限也相对模糊，存在划分不够清晰、层次结构不够合理等问题。

其次，全国人大专门委员会的立法权限配置，在制度设计时片面地强调功能主义分工导向，致使各专门委员会的立法权限不够充分、不够平衡，进而在一定程度上影响着整体国家立法权的运行。一如第一章中所分析的，目前专门委员会的权限配置，主要基于一种功能主义导向的专业性分工配置理念，对专门委员会进行分工并配置相应权限。但这种配置理念，一方面难以克服人类的认知局限问题：面对复杂的社会现实，在专门委员会的立法权限配置中很难实现其最优化，组织准备和权限运用的需求之间往往也存在不匹配的情况，致使其时常无法完全发挥出功能效用。另一方面，我国实践中对于这种功能主义导向的专业性分工配置理念存在片面强调的情况：主要通过对某一专门委员会的加强，进而实现对配置在专门委员会中的程序性权限予以集中的统摄。这致使立法权限的某一部分在配置时过于强大，而其他部分则不够充实、相对弱势，致使整体国家立法权的结构平衡性削弱，影响了整体立法权的发挥。这最终造成了各专门委员会的权限运用能力不足，反而弱化了专门委员会的组织功能，导致国家立法权内部配置一定程度上的失序。

再次，委员长会议的立法权限配置和运用，在制度设计时相对片面强调借助统一领导作用的发挥，而未能基于组织的结构属性去认识好组织本身所具备的功能及其可配适的权限。在第一章中论述过，委员长会议在立法实践中不断扩权，很大程度上和其与全国人大常委会党组的组织嵌套关系密切相关。在制度实践中，基于党领导立法工作以及委员长会议与常委会党组存在的组织嵌套关系，将委员长会议作为贯彻党在立法活动中意志的抓手和核心组织,使其在全国人大中成为党中央意志的代行者,成为全国人大的统一领导机构。但从其本身的结构属性和组织功能来看,其并不配适这种全面统一领导的地位。从立法权本身的属性和运行规律来看,也不适宜由委员长会议这一机构来开展相应领导工作。因此,委员长会议存在的立法权限异化倾向,是错误理解党领导立法工作方式、在制度设计时片面强调借助统一领导作用的发挥而未能基于组织的结构属性考虑造成的结果。

最后,常委会工作机构的立法职责分配,在制度设计时仅强调了专业性和功能分工价值,而在民主正当性问题上论证不足,致使其获取了不适宜的立法权限。如前文所述,全国人大常委会工作机构的基础立足点和其权力获取的逻辑起点即专业性知识。透过专业性知识的辅助,常委会工作机构方才获得了相应立法权限。具体来看,这种凭借专业性知识获取权力的逻辑,使知识理性成为实在权力的基础。然而,合理性本身并不足以构成权力合法性的基础,更不可能取代合法性成为权力的来源。依靠知识理性获取权力的逻辑违背了权力的正当性要求。这种基于专业性知识的权限配置,本质上仍是一种强化功能主义导向理念指导权限配置的产物。这主要通过强调功能分工的需求,为常委会工作机构的不断强化获得合理性支撑。这种相对片面的配置理念,导致常委会工作机构获取了不适宜的立法权限。

综合来看,前述从组织区分角度展开的当前我国国家立法权内部配置的制度困境,都是起源于一些不适当的配置理念。这些配置理念并未真正地掌握和理解我国相应制度实践的客观现实,因此无法针对实践情况提供有效理论指导,无法回应相应制度优化的治理需求,反而引发了当前的制度困境。同时,从全局的角度来看,在当前我国国家立法权内部配置实践中,包含着几种逻辑起点不同的配置理念,这些配置理念在某种程度上存在相互冲突,使其更无法真实地指导相应配置实践,这也意味着过去配置实践中的制度设计对整体国家立法权属性与结构缺乏全面的认识与把握。过去不一致的配置理念,导致了在制度设计上的不一致方向;对全局认识的缺乏,更导致对实践以及制度目标理解的偏离。

这些不适当的配置理念,在本质上属于对立法权性质以及国家立法权内部配置所涉及之基础关系认识上的局限,这主要呈现为以下两个方面的内容:

第一，对立法权本质属性认识的局限。立法权本质上是宏观的、整体性的、制度化的权威，它的这种属性对实践中的国家立法权内部配置与运作提出了一种正当性的内在要求，即国家立法权内部配置应当呈现一种构造权威性的内涵。换言之，国家立法权内部配置应当注重正当性价值的塑造。如前述关于过往配置理念的评价中所讨论的，那些配置理念往往仅坚持功能性效用，而忽视了权威化塑造，忽视了正当性价值的存在。因此，过往配置理念在对于立法权的认识上显然存在局限。此外，过往的配置理念在对权威性的理解上也存在局限。过往的配置理念也并非完全忽视权威性要求的存在，例如，在全国人大和常委会立法权限配置的设计中，存在对于权威重要性的认识。然而，这种认识也存在局限，立法权作为制度化权威，其权威性的本质要求并不是统一性内涵，而是正当性层面的认同塑造。在过往的配置理念中，对于国家立法权权威性的认识往往集中于全国人大的重要性以及全国人大及其常委会的一体性方面，但立法权本质的权威性要求显然并不应当体现在大会及其常委会的法制统一层面，而更应当强调在国家立法权内部各立法权限掌握和运用基础的正当性塑造方面。是故，过往的配置制度实践反映出其配置理念在关于立法权本质属性的认识上存在局限。

第二，对权力与组织的关系认识存在局限。国家立法权内部配置的实质是立法权在现实化过程中，分解在各立法组织之间，其涉及的基础关系是组织与权力之间关系。国家立法权内部配置出现问题，很大程度上也在于对于这一对基础关系认识上的局限。首先，一些权限配置的实践表明其未认识到组织的制度价值。国家立法权内部配置是关于立法事项决策空间在组织中的适当调配，是故，配置活动不仅仅要重视权力的属性，也应当理解组织的价值。在过往配置实践中，存在未能准确把握组织制度价值的情况，例如，在专门委员会的立法权限配置上，未能准确地看到组织的制度作用，只强调了其功能性价值，而忽视了结构性价值，出现了对于组织制度价值认识的局限。其次，一些配置设计尽管认识到了国家立法权内部配置问题上组织的价值内涵，但未能对权力与组织关系做一体的观察，未能从整体上准确地把握组织与权力的本质关系，无法准确理解组织与权力之间的相互作用。尽管组织与权力之间会出现相互影响，但组织并不创造和改造权力本身。在一些配置设计中,对于此问题的认识显然存在局限。例如,常委会工作机构基于其专业性而获得了实质性立法权限,这实质上暗含着常委会工作机构作为组织,凭借自身专业性而为之创造新的特定立法权限内容,在此问题上,对于权力与组织相互作用上的认识存在局限。这种对于二者关系认识的局限,不仅仅体现在前述问题中,其还进一步导致了后文中将阐述的二元悖论问题出现。

总结而言,当前我国国家立法权内部配置制度困境的主要原因在于过去的配置设计存在认识上的局限,未能准确把握立法权本质属性和立法权力配置的基本规律,这将进一步导致配置方法上的错误,最终无法指导国家立法权内部配置实践的良性演进。

(二)组织与权力关系二元悖论的方法误用

由于过往关于国家立法权内部配置的设计,在对立法权本质属性的理解上缺乏把握,在对组织与权力这一对立法权限配置基础关系的认识上更缺乏整全的视野,这种认识上的局限进而导致了配置方法上的误用。具体在制度实践中,致使关于立法权力配置的基本方法,即权力与组织关系的调整和配置策略进路上出现了无法从根本上解决问题的情况。这具体展现为一种组织与权力关系的二元悖论。

组织与权力的关系是国家机关及其权力配置问题中一对最主要的矛盾。首先,国家权力是国家机关存在之意义,是国家机关组织运转的核心,一个国家机关不可能没有国家权力,一项现实的国家权力也不可能不被国家机关所掌握。根据近代的国家权力理论,公共权力的行使权应当依据其功能与结构分解为具体的各项权力。这使国家权力必须在宪法及法律的框架内被功能性地分解为各项具体职权。[11] 这些被分解的具体职权被配置到不同的国家机关当中,即形成了国家机关权力配置问题。其次,权力配置问题涉及机关与国家权力的一对关系,也即是组织与权力关系。作为国家的公共权力,国家权力必然是由国家机关所行使。因此,国家权力的配置是也只能是具体权力在不同机关中的一种分配,而这种分配必然会受到国家

---

〔11〕 周宇骏:《论地方国家权力机关的授权立法:问题与理据》,载《福建师范大学学报(哲学社会科学版)》2017 年第 2 期。

机关本身功能与结构的影响。国家权力的分配本身即一种功能性的分化,这种功能性分化的目的在于追求一种效用的最大化,即权力是否能够适当运行,并最终产生理想的效果。权力需要通过组织发挥效用。这要求权力被配置到一个合适权力运行的载体。国家机关组织的功能与结构,影响着国家权力能否获得一个合适的运行载体。国家权力的配置必然要考虑并受到国家机关组织的功能与结构影响。因此,综合来看,组织与权力的关系是国家机关及其权力配置问题中一对最主要的矛盾。

值得注意的是,前述主要矛盾也导致国家机关权限配置问题中诞生了一种难以解决的二元悖论,直接影响着国家机关权力配置的方案设计。一方面,如前所述,作为国家公共权力功能性分化的具体权力要附应组织的功能与结构,国家权力需要依靠一个适当的载体来发挥其应当发挥的效用。因此,国家权力需要根据组织的情况予以配置。另一方面,国家权力的配置本身也对机关产生着影响。盖因权力的配置首先还要基于权力本身的功能性质,被配置的权力也影响着相应国家机关组织结构的设置和功能设定。权力实现的内在因素具有独特性,并非任何主体都能够去实现某一权力。〔12〕权力的配置要求组织实现适应其内在因素。也就是说,一个机关的结构和功能本身需要服膺于其本身被授予的国家权力,并朝着该权力功能性的方向予以调整。这便导致了一种二元悖论,一方面,权力的配置要受到组织结构的影响;另一方面,权力又影响着组织的结构。

进一步分析,前述的二元悖论实质上讨论的是权力配置设计中作为考量因素的组织结构与权力功能的优先次序问题。究竟是依据组织的结构来分化权力功能予以配置,还是根据权力功能分化来调整组织、配置权力?这个问题正是权力配置中长久以来笼罩着的迷雾,厘清这个问题,直接关乎到对国家机关权力配置设计尤其是国家立法权内部配置问题的基本理解。

面对前述问题,理论上存在两种不同进路的理解及其处理方式。第一条理解的理论进路正是传统的国家权力配置理论——权力分立理论。权力分立理论源远流长,我们既可以在古希腊时期柏拉图的论著中寻觅到这种思想的体现,也可以在罗马共和国乃至中世纪的王国中发现其部分实践。

---

〔12〕 周宇骏:《论地方国家权力机关的授权立法:问题与理据》,载《福建师范大学学报(哲学社会科学版)》2017 年第 2 期。

因关注点不在于此,本书无意对这个在西方政治学和法学史中占据着至关重要地位的理论展开长篇大论的梳理,而只希望阐释一个与前文所讨论的国家机关组织和权力配置相关的论断:权力分立理论树立了一种先权力分化后组织设计的决策思维顺序。作为权力分立理论的源头,亚里士多德就曾在《政治学》一书中做出过这样的讨论:“一切政体都有三个要素,作为构成的基础……其一为有关城邦一般公务的议事机能(部分);其二为行政机能部分……其三为审判(司法)机能。”〔13〕尽管亚里士多德未说明他作出如此划分的缘由,但从相应论述来看,他显然是基于国家公权力的功能作出了如此划分。近代权力分立理论的奠基者洛克,则从公民权利平等保护的角度,阐述了权力分立的必要性。同为自由主义者,洛克与霍布斯不同,他秉持一种温和的自然状态理念,在他的思想中,自然状态是一种个体天性平等,自由不受外在限制的生活。因此,国家并不仅仅是一种人们为了逃避自然状态的相互攻击而被迫的选择,而是人们为了更好的政治秩序和更安全的财产保障的选择。因此,人们追求的国家不应该是一种专制的社会,而是在保障更好的个体自由和权利的基础上的一种政治契约的统治。为了防止政府的专制,实现对个体自由与权利(特别是财产权利)的保护,有必要对政府权力加以限制,所以,警惕统治者的权力成为洛克学说的重点与核心。作为限制政府权力的一种重要方式,洛克支持对政府权力予以划分,避免其被同一主体(专制君主)所掌握。在洛克的基础上,孟德斯鸠进一步归纳了这条自由主义路径的权力分立理论。孟德斯鸠认为,分权是自由的保障。“要享受这种自由,就必须建立一种政府,在它的统治下一个公民不惧怕另一个公民。”〔14〕这种保障自由的政府体制,即孟德斯鸠理想中的“英格兰政制”。在他的理论中,政府权力依照司法、行政、立法功能予以分立,并相互平衡。综合来看,权力分立理论以个体自由保障为基础,以功能分划为内容,强调了权力的分立与平衡。在这种理论话语中,国家职权的分配并不是基于国家机关组织的结构本身,而是优先考虑了直接影响自由是否实现的权力分立。因此,诞生了一种先考虑权力分立划分的权限配置思维模式。

第二条理解的理论进路与权力分立理论正好相反。在组织与权力的决

〔13〕［古希腊］亚里士多德:《政治学》,吴寿彭译,商务印书馆 1983 年版,第 215 页。

〔14〕［法］孟德斯鸠:《论法的精神》(上),张雁深译,商务印书馆 1961 年版,第 156 页。

策思维顺序中，该理论坚持一种组织结构优先决定的学说。在这种理论的视域中，传统的权力分立理论本身就被认为存在一定问题：分权学说只是“一种形式主义的思考进路”，[15] 从国家机关组织的实践来看，权力分立理论所涉及的先权力分立再组织设计的道路从未真实地完整实践于任何政治实体，其不过是一种理论的模型。在反对纯粹的形式主义分权学说的基础上，该种理论强调权力配置要遵循“功能适当原则”，要求依照机关的组织结构是否适应于国家职权效能的实现来决定国家职权归属。这种功能适当原则的认知也被频繁运用在了20世纪后西方国家的法治实践中。在美国，美国最高法院通过一系列的裁判，[16] 运用功能主义的解释方法，确认了相应独立委员会的权限配置并不违背美国宪法中权力分立原则的要求。在德国，德国宪法法院在1984年导弹部署案中确认了“功能最适原则”，以机关结构是否符合功能最适的解释来弥补形式主义的权力分立原则规范供给不足问题。导弹部署案中，德国宪法法院就德国政府未经议会同意即允许美国在其境内部署导弹是否越权问题作出判断。宪法法院认为，权力配置的目的在于实现国家决策的正确性，外交事务之所以归属行政权，是由于行政机关拥有充分的人员和组织能力应对多变的国际环境，保障外交决策尽可能的正确。在我国，张翔教授通过解释1982年《关于中华人民共和国宪法修改草案的报告》和相应修宪资料，认为我国也存在相应国家决策正确性的功能主义要求，并基于1982年《宪法》修改的规范变迁情况归纳出我国的宪法存在“以机关结构决定职权归属”和“因应职权需要调整组织结构”[17] 的规范意义（教义）。

尽管前述的两条理论进路为解决权力配置设计中的组织与权力关系问题提供了视角，并且这些理论在理论上能够自圆其说，但将之运用于实践就可以发现其仍存在诸多难以解决的问题。首先，纯粹的形式主义分权学说仅仅是一种理论构建，在实践中往往难以回避权力分立的划分标准判断问题。在这一权力配置设计的思路中，尽管形式主义权力分立理论的进路似

---

[15] 张翔：《我国国家权力配置原则的功能主义解释》，载《中外法学》2018年第2期。

[16] 主要包括 Myers v. United States (1926)、Humphrey's Executor v. United States(1935)、Wiener v. United States(1958)等。

[17] 张翔：《我国国家权力配置原则的功能主义解释》，载《中外法学》2018年第2期。

乎被作为一种前宪法的学说(康德主义式的先验论)以指导权力配置设计,但形式主义的思路本身又是一种具有规范主义意义的思维,要求遵守一种形式上的规范。是故,纯粹的形式主义权力分立学说的知识论界碑又往往止步于宪法规范本身。因此,这种暧昧又矛盾的思路难以在实践中真正解决权力配置问题。其次,功能最适主义的进路并未完全揭示组织与权力这一对关系的核心。从前文的讨论中可以看出,所谓功能适当之原则,事实上都是一种司法审查的思维判断,即一种事后的权限冲突判定问题。这种"'功能适当'的'机关结构'"的判断思路暗含着两个基本前提:第一,具体的职权已形成,或者说该职权已被具体分解;第二,某种机关的结构已经形成,换言之,某一机关已具体存在。从这两个基本前提可以看出,结构—功能主义的思路已经将权限配置问题转换为一种设计后的职权调整问题,并未真正彻底地解决权力配置中组织与权力的二元关系问题。综上所述,前述两条理论进路都未彻底厘清权力配置中组织与权力的二元悖论问题,对相应问题的理解还有待更深入地分析。

这种二元悖论式的权力配置方法误用持续地干扰着我国国家立法权内部配置的具体实践方案。例如,近年来对全国人大常委会立法权的不断加强,很大程度上展示着一种功能最适导向的权力配置方法进路。自从全国人大常委会被宪法赋予立法权后,从立法能力层面上看,全国人大常委会的立法能力事实上呈现出强于全国人大的局面。从内部组织建设上看,全国人大相对全国人大常委会的组织优势,在其内部设有专门委员会。专门委员会为"经常性的组织,是人大的助手,作为一种辅助全国人大开展工作的内部机构协助全国人民代表大会工作"。[18] 但从1954年《宪法》开始,为了协助常委会开展日常性的工作,在全国人民代表大会闭会期间,专门委员会也要协助全国人大常委会工作,受全国人大常委会领导。同时,全国人大常委会还拥有专设的工作机构。工作机构所承担的主要工作,便是"为职能机构提供服务"[19],"协助常委会的职权工作行使"。[20] 以全国人大常委会法

〔18〕 刘少奇:《关于中华人民共和国宪法草案的报告》,载《山西省人民政府公报》1954年第19号。

〔19〕 蔡定剑:《中国人民代表大会制度》,法律出版社2003年版,第483页。

〔20〕 周宇骏:《法律询问答复的效力研究》,华东政法大学2015年硕士学位论文,第28页。

工委为例，其在2012年时工作人员就已达到182人，较全国人大常委会组成人员更多，为常委会的立法工作提供了专业高效的协助，是加强全国人大常委会立法能力最为重要的助手。因此，全国人大常委会可以动用全国人大的助手专门委员会作为协助，且常委会自身还拥有工作机构，立法力量十分充足。此外，全国人大常委会的设立本身即有针对全国人大代表专职化程度低、无法经常性集会的弱点的考量。因此，全国人大常委会在委员的专职化、会议会期上有较大的优势。在这种情况下，制度设计者并未弱化全国人大常委会立法权反而不断加强了其立法能力。2015年《立法法》修改规范了全国人大常委会提前介入立法活动、立法规划等新的内容，同时更进一步强化了常委会工作机构的立法职责。由此可以看出，全国人大常委会立法权能的获取主要源于这样的基本考量：全国人大常委会在规模上的优势，使其相对于全国人民代表大会而言能够不断强化其专业能力和决策效率的功能，以更好地回应现实的立法需求，发挥相关权力行使的效能。因此，这种权力分工完全是功能主义的，[21]体现了一种功能最适导向的职权分工原则。那些无法最终解决二元悖论的权力配置方法，在国家立法权内部配置实践中被不断具体运用，并最终导致了相应制度困境的出现。

第二节　国家立法权内部配置的认识重构：统一视域下权力与组织关系

前述我国国家立法权内部配置出现的认识局限及方法误用，呼唤着重新建立一套对国家立法权及其内部配置基础规律的认识，并在此基础上构建统一的权力配置规则，以重新确立基于我国制度实践的统一的国家立法权内部配置指导理论，协助制度实践的进一步优化和调整。全部工作的起点，除了对第一节中所涉及之立法权本质属性的认识外，更需要对国家立法权内部配置基础关系——组织与权力关系的再认识。

一、组织与权力关系对当前制度困境解决的意义

当前我国国家立法权内部配置存在制度困境的本质，指向实践中立法

[21] 张翔：《我国国家权力配置原则的功能主义解释》，载《中外法学》2018年第2期。

权的异化。如前文所述,这种异化的原因在于统一指导源于其内部配置的实践中,未能形成并遵循一套基于我国制度实践、科学统一的配置标准(配置指导原则)。这种统一配置标准的缺失,致使国家立法权在现实化的配置过程中未能符合立法权本质属性和权力结构要求,最终导致配置与实践运行出现问题。也就是说,解决当前的制度困境,优化我国国家立法权的内部配置,有必要确定一套基于我国制度实践并符合客观规律的配置标准。那么应当如何确立一套基于制度实践的科学统一配置标准呢?这和认识组织与权力关系又有何关联呢?

本书认为,一种统一科学的配置标准,主要是指能够针对前述制度困境存在问题并提供解决方案的标准。当前制度困境的本质是脱离了立法权的本质属性和权力结构要求,这就意味着所确立的配置标准应当重新符合这种要求。要符合前述要求,则必然和国家立法权内部配置基础关系——权力与组织之间关系存在密切联系。换言之,这一对关系,对于解决当前制度困境,优化国家立法权内部配置有着重要意义。具体来说:

首先,前文论述过,立法权的本质属性和权力结构要求,实质是源于立法权自身的规律和立法权运用的规律。申言之,对国家立法权内部配置的要求,是源于立法权限的自身属性问题以及国家立法权在不同立法组织中能实现何种运用的问题。这种规律,本质是立法权力与立法组织关系在立法权具体配置实践中投射。理顺此二者的关系,可以帮助我们从理论源头上掌握立法权自身的规律和立法权运用的规律。因此,需从基础关系出发,真实还原立法权属性和权力结构对相应制度实践的本质要求和具体的配置规律,进而确定一个符合立法规律的科学配置标准。

其次,认识国家立法权内部配置的基础关系,还可以帮助我们找到指导权力配置的具体理论工具。权力配置是一个实践性的活动,对国家立法权的内部配置而言,一套能够发挥指导作用的配置标准不仅仅是一套统一的衡量尺度,它同时也应当具体指明具体权限应如何调配,以具体指导配置实践。如前文所述,国家立法权内部配置的实质是立法权现实化的分解过程,换言之,是立法权力在组织间被分解的过程。因此,权力与组织的关系直接影响并指导着具体的配置实践。厘清此种关系,能够帮助我们找到这种具体指导实践的基本规则,并进而明确当前国家立法权内部配置的优化方向。

综上所述,国家立法权内部配置是组织和被分解在组织中的立法权的适当调配。组织与权力关系的研究进路对于解决权力配置问题有着重要的意义。

二、互动性视域下的权力理论

本书认为,研究权力与组织问题或者说权力内部配置问题,有必要首先确定一定的权力理念,阐述本书所坚持的权力理论,在此基础上方能开展进一步的研究。因此,有必要梳理权力哲学的演进,以重新认识组织与权力关系,确定一套统一的认识基础。

(一)二元分立的世界:观念权力与实在权力

与许多近现代社会科学研究所涉理论一样,最初关于权力的研究理论可以追溯到西方文明的源头古希腊。在最初的权力问题中,其抽象往往与自然神学及自然哲学联系在一起。在生产力低下的社会中,对自然神的崇拜塑造了一种对自然神权力的认识。换言之,即第一推动力的认识。这塑造了人们对权力的最初认知。在上古时期自然神学与社会政治生活的统一,营造了一种超验向人类自身的投射,超验的能力即意味着权力的拥有。因此,权力与代表超验的本原(神)获得了一种合一,这“逐步使本体与权力在哲学的内在蕴涵中形成了最初的统一”。[22] 这种统一也延续到了此后的自然哲学的本原研究中,例如,在阿那克西曼德关于世界本原“基始”的描述中,其也可被理解为“权力意志”。[23]

随着公元前450年雅典民主制的确立,哲学家们的关注点逐渐从对外在世界本源的探索向对人自身的思考转移。过往对自然与宇宙的种种猜测和沉思使人们开始反思过往的观察活动,一种怀疑论促使着人们思考自身认知能力和思想本性,古希腊哲学实现了一种自然向人的过渡。关于权力的理念由一种世界本原的本体论理解向认识论理解过渡。一种怀疑论视角带来的相对主义,导致权力超验性价值被剥离了,此时甚至有智者学派宣

〔22〕 张丽:《西方权力哲学的历史演进及马克思哲学的批判性阐释》,辽宁大学2015年博士学位论文。

〔23〕 邓晓芒:《古希腊罗马哲学讲演录》,世界图书出版公司2007年版,第14页。

称:“所谓正当(正义)就是强权,有强权才有公理。”[24] 由此可以看出,对权力的认识出现了一种实证化的倾向,相较于此前的超验理解,权力理念被世俗化了。

但这种内在世界的怀疑论开启的实证化萌芽,并未能真正地在古希腊哲学中成为主流。苏格拉底敏锐地意识到了这种分离,并试图通过某种先验(美德、正义、善)统一外在世界与内在世界。苏格拉底的这种统一采取的是一种比较对照的方法,即将一个行为与观念原型比较,如果符合,则该行为即可实现先验的要求。柏拉图在此基础上提出了理念论,彻底确立了西方哲学中最为基础的二分世界逻辑——形而上世界(理念世界)与实在世界(现实世界)。柏拉图分离了理念与人们可感知事物,将理念抽象表述为一种客观,其不存在于时空,恒久不变亦不会随着人类世界的变化而消亡。同时,可感知事物都是理念分有的具体现实呈现,理念是可感知事物中无法用感官感知的概念与规律(共相),是可感知事物存在的根据,人们只能透过理性思维来理解理念这种(第一的)客观存在。换言之,柏拉图抽象二分了宇宙,将存在区分为理念与可感知事物,即形而上世界(理念世界)与实在世界(可感知世界)。柏拉图在二分宇宙时,并不认为两个世界是具有同等地位的——他认为理念是可感知事物的根据。因此,形而上世界(理念世界)才是根本的、第一性的,人们基于对真善美的渴望,不断地向上求索,使自身不断地贴近理念。生活在两个世界张力中的人们需要通过在可感知事物中实践“善”,更好地在可感知事物中把握那些片段性的“善”的投射,加强对“善”的洞见,在这种认识过程中塑造自身对“善”的理念。因此,在柏拉图看来,理念世界与实在世界之间并无隔阂,人们可以获得“善”之美好。同时,这种对“善”的追求,又并非远离人类,而时刻呈现在人的生活情境中。

基于这种基础性的划分,关于权力的认知也被二分化了。在柏拉图的论述中,形而上世界作为所有事物出现的原初之源,通过理念的分有作为一种向下“射出的光”,具体结合了各种可感知事物。因此,柏拉图试图将形而上世界阐述为一种作为第一推动力的整体性权力,具体政治实践中的权力现象是其在具体分有中的一种投射。由此,哲学的二分划分也被导入了政

---

〔24〕 [挪]希尔贝克等:《西方哲学史:从古希腊到当下》,童世骏等译,上海译文出版社2016年版,第36页。

治与伦理问题分析中。在政治与伦理领域，这种向下的投射即“善”，柏拉图从其老师苏格拉底处继承了“善”的概念，并将其视为一种理念，即善是一种不变的第一性客观存在。如前文所述，在柏拉图理论中，人们可以通过在生活中具体实践“善”来通向理念。在政治生活中也是一样，在共同体中的政治生活和政治实践，可以让人们更好地获得对“善”或者说“合法性”的洞见。由此，“善”的理念确立了一种原始意义上的自然法，作为指引政治运行和伦理道德的普遍有效的基础——“善”为政治实践提供了合法性。

在柏拉图的基础上，亚里士多德对现实世界与抽象世界的二元分化理解更加深入。亚里士多德通过对形式的范畴学阐述，试图阐述了抽象与实在、概念与共相等本体论上的问题。相较于柏拉图“可感知事物—理念”这种混杂了本体论与认识论的过渡，亚里士多德构造了“实体—质料—形式—神”的本体逻辑。他通过“形式”与“质料”分离了抽象与实在，并以神性本体构造了类似柏拉图的“善”的向下投射勾连，更为清晰地定义了二分世界问题。对于权力问题，亚里士多德一方面认为一切权力的生产原点和最终归属都是本体——神性本体；〔25〕另一方面，亚里士多德也强调实践的意义，他认为政治与伦理是一种实践性而非创制性的学科，人的天性必须通过社会群体（家庭与城邦）显现出来，人只有生活在共同体中才能实现理性能力。因此，共同体的实在权力自有其存在的实践价值，权力除了考虑智慧与美德，一切因素都应当被衡量，包括“财产、教育、出生、交往和人数”。当然，在亚里士多德看来，这种权力的实践也应当“向上”，因为每一个事物的目的都是实现其能力，而一切事物的最终目的即不动的推动者——形而上的神性本体。

综合来看，古希腊的权力理论确立了西方权力哲学传统中观念权力（形而上的权力）与实在权力（实践的权力）的二元分化，并明确了一种第一性推动力作为权力的最高指引作用，也即形而上的观念权力对实在政治实践中权力的优位，也有学者将其称为“压制性权力构建”。〔26〕同时，古希腊权力

〔25〕“我们说是实体或是其所是；另一个原因就是质料和载体；第三个是运动由以起始之点；第四个原因则与此相反，它是何所为或善，因为善是生成和全部这类运动的目的。”参见苗力田：《亚里士多德全集》（第7卷），中国人民大学出版社1990年版，第33页。

〔26〕陆杰荣、张丽：《古希腊哲学的本体——权力思想初探》，载《哲学研究》2013年第12期。

哲学的传统也保持着对人主动能力的认可,承认人能够透过政治实践达致对形而上权力的不断追求。透过“善”这种神性存在,人们勾连了形而上世界(理念世界)与实在世界(现实世界),一方面使一种形而上的精神哲学被呈现于具体的生活实践当中,即形而上权力蕴含于共同体的政治生活中;另一方面承认人们可以通过不断实践“善”通向理念世界,也即在具体政治生活坚持对“善”(或可表述为正义、德性、理性等)的实践中促使现实的权力向观念的权力靠拢。因此,可以说,古希腊哲学虽然区分了二元分化的权力认知,但同时这种二分认知更多被理解为一种对统一性的追求。

(二)观念权力的构建性与理性的统摄

古希腊先哲们对二分世界的阐述,奠定了西方权力哲学中这种二元分立的权力认知传统。这种认知为后代继承并不断发扬。同时,与二分世界一同被继承的,还有形而上世界对实在世界支配的理念,这在权力哲学中集中体现为形而上的观念权力对实在政治实践中权力的优位。尤其是随着启蒙运动后对理性的推崇,思想家们通过理性对人的现实的统摄,构建起了具有普遍和同一性追求的理性权力。权力研究中观念权力的认知彻底占据上风,彻底形成了观念权力对实在权力“权力压制”的显象。

观念权力对实在权力的这种彻底优位始于奥古斯丁的论述。在此前古希腊的权力哲学话语中,虽然观念权力的原点和归属都在于神性的第一性客观实在,但无论是柏拉图还是亚里士多德都无意贬损实在权力。相反,他们都推崇人通过作为共同体的生活去发现并实践那神性本体射出的一道光线——“善”。虽然观念权力存在对实在权力的优位,但二者之间并不存在隔阂,二分的同时更强调一种统一性。及至奥古斯丁,古希腊先哲们寄托其政治理想的城邦与共同体精神早已无法在实践中寻觅。奥古斯丁所面对的是基督教传播与西罗马帝国逐渐衰亡的政治现实,作为基督教理论家的他需要去回应“基督徒造成帝国衰落的”这一指控,更需要解释无所不能的上帝的拯救能力与残酷政治现实之间的疏离,故而奥古斯丁创造了“上帝之城”(civitas Dei)与“尘世之城”(civitas terrena)的理论,试图在理论上调和这种张力。奥古斯丁指出,存在一种上帝之国与尘世国度的对立,这与古希腊二分世界的理念显然存在一定继承关系。但同时,奥古斯丁对尘世国度的看法并不同古希腊先哲看待实在世界的共同体实践一样乐观。在他的理论中，尘世国度的存在是一种“必要之恶”，由于人的堕落（原罪），使需要一个强大的尘世国度政权运用强权来控制人类的罪恶。正是在奥古斯丁这里，政治问题失去了整全的视野；正是在奥古斯丁这里，对美好生活的追求可以在城邦之外实现。[27] 因此，从奥古斯丁开始，古希腊时代所强调的通过城邦生活促使人们通向观念世界的理论被变革了；同时，实在世界被剥离了通往实践最高追求的意义。在奥古斯丁那里，代表实践善的德性“并不能帮助我们避免承受悲惨”。[28] 奥古斯丁关于必要之恶的理解以及对二分世界中实践善的勾连的分离，对后世的权力哲学尤其是近代自由主义产生了重要的影响。从此，实在权力与观念权力之间被赋予了“恶”与“善”斗争的烙印，实在权力被剥夺了内蕴“善”的可能，关于观念权力的认知从此由一种发现转向一种构建，观念权力获得了对实在权力的彻底优位。

如前所述，古典时代之后，通向观念权力的认识论道路，从发现逐渐转向构建，由实在权力的实践发现“善”并向上通往观念权力的路径被关闭。在启蒙之前的漫长时间里，对观念权力的构建更在于对上帝作为第一推动力的宗教意义描述。对第一推动力的认知，并不需要从实践的“善”中挖掘，毋宁说上帝是一种无法理解的最高客观实在。不包含实践“善”意义的绝对信仰取而代之成为一种链接勾连了“上帝之城”（观念世界）与“尘世之城”（实在世界）。这种境况在哥白尼革命（还要加上开普勒与伽利略）之后有了较大变化。哥白尼革命是一场天文学上的革命，哥白尼的发现打破了长期以来为教会所使用的改进版亚里士多德地心说宇宙观，他以日心说为中心，逐渐开创了不同于过往的新的天文学理论。这场革命的影响不仅停留在天文学领域，在哲学上也产生了重要的冲击。首先，哥白尼的发现带来了认识论视角上的革命。在过往天主教会所描绘的宇宙结构中，除了天文学上表达地球中心的意义之外，还存在另一层次的意涵，即人的序列。在地心说的宇宙观下，人是在神之下的序列，处于被上帝所关注的绝对中心。地心说的瓦解代表着人的序列被重新发现，人类中心的理论由对神之下的推崇变成了发现人仅作为宇宙中芸芸众生一员的凡人的价值。文艺复兴的核

---

[27] ［古罗马］奥古斯丁：《上帝之城：驳异教徒》，吴飞译，上海三联书店2007年版，第6页。
[28] ［古罗马］奥古斯丁：《上帝之城：驳异教徒》，吴飞译，上海三联书店2007年版，第135页。

心——人文主义精神由此开始。同时,哥白尼的发现也代表着认识论上的一个视角转换。日心说无法直接通过生活的经验化获得,换言之,理解哥白尼需要人通过观念构造一个新的视角来看待世界。由此带来了视角疏离与视角转换的反思,康德受此启发,以一种新的方式来思考并诠释知识如何符合对象问题。其次,哥白尼以及后续开普勒、伽利略的发现带来了目的论的消解。与地心说相连接的,是亚里士多德论述的目的论。在亚里士多德的论述里,万物在追寻其自然位置。例如重物,其自然属性是在下的,其下落就在追寻向下的位置。亚里士多德在目的论中试图以一种哲学的方式,来统一解释人与自然的动力问题。伽利略通过一系列的实验和惯性理论等的发现(最为出名的即比萨斜塔的那场实验),打破了目的论的合理性。伽利略试图证明,实在对观念并不存在一种所谓自然的追寻。同时,人的感官也并不能直接把握实在。申言之,我们必须借助观念来理解实在。此外,伽利略还试图改变理解上帝的方法,由于《圣经》中对天文学所做的是"地心说"的表述,为了不与上帝抵触,伽利略认为,需要把《圣经》的真理与自然的真理调和起来,科学理论应该成为诠释《圣经》的工具。[29] 自此,在哲学意义上,观念世界由一种第一性客观实在的绝对构建(上帝)转向了通过认识论理解的相对构建。观念世界由外在的第一推动力——上帝,逐渐转移为抽象理性的神圣化,人的主体性被揭示。

尽管这场革命带来了观念世界中人主体性转换,但关于观念权力的认知依然走在具有绝对统摄意义的形而上学权力构建路径上。只是随着知识理性价值的发现,这种统摄由一种上帝的神性权力至上转向一种人的理性权力至上。如前所述,天文学的进步冲击了教会时代的认识论,而同这种自然科学一同发展的还有哲学上的唯名论(经验论)理论。这是一场哲学认识论上的直接变革,为这种理性权力取代神性权力的过渡作出了巨大的贡献。唯名论的诞生与发展源于共相问题。共相问题(the problem of universals)是指围绕普遍概念(理念)是否独立于可感事物存在的问题。这一场争议并非源于中世纪乃至启蒙时期,关于共相问题的一些基本问题甚至可以在柏

---

〔29〕 Maurice A. Finocchiaro(ed.), *The Galileo Affair: A Documentary History*, Hackett Publishing, 1989, p.49.

拉图主义与亚里士多德主义的争论中找到。[30] 围绕着这一争议，哲学家们划分为两个阵营。一方被称为实在论，持此论者认为，共相是一种独立的客观精神实体，不因人的认识或存在而改变。换言之，存在一个原点的共相世界，代表着事物本质并独立于个别可感事物的第一实体。其先于个别事物存在，存在于神的理智之中，任何个别可感事物都是其的创造或分有。人们能够通过实践这种“理念”来接近这种至上的万有之源（上帝）。唯名论者在共相问题中主张共相并非一种独立的客观实在，其只是存在于人们的思想之中。也就是说，在唯名论者看来，观念世界并不是一个真实存在的客观实在世界，不是一种能够独立于事物和人存在的精神实体，而只是人们思想或语言中的“声息”。因此，在唯名论那里，一种第一推动力模式的绝对精神实体式神性观念权力被打破了，只有人通过认识活动后才能归纳这种个别事物的同一性。同时，这种认识的过程被理解为一个内在的知识塑造的过程：作为主体的人通过认识论来描述客观世界，通过人的内在理性来归纳现实世界的经验，进而形成知识。于是，那些客观实在的共相（理念）便通过知识显现出来。基于这种归纳于客观真理的知识，人们将其重新改造和实践于客观世界。即培根所言：“人类知识和人类权力归于一：因为凡不知原因时即不能产生结果。要支配自然就须服从自然；而凡在思辨中为原因者，在动作中则为法则。”[31] 在唯名论者那里，知识是通过人的理性实现的外在与内在的统一，因为其是归纳于客观实在的法则，更被人运用于实践，故而能够成为人行动的法则。因此，理性成为实在权力的根据与规则，或者说，理性成为实在权力的合法性。在唯名论者的认识中，这种知识——理性的构建和实践，不仅仅存在于自然科学的认识活动中，“还有社会政治制度——所有这些都应该运用自然科学的方法去检验它们的运动力量（形式）并毫无偏见的解释他们”。[32] 基于知识构建的观念权力获得了对实在权力的至上地位；同时，通过理性，观念权力实现了对实在权力的一种统摄。

这种哲学意义上的统摄深刻影响着政治学说中权力理论的发展。在文

---

〔30〕［挪］希尔贝克等：《西方哲学史：从古希腊到当下》，童世骏等译，上海译文出版社 2016 年版，第 153 页。

〔31〕［英］培根：《新工具》，许宝骙译，商务印书馆 1984 年版，第 8 页。

〔32〕［德］文德尔班：《哲学史教程》（上卷），罗达仁译，商务印书馆 1987 年版，第 529 页。

艺复兴至启蒙时期,权力由一种神的延伸变为了一种人的理性构建。政治哲学家们通过自然状态和社会契约的理论,从人出发,构架了权力的来源。霍布斯通过描述自然状态,探索了权力诞生之前的形态和权力诞生的缘由。他认为,在没有国家(权力)的安全保障的情境中,人们出于生存的天性和对物品占有的稀缺性,斗争便在所难免。在这种个人生存斗争中,没有谁能安全,不断的冲突将造成每个人都反对其他每个人的自然状态。[33] 针对这种互相攻击,以及人们抵御风险的需要,国家(权力)诞生了。由此描述可看出,作为自由主义者的霍布斯,很大程度上受到了奥古斯丁"必要之恶"的影响,其对自然状态及国家起源的描述,从某种程度来看,是奥古斯丁"世俗之城"的深化。在霍布斯的基础上,卢梭描绘了为了应对自然状态,通过社会契约论诞生权力的途径。人们通过社会契约,将天赋权利让渡给主权者。自此,权力的来源从上帝转向了人自身。同时,在权力起源的基础上,权力的配置结构也符合这种基于并最终目的归于人的理性追求的设计,孟德斯鸠描述了一套理性的分权体制,并指出"分权可以保障自由",没有权力分立"自由便不复存在了"。[34] 自此,政治理论家们从人本身出发,基于人们自身的理性选择构建了一种统摄政治生活的理性权力体系。尽管这种具有统摄意义观念权力的理解从第一推动力的上帝神性回到了对人本体性的阐释,但这种理解本身仍然未能摆脱本体论的思维方式。[35] 来源于一个客观的理念世界中的上帝神性离开了,但人的理性取代了上帝成为新的"神"。通过对人的抽象,理论家们完成了对理性的一种神圣塑造。又或者说,通过理性这一概念,理论家们构建了一个抽象的理想人类形态(观念)。这种抽象方式的人,由于是对人自身达致圆满状态的描述,因此成为人类生活的朝向和目标。这种被抽象的状态由此获得了一种至上的神性。因此,一种抽象的人的概念取代了上帝统治了人类的现实生活。从另一个角度来看,由于抽象的人获得了神性,具体的人自然在理论中处于序列链条的下端。在观念权力构建为上的权力理论阐述中,那些具体的人被排除了。这种排除

---

[33] Thomas Hobbes, *The English Works of Thomas Hobbes*, *Vol.* 3 (*Leviathan*), Online Library E - Book Online Library Liberty Fund, 2010.

[34] [法]孟德斯鸠:《论法的精神》(上),张雁深译,商务印书馆1961年版,第157页。

[35] 张丽:《西方权力哲学的历史演进及马克思哲学的批判性阐释》,辽宁大学2015年博士学位论文。

隐晦又明白地体现在文艺复兴至启蒙时期的各种权力理论中。在彼时主流的理论表述中，具体的人与权力起源之间的正当化链条是单向的，人们通过社会契约，将天赋权利让渡给主权者。自此，个人成为国家权力之下的人，与权力之间存在紧张关系。尽管作为权力来源的社会契约是以个体人的自由为核心而构建起来的，但具体的人的意义在社会契约后被较彻底地排除了，他们并不会被视为权力的拥有者，而是主权者权力统治下的对象。在权力问题上，由于观念权力对实在权力的统治，具体的人的主动性被理性的至上价值所遮蔽了，抽象的概念统摄了实践的生活。

综上所述，虽然理论家们对观念权力的构建从外在神性逐渐转向通过对人类内在抽象的神性化予以塑造，但其核心仍未摆脱一种先验意义的观念权力对实在权力的统摄。因此，尽管权力哲学一直在试图展开一种对权力本体论的理解，通过对观念权力来源的描述来阐释对实在权力的至上意义。但事实上理论家们并未真正地使用过任何实在的解释技术对他们所使用的概念——权力本身予以揭示。换言之，理论家们仅仅在概念意义上使用着权力，权力在这一过程中实际被塑造成为一种源自先验的概念假定，成为理论家们阐述基础制度理论的一种基本前提而非被理解的对象。这种对权力理解的情况从后古典时代开始一直延续到了 19 世纪，直至马克思主义权力理论的出现。

（三）重新发现人互动性的马克思权力理论

尽管在天文学革命带来认识变革后，人的主体性被逐渐揭示。但理论家们对人的主体性的关注，依旧没有彻底回归到现实层面；而是通过理性构建人的抽象化，以具有这种内在的神性内核塑造取代了外在的神性上帝推动，理念世界依旧保持着对现实世界的统治，观念权力借助理性的至上统摄着现实权力。但这种被构筑出来的压制性二分结构，到了 19 世纪后越来越难以回应那些风起云涌的现实变革，如何破除压制性二分结构的价值遮蔽，关注现实生活，成为思想家需要完成的工作。这项在权力哲学上堪称伟大的工作，最终由马克思及其追随者完成。他们将目光从价值至高的理念世界移转回到现实生活，从现实世界出发，破解了人通向自由解放的道路。在马克思那里，现实世界重新成为哲学的出发点，理论的构建从实在的问题意识开始。

破除理念世界至上统摄地位的一位先行者是黑格尔左派学者费尔巴哈(Ludwig Andreas Feuerbach),马克思的理论也曾吸收借鉴其部分理念。费尔巴哈在其“宗教异化理论”的辩证思路中,展开了对上帝神性统治的批判。在他看来,宗教对人的统治是人的一种自我扭曲,也就是一种异化。在原初状态时,人类并不存在上帝(神)的概念,自我控制,行动自由。随着对自然界认识的深化且人自身认识能力的局限,诞生了对外部世界的一种解释,自此人类创造了神性的上帝(或其他神)。“人使他自己的本质对象化,然后,又使自己成为这个对象化了的、转化成为主体、人格的本质的对象。”[36] 因此,在费尔巴哈看来,宗教或者说神性不过是人们通过自身所展开的对无限客观世界的描述。例如,通过自身的超脱和抽象描述神性,通过现实生活描述天国生活等。换言之,是人内在性的一种外在投射。但是,人们并未意识到神来源于人的创造。因此,人将其理解为一种异于自身内在,能够施加威胁和惩戒的外部力量。在这种情形下,人将自身塑造成一种异己于自身的条件,自身的一部分被另一部分所压迫,人成为自身创造的造物主的奴隶。这也是一种人的异化现象。通过对宗教异化理论的阐述,其理论事实上并不仅仅在于批判宗教对人本质的异化塑造,且由此揭开了一种长期以来占据主导的理念世界至上理论的面纱。不仅仅是那些神性的宗教,由人的观念所塑造出来的理念世界同样也是这样一种异化:人们通过塑造虚无缥缈的理念世界自我构建了统摄现实生活的观念权力,并压制性地统治着人们的现实生活。这种异化制造了脱离现实实践的虚幻景象,人们无法通过这种对理念世界和观念权力的追求去真正实现自身的解放。现实的人被人构建的理念世界所压迫了。

在批判费尔巴哈的基础上,马克思深化了异化理论,在马克思看来,费尔巴哈依然未能回归到现实生活的人来发现人类解放的真实起点。因此,“费尔巴哈不能找到从他自己所极端憎恶的抽象王国通向活生生的现实世

---

〔36〕 [德]费尔巴哈:《费尔巴哈哲学著作选集》(上卷),荣震华等译,商务印书馆1984年版,第56页。

界的道路"[37]。费尔巴哈所认知的人的本质,仅是生物意义上的人。但在马克思看来,"人的本质并不是单个人所固有的抽象物,实际上它是一切社会关系的总和"。[38] 通过对人社会属性的揭示,马克思彻底完成了一种视角的转换。现实世界当中的、拥有社会性的人才是权力哲学,乃至一切哲学的起点和立足点。在此基础上,马克思认为,宗教异化归根结底是剥削社会中总的异化的一个方面。宗教异化中人对自我的扭曲是来自一种受经济社会支配的社会意识的扭曲,"一切宗教都不过是支配着人们日常生活的外部力量在人们头脑中的幻想的反映,在这种反映中,人间的力量采取了超人间力量的形式"。[39] 在马克思看来,剥削社会本质上的异化在于以下方面:作为人的本质属性,劳动创造了剩余价值,而在基于剩余价值配置的人类互动过程中,诞生了私有制与剥削社会,劳动的造物被迫与创造者分离,人不再是劳动造物的主人,劳动造物反而成为人赖以生存的外部力量。为了获得外部力量对自身生存的支持,人类被迫地进行劳动,作为人本质属性的劳动被异化了,人类也因此受制于那些阻碍他们意识到自己是自由的创造性的存在的外部力量——物化和工作压力。[40] 支配人类的社会力量是对配置劳动造物的能力,那是劳动造物与人分化后人类赖以生存的基础。这种剩余价值配置所导致的劳动异化,影响着社会经济的基础内容,导致了人类互动关系的异化,进而决定着社会意识(包括宗教)的异化。

因此,理念世界对现实世界的压制与异化,来源于实在的社会经济配置力量的思想反馈,来源于一种对社会经济基础的支配者支配力量的超人性构造。观念权力对实在权力压制中构建的价值层次实质是一种遮蔽,掩盖了人们对于权力的本质的理解。因此,马克思关注权力的现实性,从人的本质力量和互动性的角度,重新理解了权力力量,打破了西方哲学中长期以来

---

〔37〕《马克思恩格斯选集》(第 4 卷),中共中央马克思恩格斯列宁斯大林著作编译局编译,人民出版社 2012 年版,第 240 页。

〔38〕《马克思恩格斯选集》(第 1 卷),中共中央马克思恩格斯列宁斯大林著作编译局编译,人民出版社 2012 年版,第 60 页。

〔39〕《马克思恩格斯选集》(第 3 卷),中共中央马克思恩格斯列宁斯大林著作编译局编译,人民出版社 2012 年版,第 354 页。

〔40〕[挪]希尔贝克等:《西方哲学史:从古希腊到当下》,童世骏等译,上海译文出版社 2016 年版,第 450 页。

形成的通过形而上方式对现实的超验性统治逻辑,揭开了过往权力哲学中塑造的价值遮蔽,理解了权力的本体。

首先,社会权力源自人的本质力量抽象后的异己外部化。如前所述,劳动是人的本质属性,马克思对权力的理解从人的劳动权力开始。人的劳动权力,即劳动者占有自己劳动的权力。[41] 劳动是一个对象化的生产过程,人类通过劳动将价值转移至劳动造物中,劳动造物形成之后,其就脱离了人本身,在人类的交互活动中成为商品,成为异己的力量,"劳动的产品,对象化劳动,由于活劳动本身的富裕而具有自己的灵魂,并且使自己成为与活劳动相对立的他人的权力"。[42] 自此,作为人自身属性的劳动权力经过社会生产实践及社会交往的过程,成为一种外部化的物化的权力。同时,在这一过程中,劳动者事实上将其本质力量——劳动权力转换为一种价值出卖,劳动权力由一种人的自我控制权力转移成为一种价值对人控制的外部权力。这也就是前述的劳动异化的一个方面。随着商品交换活动的发展,货币作为一般等价物而诞生,进而成为一种抽象的媒介存在。"货币就是社会关系网络的化身、浓缩和物化",[43] 其是人类本质力量——劳动的物化后的再一次抽象,经此媒介,货币彻底丧失了作为劳动的个体性,转化为一种普遍的价值标准与资源配置属性,货币本身成为权力力量的代表,由人本质所诞生的劳动权力由此被转化为一种被视为不再依赖于人的本体的权力力量。随着资本力量的扩展,资本经由再生产的转化,生成了各种人赖以生存的抽象物。人依赖于人的造物及其再生产的造物存在,资本获得了对劳动者的统治力量。自此,人的本质力量彻底演变成了一种异己的社会权力,形成了对人类社会的统治。

其次,权力生成于人类互动活动中,以人的互动交往为载体。如前所述,社会权力来源于人的本质属性权力——劳动权力在社会生产与商品交换中转化,这种转化的过程,除依赖于人的本质属性劳动之外,更基于人的

---

[41] 《马克思恩格斯全集》(第 30 卷),中共中央马克思恩格斯列宁斯大林著作编译局编译,人民出版社 1995 年版,第 451 页。

[42] 《马克思恩格斯全集》(第 30 卷),中共中央马克思恩格斯列宁斯大林著作编译局编译,人民出版社 1995 年版,第 451 页。

[43] 《马克思恩格斯全集》(第 42 卷),中共中央马克思恩格斯列宁斯大林著作编译局编译,人民出版社 1979 年版,第 18 页。

社会属性，即依赖于人的社会交往实践。无论是社会生产过程，或是商品的交换活动，都是人的社会属性的直接显现，展现的是一种社会性活动，是社会交往实践的现实面向，具体呈现为人之间的互动活动。因此，权力展现了现实意义上人的社会关系。其不再被描述为一种静态的抽象观念价值聚合，而表现为一种扎根于现实的人动态之间的交互活动。是故，对权力的理解应当基于一种人的互动性展开。在此，马克思揭示了权力生成于人互动交往这一理念，不仅将对权力的理解回归了人的现实本质，更将其回归到了人在现实世界的实践互动。马克思在对权力的认识上实现了从理念构建向现实理解的转化，开启了通过社会互动视角研究权力本质的进路。

综上所述，马克思通过劳动异化及重新发现人的互动性意义的权力理论，破除了西方传统权力哲学中观念权力对实在权力统治的精神至上意义，打开了笼罩权力本体的价值遮蔽。自此，权力不再被表述为“抽象的哲学方法中对抽象的无限推崇或对抽象关系的思辨”，〔44〕而被赋予了现实性意义。同时，马克思在批判的同时，也在人的本质属性及社会交往的基础上重建了对权力理解的方式，给予西方哲学中被割裂的权力的理性说明和权力的现实分析一个新的连接。

（四）权力认识的互动性理论进路

作为社会学的鼻祖，马克思所开创的权力认识的新路径，为权力理论带来了重大的变革。权力第一次以科学理论而非伦理规范的角度被世人所理解。权力不再仅仅被作为一种概念假定在观念理论的塑造中使用，而被投之于整个实在世界——现实社会的背景下，“利用构造社会学问题的技术……揭示成为制度基础的基本假定”。〔45〕马克思带给权力理论的另一个变革，即发现了权力的实践性特质，或者说是从互动性的角度重新理解了权力。在被注入现实色彩之后，对权力的理解开始焕然一新。对权力的研究也从一种静态的理想描述与分析，转向一种基于人互动规律的发现与总结。正如有的学者所指出的，“这（权力）是种实践的范畴（category of practice），

〔44〕张丽：《西方权力哲学的历史演进及马克思哲学的批判性阐释》，辽宁大学2015年博士学位论文。

〔45〕［德］尼克拉斯·卢曼：《权力（袖珍经典）》，瞿铁鹏译，上海人民出版社2005年版，第2页。

而非分析的范畴(category of analysis)”。[46]

过往理论家对权力展开的分析,事实上很大程度地忽视了实在世界的实践中那些权力的真实体验,而将理念世界演绎的观念权力作为理解权力的根本。理论的谬误在于把对实践的理论看法当作与实践的实践关系;更确切地说,是把人们为解释实践而构建的模型当作实践的根由。[47] 在理解权力问题上,我们有必要去克服由古典唯理论学者对理性真理和事实真理所做的那些区分,重新续接那些观念权力与实践权力认知之间的断裂。同时,对于一种属于实践范畴的权力,除了在人的互动性这一社会实践的角度开始理解道路之外,还需时刻保持一种对概念的谦抑态度。实践的范畴可以予以理解,但并不意味着它们可以接受严格的内在分析(“结构”“语义”或其他分析):这样的分析是人为地使它们脱离它们的生产和使用条件,从而拒绝理解它们的社会功能。[48] 因此,一种全面的、基于社会实践的理解,是认识权力的根本。

马克思以人的本质力量——劳动权力为根本,以社会性——人的互动性为载体,理解了权力。从劳动异化的视角,分析了权力如何从人的基本属性诞生,并演进为社会权力及其最终的走向。因此,权力与人的实践性紧密相连接。在马克思开创的道路上,后世的研究者们分化出了两条不同的研究进路。一部分研究者继承了马克思从异化视角看待权力起源的辩证分析,将权力理解为,人的内在能力外部化进而产生的对人的一种控制。因此,这种异化在现实中具体呈现的是权力与人之间的分离,又或者说权力的掌握者(阶级)与劳动者之间存在分离。这种剥削社会中的异化必然导致阶层的冲突,并蕴含着推动社会发展的变革性力量。这也就是社会学中著名的冲突理论视角。这种视角更多地看到了利益冲突,权力中表现的阶层分化、强迫或武力。另一种倾向的研究者(尽管很多人并不声称自己的理论继承了马克思思想的遗产)则从马克思关于权力实践性研究中的社会属性出发,继续揭示了一条互动性理论的进路,持续开发着对权力更新的认识。

在那些选择不从冲突理论视角来理解权力,而选取了互动性的部分研

---

〔46〕［美］史蒂芬·路克斯:《权力——基进观点》,林革芸译,商周出版社 2006 年版,第 276 页。
〔47〕 Bourdieu P., *The Logic of Practice*, Polity Press, 1990, p. 125.
〔48〕［法］皮埃尔·布迪厄:《实践感》,蒋梓骅译,译林出版社 2003 年版,第 148 页。

究者中,帕森斯的理论是成就瞩目的一个代表。在帕森斯看来,权力与行动密切相关,他否定了其他研究者将权力视为强迫或武力的一种可以被概括为"单方能力式"的诠释,认为他们"只是把权力当成是掌权者借由防止别人(出局者)取得所欲、从而取得自己所欲的能力"。[49] 因此,权力应当是一种基于多方互动性而非单方的概念,有必要把权力跟权威、共识以及对集体目标的追求联系在一起。因此,他在整体社会理解的基础上,对权力进行了功能化的阐释,认为权力是体系社会履行其功能的一种能力。除此之外,在他看来,权力除了是一种构建在整体社会互动基础上的能力之外,还应当是一种与人的实践性,即人的行动联系紧密的概念,他将权力视为一个特定的机制,可以改变其他个体或集体单位在社会互动过程中的行动。可以说,在帕森斯的理解中,权力的重点被放置在了"从事……的权力"(power to),而非"施加于……的权力"(power over),强调了权力的一种互动性色彩,而努力消除过往理论家一直强调的其意蕴中的一种单向压迫性意味。所以,权力是一种"有效集体行动……普遍性媒介"。[50]

这种互动性理论的视域,将对权力的研究与过去单向支配色彩的权力理解作了彻底的更新。对权力的认知从单向化的描述转换为了从整体人类社会交往的广义视域上的理解。尽管上述两种视角都从人出发,但互动性理论下对权力的认知不仅仅是一种对抽象的个体的理想化(神化)表述,而是从抽象化的整体社会交互中理解那些具有主动性的个体——具体的人的行动。具体而言,互动性理论持有者阐述了以下几个重要的观点:

首先,权力与人的行动密切相关。在马克思之后,对人的理解由一种静态的抽象观察,转换为一种基于人动态活动的认识。社会性是人的本质属性,在社会互动中,每个人都表现为行动者。作为行动者的人在互动交往中,创造出了一种能够影响行动的能力,这也就是权力。由于行动者是社会中的每一个人,因此这种理解蕴含了对权力认识的两个方面:第一,权力代表着人能够控制自我行动的范围;第二,权力代表着人能够控制他人行为的能力。例如,韦伯(Max Weber)就将权力视为"一个行动者在社会关系中占

---

〔49〕 Parsons Talcoott, *The Distribution of Power in American Society*, 10 World Politics 123 (1957).

〔50〕 Parsons Talcott, *Sociological Theory and Modern Society*, The Free Press, 1967, p. 331.

据一种位置的机会”。[51] 换言之，它是一个人在社会交往中能够贯彻自身意志决定并最终能实现的范围，也就是一个人所能掌控的权力的范围。后世的学者都将其归纳为“权力是个人在集体行动中贯彻自己意志的能力”。[52] 达尔（Robert Alan Dahl）也认为，权力意味着一个人对其他人行为施加影响的能力或潜能，如果某人施加权力，则会改变他人的行动且这种行动不为行动者自身的意志所决定。尽管韦伯和达尔的看法分别代表了对作为影响行动能力的权力理解的两个方面，但其内核是一致的。因此，综合来看，这种能够对行动施加影响的能力，代表了互动理论视域下对权力的最初层次理解。并且，这种对人行动能力的观察，构造了社会学对权力的基本共识——“权力是行动者的能力”。

其次，权力不是单独存在的，其产生和实现都依赖于整体。在互动理论的视域中，尽管权力能够为个体所掌握，但其产生、作用都表明其不仅仅是一种靠着个体自身就能实现的能力。行动者的行动交织起了整个社会的互动。社会中的行动者不是单独的个体，而是一种互动式网络下的人。权力作为一种行动者的能力是整个社会中互动关系的一个环节，应当被放置在集体与社会的整体视角下予以理解。行动者在其行动中实现自身的意志（无论是控制自身还是影响他者）的能力，实际上都展现为行动者与他者之间的一种非对称性的互动。这种互动必然有赖于非自身的他者对行动的反馈。因此，权力关系本质上体现为一种行动者的互动和依赖关系。这意味着，权力不可能脱离多个个体而存在，其存在基础超越了个体意义。就如帕森斯所理解的，“权力是一种系统资源，是实现集体目标的广义手段”。[53] 因此，权力孕育于集体之中，是社会系统和集体追求其功能目标实现的一种手段。因此，权力是一种“集体力”（collective power），是一种群体的能力。阿伦特就此做了一个精辟的表达：“……不是一种简单的行动能力，而是步

---

〔51〕 Weber Max, *The Theory of Social and Economic Organization*, Simon and Schuster, 2009, p. 67.

〔52〕 夏传玲：《权杖和权势——组织的权力运作机制》，中国社会科学出版社 2008 年版，第 11 页。

〔53〕 Parsons Talcott, *Sociological Theory and Modern Society*, The Free Press, 1967, p. 331.

调一致的行动能力，是个体间合作的结果。”[54] 因此，权力只有赖于一定的集体，才能真实地诞生。同时，权力的效用也有赖于集体的一种构建作用，权力的效用发生，并不仅仅因他者的反馈而实现，一种整体的结构性保障是必不可少的。因此，“权力并不是单独存在的，权力关系只能在双方至少暂时组成一个有组织的整体的情况下才建立起来的”。[55]

最后，权力体现了一种广泛意义上行动者的交往互动关系，在这种意义上可以被视为一种沟通媒介。如前所述，权力诞生并依赖于一种整体的系统，是个体间步调一致的合作结果。在整体性的社会交往中，作为行动者的人在行动中会展示出自我的分层模式（stratification model），即对行动进行一个二阶的观察，开展反思性监控。这种互动的反思性监控不仅涉及个体自身的行为，而且涉及他人的行为。站在社会整体性的角度来说，开展一种反思性监控，尤其是对他者的反思性监控，其意义在于降低社会整体风险，整合社会系统资源调用。此时，这种监控结果的反馈和社会系统行动方向性的整合就需要一种交换媒介在不同的行动者之间来实现“步调一致”，这也就是权力。因此，权力是一种有关整体社会行动的交往媒介。所以，帕森斯才会将其视为“实现集体目标的广义手段”[56]。作为交换媒介的权力，需要实现一种普遍意义上的沟通。申言之，权力在社会交往中发挥着如同商品交换中一般等价物一样的功能，成为一种广义性的交换媒介，是从一种人际关系传递到另一种人际关系的能力。[57] 同时，权力是一种交换媒介，意味着权力集中地发挥着一种沟通的作用。人们在行动时，其行动本身并不完全依赖着权力的作用；甚至，行动者在进行交往时也不依赖权力来实现。权力的发生只出现在反思性监控认为需要调整时，又或者说，是在面对行动选择时，作为交换媒介的权力通过一种直接或间接的沟通直接影响了人们的行动选择，以简化社会交往活动的复杂性、解决行动选择可能发生的冲突问题。因此，一方面，权力不仅仅是一种单纯的交换媒介。用卢曼的理论来

---

[54] Weber Max, *The Theory of Social and Economic Organization*, Simon and Schuster, 2009, p. 44.

[55] ［法］米歇尔·克罗齐埃：《被封锁的社会》，狄玉明等译，商务印书馆 1989 年版，第 29 页。

[56] Parsons Talcott, *Sociological Theory and Modern Society*, The Free Press, 1967, p. 331.

[57] 夏传玲：《权杖和权势——组织的权力运作机制》，中国社会科学出版社 2008 年版，第 17 页。

表述,就是“权力是一种受代码导向的沟通”。[58] 就如前文所论述的,权力是一种实践性概念。因此,不同于其他沟通媒介的科学抽象(经验),它更多的是一种社会本身的抽象(行动),互动双方依赖一种行动来确认这种沟通的意义。换言之,权力的认可有赖于行动的自我指涉,权力的识别依赖于行动者的沟通互动本身。另一方面,权力作为沟通的媒介,其是一种蕴含了特定信息的载体。权力通过这种信息的沟通交换,才实现了对行动者本身行动的影响,这种信息,在帕森斯处被归纳为“情境惩罚”,而在卢曼那里被总结为“一种奖惩互换机制”,包含着“服从、责任、制度化、给升迁愿望予以特定方向的动员等”[59]。

综上所述,在互动性理论的视域下,权力被理解为一种在行动者的社会互动中通过传递特定信息沟通行动者,以影响人行为的一种特殊的信息交换媒介。这种理解下的权力,不仅具备过往对权力认识中的权威、支配等认知,还包含动态属性、互动属性以及信息属性。

本书认为,权力作为一种信息交换媒介,在权力互动中传递特定信息以影响行动者的行为。因此,权力实质上可以被理解为一种特定信息传播方式。现实中行动者间那些相互交织的权力,从结构上看,实际上构成了一种特定的社会互动信息传播网络。简言之,即权力可以被理解为一种信息网络。此外,从互动性理论的角度将权力理解为一种信息网络,并不意味着观念权力所塑造的权力的权威色彩被彻底抹去。权威的实现,恰恰需要具有一种互动色彩的权力才能实现。一项权力之所以成为权威而非威权,实质上是需要一种“合法性”的说服力。换言之,权力需要获得一种受众对权力的实质的认同。认同依赖于互动交往,语言交往对于共识以及规范的有效性具有构成意义。权力运行本身是一个交往互动的过程,在这种交往互动中确立起的权力,才能得到主体间的认同,达致权威。

三、以权力为核心的组织理论

如前所述,随着马克思开启了哲学和社会科学理论研究的新进路,对于国家和权力的相关问题的研究和探讨已不再只限于对民主、自由、权力等基

[58] Luhmann Niklas, *Trust and Power*, John Wiley & Sons, 1979, p. 116.

[59] Luhmann Niklas, *Trust and Power*, John Wiley & Sons, 1979, p. 116.

本概念的构建和阐述:一方面,一些基本概念被使用各种方法、视角重新予以阐释;另一方面,一些过去在形而上政治哲学中未关注的问题也开始被纳入理论研究的视域。权力的运行往往与组织密切相关,然而,在传统权力哲学研究中,行动的人都难以被关注,更毋论作为行动集体的组织。随着前述社会科学研究的发展,组织本身也成为被研究的对象。通过研究组织来观察社会行动和结构成为一个理解社会规律的新视角。权力与组织这一对特定关系深刻地影响着权力的配置与运行问题,理解权力的配置不能仅仅看到权力本身,而对作为结构和载体的组织视而不见。因此,有必要对相应组织理论予以整理,确立本书关于组织研究的基本方向与观点,进而帮助我们更好地理解本书研究的核心——国家立法权的内部配置问题。

(一)过去与当代的组织理论

在过去的两百年里,随着社会生产方式和生产力的飞速发展,组织逐渐兴起。传统上那些由国家、教会、宗族等发挥的影响力,那些以公司、协会命名的概念,在功能和定义上逐渐被一个社会科学研究的认知中具有共相意义的概念——组织所涵括和取代。一场"组织的革命"在全世界范围内不断扩展。[60] 伴随着组织在现代化过程中的逐渐发展,关于组织的研究也逐渐成为社会科学研究的一个重要话题。

关于组织的研究最初可以追溯到古典社会学时期关于科层制(bürokratie)的研究。马克斯·韦伯在讨论宰制(herrschaft)问题时,曾对理性的组织及其内部支配等问题进行了探讨。韦伯认为,在科层制中,从组织之外获取的合法性,能够成为组织内部"强制协作"权力的基础,即一种协调、控制和指令。这一时期关于组织的研究并非以组织本身为对象展开,研究缺乏全面性且不够深入。

组织理论研究的另一个起源是古典管理学理论,亨利·法约尔(Henri Fayol)抽离了存在于组织中的共性问题,设计了14条的组织管理原则。具体而言,法约尔的管理学关注组织内部的权力体系问题,他强调权力与责任的对等,明确权力运行自上而下的机制,构建了一种企业组织内部制度的基

---

〔60〕 Boulding K. E., *Organizational Revolution*, 253 Economic Journal 139(1953).

础理论。另一个古典管理学派的代表人物雷德里克·温斯洛·泰罗(Frederick Winslow Taylor)则探索了如何通过科学管理来提升效率。他针对工人工作步骤进行科学分析,提出了著名的泰罗制(Taylorism)。他要求组织管理者的活动要以科学为基础,受规章制度的制约。管理的实施必须以职能式组织结构为基础。[61] 古典管理学理论对组织理论发展,尤其是企业组织的管理过程、职位职能、组织效率等问题上颇有建树,深刻地影响了后世组织学和管理学的理论发展。

现代意义上的组织理论研究始于20世纪50年代。随着功能主义和社会系统理论的兴起,人们通过对系统与功能的考察,对组织的研究将更加深化。对组织的研究不再局限于一种纯粹理性化和科学化的组织与管理模式探讨,非正式组织、组织中的劳动分工(功能分化)、组织程序的控制、决策链条等问题都成为研究的关注点。综合来看,当代组织理论研究存在以下两条主流观点进路:一条是制度主义理论的进路。持制度主义论者认为影响和决定组织的行动、结构等基础要素的因素,是组织背后的制度。制度是指由社会中那些价值、规范、传统等综合构成的规则集,这些文化内容影响并描绘了组织的现实及理想形态,限定了组织的程序和结构以及组织成员的行动选择。另一条理论进路则是资源依赖理论。资源依赖理论认为,组织的存在及发展都依赖于其能够获取的外部资源。因此,组织结构的方向和组织行动的目的都是朝着有利于吸纳外部资源的方向而发展,组织也倾向于将其关键资源的控制权转移到自身手中。总结来看,这两条理论进路,事实上是结构——功能主义和功利主义在组织理论中的具体化表达,在核心问题上并未有任何革命性的创新。

(二)与权力一体的组织理论

如前文所述,过往的理论认识并未彻底解决组织与权力的这种二元悖论问题。本书认为,如何真正理解前述的二元悖论问题,实质其实是如何理解组织和权力本身。未能在一个统一的理论话语中认识组织和权力,造成了不同语境的差异理解,才会导致二元悖论问题的难以解答。因此,厘清相

---

〔61〕 罗珉:《泰罗科学管理的遗产及其反思——兼纪念〈科学管理原理〉诞生100周年》,载《外国经济与管理》2011年第9期。

应问题,有必要在同一理论框架内理解组织理论与权力理论。

组织作为近现代社会发展诞生的社会集群模式,其自诞生之日起包含了密切相关的两种面向:一种是行动个体,另一种是社会系统。从这两个面向出发,可以深入研究并理解组织的内涵与外延,贯通组织理论。

首先,组织诞生于行动个体基础之上,是行动个体的集合。组织必然是由成员所组成的,作为组织中的成员,不仅仅是一种生物学意义上的个体——人,而更多地指向一种社会中的人。近代以来,社会学分析研究社会的一个基本单位即社会中的人——行动者,指向社会中行动的个体。如前文所述,行动者并非孤独的单一个体,在社会中,行动者的行动必然交织构成这个社会中主体间的互动关系。联系紧密的行动者在一致的行动目标基础上深化相互之间的互动关系,集结成为一个为了共同目的行动的群体,即成为一种组织。因此,组织是行动个体的一种集合,展现着行动者互动关系的深化。

其次,组织孕育于社会当中,是社会互动的一种结构简化。组织虽然由行动者个体的集合产生,并展示着互动关系的深化。但从另一个方面看,组织也孕育于整个社会当中,是近现代社会发展进步的产物,更是一种特殊的社会系统。随着社会逐步的发展,原本单纯的社会互动也相应地随着行动者及其行动能力的发展而发展,社会互动关系的深度与广度在不断拓展。同时,这也导致了大量互动关系的无序化和效用低下,造成了整体社会风险的提升和社会资源的浪费。作为行动者,本身具备一种反思性监控后调整的能力。为了应对这种复杂的风险社会,行动者需要通过一套有效的社会系统来整合并简化社会互动,实现一致的目标,整合社会行动的方向。因此,具备一致目标的行动者被整合在组织这一结构之下,组织应运而生。组织是社会整合发展的调控产物,是避免社会互动无序化的一种结构简化机制。

综上所述,可以得出以下几点结论:第一,组织与行动者以及社会互动密切相关,是行动个体的集合,是社会互动深化的产物。第二,组织是一种反思性监控后的整合机制,是行动者整合社会资源、应对风险社会的选择,是社会互动的一种结构简化机制。因此,组织是社会行动者共同塑造的,一种以协调追求特定目标的社会结构。[62] 同时，前文已然论述过权力是一种与社会互动的沟通媒介，是行动者整合社会互动方向的协调机制，结构上呈现为一种受代码导向的信息交互网络。因此，权力与社会互动密切相关。由这两个结论可以看出，组织与权力在互动理论的视域中，具有极大的相似性：二者都与社会互动密切相关；二者都是行动者针对社会风险的一种反思性监控后调整；二者都是行动者的一种协调行动、整合社会系统行动方向性的机制。

由上述比较可以看出，尽管过去的研究将组织与权力视为不同的两个概念，并在功能主义的角度赋予其不同对象色彩的功能意义，但从行动互动的角度来观察，组织与权力显然是同一对象的一体两面。本书认为，不应将组织仅仅看作一种权力运行的背景来描绘，而把权力和组织看待为同一个对象的内容和形式。因为从前述结论可以看出，它们都是行动者的集体行动在时间、社会和事实维度上的一种结构简化。[63] 是故，组织与权力是行动者的互动关系一种特殊表现结构的一体两面，是同一对象的内容与形式。在此，我们也可以理解前文所讨论的理论进路为何难以解决组织与权力的二元悖论这一问题：因为那些理论都将组织与权力割裂开来，视为两个独立的概念对象，赋予了其独立的功能价值与意义；致使其在理论上二者被塑造出相互联系又互不相融的功能效用，最终导致了我们必将看到一种“权力的配置要受到组织结构的影响”“权力又影响着组织的结构”的结论。

在理解组织与权力实质的基础上，我们可以进一步确立本书研究在面对组织与权力关系问题时应当秉持的态度和思路。形式是内在要素的组织方式与结构的外显，其必须以内在要素本身——内容为依托。因此，组织作为一种形式，其必然以权力为依托，或者说组织构架于权力的基础之上。具体来说，是指组织这一形式运作在权力这一沟通媒介之上。[64] 权力是行动者行为互动的媒介与内容，而组织则是这种行为互动的外显形式。组织本

---

〔62〕 Scott W. R. , *Organizations and Organizing: Rational, Natural and Open Systems*, Prentice Hall, 2003.

〔63〕 Giddens, *The Constitution of Society: Outline of The Theory of Structuration*, Polity Press, 1984.

〔64〕 夏传玲：《权杖和权势——组织的权力运作机制》，中国社会科学出版社2008年版，第79页。

身是一种为了一致目标的行动者的集合,因此,为了协调这种一致,作为组织本身必须存在一种影响成员行动的能力,这种能力也就是权力。对于组织而言,权力必然是其得以构成并实践运转的一项基础内容,组织仰赖于权力的效用以实现其内部的控制,维系组织的结构。米歇尔·克罗齐耶(Michel Crozier)就曾表示:组织事实上与权力紧密相连,一切组织都是作为权力关系整体而形成的一种结构,而所有的权力关系皆为产生组织的开端。[65] 同时,权力的运行也必须以一定的组织为依托。尽管权力是一种行动者互动的沟通协调机制,也可能体现于两个个体之间;但权力本身具备公共性质,其是一种实现社会系统意义上整体目标效用的沟通媒介。因此,权力具备广泛性意义,其必然需要运行于一种具备整体性的正式互动关系形式之上。是故,在现代社会中,公共性权力必然运行于正式的组织之上,可以说,组织是权力运行的导体。如前文所述,权力在结构上呈现为特定的社会互动信息传播网络,故而组织可以被视为一种特殊社会互动信息传播网络的现实载体。如果将权力类比为一种局域网络,组织则是组成这个网络的现实工具载体——相互连通的网线与计算机。

同时,组织作为一种结构本身也对权力发挥着影响,否则就不会出现前文所述的二元悖论问题。当然,组织的这种影响并不是决定性的,而源于结构本身的内部形塑作用。结构化理论认为,结构本身兼具着构成性和使动性。也就是结构一方面构造外在形式,另一方面,形式也会约束内在的行动者的行为。换言之,这意味着结构存在影响行动者的内在动力。这种内在动力不同于行动者在互动交往中影响他者的信息沟通——权力——而更偏向于一种对其内部与结构不相适应部分的调整。总结来看,其实质是一种形式对内容的反作用,形式适合内容,则有助于内容发展,反之则会对内容产生阻碍。这种反作用代表着一旦组织如果存在异化——组织设计本身与权力不相适应或组织在长期运行过程中产生了不适应权力的异化——那么组织就会对权力产生阻碍,本书将其称为组织对权力的摩擦作用。但从另一方面看,组织对权力的这种影响仅仅是一种方向性的阻碍。组织对权力的影响,甚至可以赋予组织中的权力不符合本身权力方向的一定额外性质,

---

〔65〕［法］米歇尔·克罗齐埃:《科层现象》,刘汉全译,上海人民出版社2002年版,第192页。

但并不会直接创造或彻底改变权力本身。借用前文的类比,就如同网线和计算机的落后会影响网络的运行,导致“掉线”或“低网速”现象的发生,或许还可能带来一定的乱码,但网线和计算机性能的变化并不会创造或改变这个网络中所传递的信息内容。因为形式载体本身并不能创造要素内容,这种内容的创造性仍在人的手中。是故,组织仅会对权力从异化的角度予以阻碍,其影响具有内部性。换言之,组织本身并不会创造权力,而仅仅通过内部再次形塑被安排在组织中的权力。

综上所述,组织与权力是一种行动者特定互动关系的一体两面,为同一对象的形式与内容。组织的构建与实现必须以一定权力为基础。组织是权力这一特定信息沟通网络的现实载体。组织对权力的影响,是一种带有方向性的影响,仅体现为组织异化后的内部形塑,组织本身并不能创造或彻底改造权力。形式本身要为内容而服务。如前文所述,形式对内容会起着促进或阻碍作用。同时,由于内容是本体的基础,形式的调整应当以促使内容实现为目标,而减少或消弭其对内容的阻碍,内容实质构成了形式构造的一种目的性方向。因此,作为形式的组织是为了作为内容的权力发挥在社会互动中沟通一致的效用而服务的,组织结构对权力的影响,应当力求消弭那种阻碍的摩擦作用,而促使作为内容的权力去尽可能地发挥更好的效用。配置权力与组织调整二元问题的实质方向,当是以权力为核心,以有助于权力这一特定信息沟通网络的优化调整为方向。

第三节　国家立法权内部配置的方法更新:优化的方向与基础方式

一、权力内部配置问题的解决策略

权力内部配置问题最核心的一对关系即权力与组织之间的关系问题。本书认为,权力内部配置问题就是一个权力在组织中如何分配的问题。一方面,在现代社会,权力必然需要运作于一定的正式组织之上。[66] 如前文所述,权力作为影响行动的一种互动信息沟通媒介,在实践中,并不仅仅呈

---

〔66〕 Luhmann Niklas, *Political Theory in the Welfare State*, W. de Gruyter, 1990, p. 160.

现于两个行动者个体之间,其往往会影响着特定或不特定的多数对象,此时权力成为一种“决策链”,[67]呈现出一种具有延伸性质的链条化或者网络化结构。这也意味着权力的信息沟通会出现一种多层次的传递,行动者在被权力影响的同时,也借助权力决策链条的延伸影响着其他行动者。因此,在此决策链条之中的行动者形成了一种特殊的紧密联系,这种联系作为社会互动关系特殊结构的外显形式,则表现为一种组织,一种协调行动者目标一致的集合。同时,权力作为一种实现社会系统意义上整体目标效用的沟通媒介,其必然需要运行于一种具备整体性的正式互动关系形式之上。因此,权力运作在一定正式组织之上。现代社会的权力必然与组织紧密结合,权力依赖于组织以发挥效用。另一方面,权力的内部配置即一种被分解在组织中的权力。如前文所述,权力的潜在性要求其必须通过一定形式被现实化,即被分解在具体组织当中,因此,权力的内部配置过程是一个权力被具体分解在组织之间的过程。是故,权力内部配置问题就是权力在组织之间或组织内如何分配的问题,权力与组织是权力内部配置问题中最核心的关系。在统一的理论框架内揭示这一对关系,确定调整二者关系的基础认识,是指导权力内部配置问题研究最核心的命题和理论,能够指引权力内部配置实践的方向。

如本书所论证的,在本书所选取的互动性理论视域中,权力被理解为一种特殊的社会互动信息交换媒介。行动者为了协调社会互动中集体的一致方向,会采取这种特定信息的传播方式。在此种传播中,权力作为一种受代码导向的沟通,[68]传递了特定的互动信息,以干预、影响和调整其他行动者的行动选择,实现一种在社会系统中具有整合意义的行动协调。同时,权力在复杂的现代社会中呈现出网络化结构的倾向,权力不仅是简单个体行动者之间的调整工具,其更被作用于调整多数和多层次的复杂个体。因此,这种影响的决策信息会经由多个行动者渐次传递并干预行动者的行动选择,最终交织呈现为一种决策链条的网络。在结构层面,权力可以被理解为一种特殊的信息交换网络。同样地,权力与组织实质是同一对象一体两面的内容与形式,故而组织也呈现为这种信息交换网络的形式载体。行动者通

[67] Luhmann Niklas, *Trust and Power*, John Wiley & Sons, 1979, p. 116.

[68] Luhmann Niklas, *Trust and Power*, John Wiley & Sons, 1979, p. 116.

过组织这种形式来链接行动者,简化现代社会日益复杂的社会互动,在形式上配置行动者之间信息交换的外显模式,协调行动者在组织内为一致的目标统一开展行动,降低整体社会互动的系统性风险,减少无序社会互动的资源浪费。因此,组织是社会互动信息交换网络的一种载体或形式。当然,无论是作为内容的权力,还是形式的组织,都无法揭示这种信息交换网络的全貌和根本内涵。无论是作为权力的内容,还是作为组织的形式,其最终都归于一种对多个行动者行动的影响和协调。权力与组织无论如何予以改变或调整,其最终目的都在于对社会中多个行动者行动的一种影响和协调的实现。这种影响和协调的实现,又依赖于一种行动者之间的沟通,或者说具备"影响"内涵的信息的传递。对这一调整他者的信息交换网络而言,根本内涵还是指向一种行动者的互动信息交换,即信息传播。这种信息的传播,对组织与权力实践的真实性有着重要意义。因此,权力与组织的配置调整,或者说权力内部配置调整的最终目的,还是实现一种互动信息传递网络本身的优化,保证这种调整信息有效、及时、安全地传递以发挥其目标效用。

综上所述,权力内部配置问题的解决策略,或者说组织与权力关系问题的核心追求,应当以信息传播网络优化为方向,从优化交换互动、方便信息传递和保障信息安全的角度,提升这一特定信息传播网络的安全性和效率,保障被配置的职权得以发挥目标效用。

从网络拓扑学来看,信息网络结构存在两种基础方式:集中式、分散式——这与信息传播的性质有关。

二、集中模式与分散模式

集中式与分散式的信息网络结构配置,分别代表着网络结构追求的两端,彰显着两种截然相反的价值取向。如图 2-1 集中式信息网络主要呈现为一种衍射或树型拓扑的结构,其以一个中心化的节点,统一地发布信息,并对各分端(终端)链接而来的信息加以汇总并做出决策。作为网络传递内容的数据(data)都存储于中心端,并由中心端予以处理,分端(终端)只是信息的继受者,仅能实现一种信息的输入或输出。因此,这种集中式的信息网络,重在解决信息的发布和决策问题。在此信息网络系统中,信息发布(管理)者和信息继受(被管理)者共同使用同一套信息数据库,运用统一的信息。通过信息的发布和决策,中心能够对分端(终端)实现一种强控制。集中式的信息网络结构的优势在于其能够实现一种集中管理,实现管理效率的最大化。当然,集中式的信息网络结构也存在一定劣势,当数据的处理和发布都由中心端的管理节点完成时,其风险便持续存在,如管理节点发生故障会影响全网的工作。[69] 此外,集中式的信息网络结构也不利于应对多样化的需求。每一终端可能会面对不同的信息发布和反馈的处理需求,而集中式信息网络结构不利于这种需求的实现。盖因不同的处理需求意味着不同的信息处理程序和资源调用,由统一的中心端实现如此多样化的程序处理和资源调用,很难保证处理的专业性。因此,基于前述两点不足,另一种信息网络结构便成为必要。

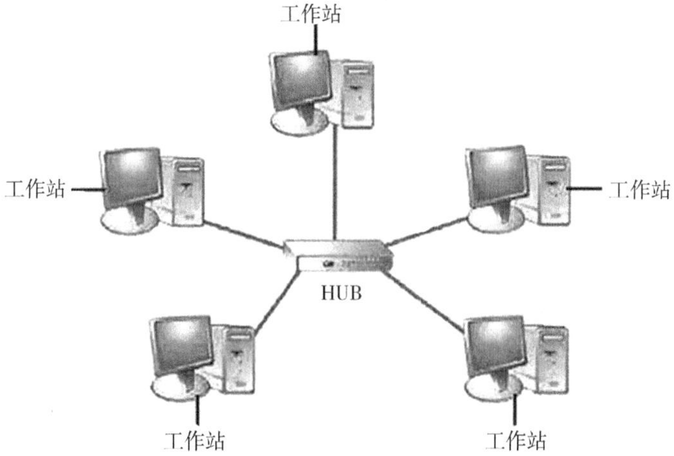

图 2－1　集中式信息网络

如图 2－2 所示,与集中式信息网络结构相对应,分散式信息网络结构是由多个节点相互连接,每一节点都与其他至少两个节点相连。信息的发布与决策等通信控制的功能分散在此信息网络中的多个节点上,网络中并不存在一个统一的中心,网络中的信息数据(data)在各终端可以相互识别,但并不共享。如前文所述,分散式信息网络结构是主要应对集中式信息网络结构的不足而诞生的。其目的一方面在于解决系统的稳定和安全问题:由于网络不存在统一中心,且存在多头线路链接,所以当网络中任何节点或

〔69〕［美］库罗斯:《计算机网络:自顶向下方法》,陈鸣译,机械工业出版社 2009 年版,第 87 页。

线路发生问题时,信息的传递还可以转由其他线路来完成;另一方面在于解决信息的多样化处理问题,分散式信息网络结构实现了多个节点的信息决策,这意味着信息网络的不同节点可以针对不同的信息需求设计相应的信息处理程序,完成相应的资源调用,妥善且专业地应对多样化的信息处理需要。当然,分散式信息网络结构也存在一定劣势,如集中式信息网络结构能够轻易完成的中心化信息发布和决策方面,分散式信息网络结构就会遭遇问题。由于分散式信息网络结构存在多个决策节点,在节点之间的线路会存在节点对节点的信息干扰,降低信息发布的准确性和信息管理的效率。

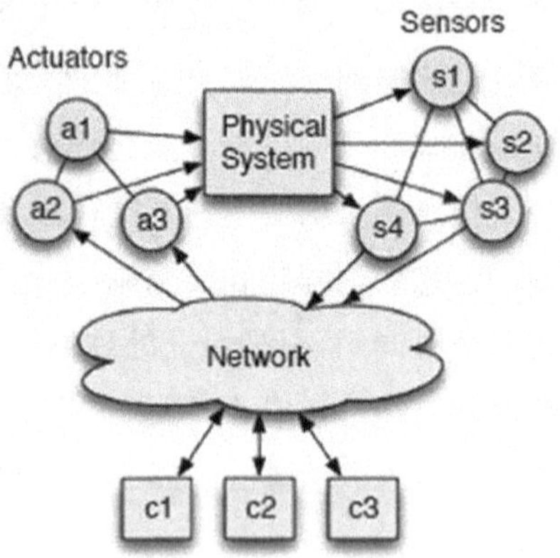

图 2-2 分散式信息网络

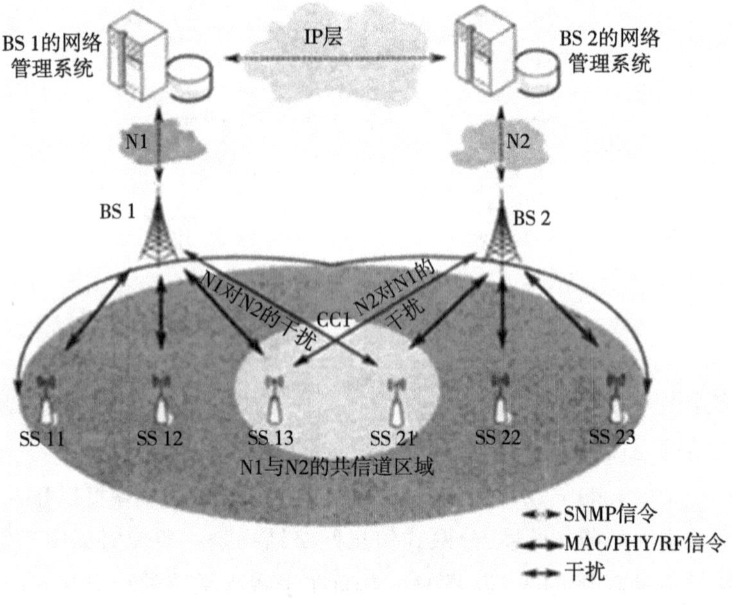

图 2-3 综合协作式信息网络

综合以上论述可以看出，集中式信息网络和分散式信息网络分别代表着信息网络的两种方向：中心化与去中心化。中心化在于实现信息的发布与决策的统一性，提升管理的效率，降低网络布置的成本；去中心化在于实现一种整体系统的稳定与安全，降低统一决策带来的系统性风险，提升系统应对多样化信息处理需求的能力。从现实中信息网络的布置来看，极少存在单一的信息网络结构布置，为了应对实践中的复杂现实，多会同时采用集中式信息网络与分散式信息网络的混合结构，借用其各自优点，尽量通过混合消弭其各自的缺陷。因此，整体信息网络结构的优化，实质是基于集中式与分散式两种基础配置模式的优化组合。

三、国家立法权内部配置的基础方式

在前文已经论述过，组织与权力都是一种特殊信息沟通媒介——特定社会互动交换信息网络的表现，其实质与内涵呈现为这种影响他者行动选择的特殊信息的沟通渠道。对于信息网络结构而言，前述的集中式与分散式的网络拓扑结构配置模式是信息网络结构构成的基础模式。这种基础模式即使对于一种非物质类型的社会化信息网络，也具备这种构成要素上的基础性意义。盖因无论是物质类的信息网络，还是社会化信息网络，其实质依然是一种信息传递的媒介结构。集中式信息网络与分散式信息网络的基础网络拓扑结构，与信息传递本身的属性密切相关。因此，集中式信息网络结构和分散式信息网络结构的基础模式是所有信息网络结构的基础性要素，在实质为特定信息网络的组织与权力的表征中必然各有呈现。

具体而言，当组织中集中式信息网络结构主要呈现为一种上下级领导关系的组织架构，在组织中通过决策发布的上传下达，推动着一种决策链条的延伸，且这种决策链条遵循着向上归因律[70]的规则。也就是说，在这种决策链条中，虽然全体行动者都在基于自身的选择行动，但集体中这些行动者的行动选择本身并无外部意义，所有的行动及其结果都归因于作为链条顶端的决策者。这是集中式信息网络结构的呈现，在集中式信息网络结构中，信息的发布与决策也归于单一中心端，终端只是信息的继受者。这种组

〔70〕 Luhmann Niklas, *Trust and Power*, John Wiley & Sons, 1979, p. 116.

织架构往往会具体体现为一种行政科层制，但或许在实践中我们难以寻觅到如此极端的组织，因为前述的全部描述都为一种基于理论的推导，单一表述为集中式信息网络的结构本身即具有极端化的特质。分散式网络结构在组织中则主要表现为一种结构平衡、分工制约的组织架构。在这种组织架构里，任何单一主体都可能成为决策者，但无法成为唯一的决策者，组织中对决策或实践能力在功能意义上予以分配，因此，在多个单一主体之间会形成一种分工且平衡的状态。这种组织架构是分散式信息网络结构的程序，重在解决决策信息系统的安全问题，以及应对多样化决策的分工需求。当然，一如前述的集中式网络组织架构，如此的组织架构或许在某些方面贴近于平行的委员会式结构，但同样在实践中难以寻觅这种极端的组织存在。当前所有存在的组织，或多或少都是二者的融合形态。

在权力方面，集中式信息网络结构与分散式信息网络结构则体现为集中式权力网络与分散式权力网络。首先，集中式信息网络结构彰显着权力的集中模式。在此信息网络中，只存在一个单一的中心端。作为信息的发布者与决策者，同时也是信息网络实际控制者，全部的管理功能都出于该中心端，全部的信息交换也都要经由中心端的节点完成。这意味着权力中那些影响行动者选择的信息的发布与决策都归诸唯一的主体，权力决策链条由单一中心出发并影响系统中全部的行动者；其他行动者并无透过此网络影响他者的能力，权力信息的反馈与决策都归于唯一的主体。这实质上是决策和集体行动的决定都归于统一管理者的一种权力模式，即一种权力集中或者集权现象。其次，分散式信息网络结构体现为一种分权模式。分散式信息网络结构展现出去中心化的现象，将信息的控制功能分散于多个节点，以保障整体系统的安全与稳定，并力求实现一种信息处理的分工，以应对多样化的信息处理需求。这呈现在权力理论中，则表现为一种对权力分立的追求，将权力决策和行动决定的能力依照功能化予以分离，并通过去中心化的分离模式，降低单一权力决策中心导致的极端化风险，维护权力的平衡与行动决策的稳定性。综合来看，是一种分权模式。因此，集中式信息网络结构和分散式信息网络结构在权力方面具体体现为集权与分权这两种倾向性权力配置模式。

在前文的研究中已经论述过，在实践中的物质化信息网络结构，极少存在极端意义上的集中式信息网络结构和分散式信息网络结构布置，而往往采用混合模式进行设置。信息网络结构的优化，追求着一种基于集中式与分散式两种基础配置模式的优化组合，借用各自优点，而尽量通过混合消弭各自的缺陷。这类比到组织与权力问题上也是一样。组织并不仅仅呈现为极端的上下级领导形态或分工平衡形态，而或多或少呈现为二者的融合。权力的配置也并不仅仅体现为单一形态，在任何一个实践组织中的权力运转，也必然体现为权力集中与权力分立二者的统一。如前文所述，权力内部配置问题中权力与组织关系的核心追求，又在于追求组织与权力背后实质性的社会互动信息网络结构的优化。如是，配置与组织调整二元问题的解决，实质上当以有助于特定信息沟通网络的优化调整为方向。因此，整体信息网络结构的优化，实质是基于集中式与分散式两种基础配置模式的优化组合。这种优化具体的追求方向，就是一条基于实践现实，在组织中实践权力集中与权力分立相互统一、有机融合的道路。综上所述，权力内部配置问题的核心追求，是实现集中式权力网络结构与分散式权力网络结构的有机融合。

国家立法权内部配置的基础关系是权力与组织的关系。理解国家立法权内部配置问题，也应当遵循着组织与权力的统一视域，确立相应配置方法。因此，前述的这种权力内部配置基础模式，也由普遍到特殊地呈现在国家立法权内部配置当中。申言之，作为权力内部配置的一种，国家立法权内部配置的核心追求，实质也是一条在制度实践中具体实现立法权力网络结构——国家立法权内部各具体立法权限与立法组织的组合——的集中与分散配置有机融合进路。同时，国家立法权作为一种立法权，相较与其他权力还具备着制度化权威等本质特征，这些内在本质属性影响着制度实践中进行权力网络集中与分散配置的具体理论。是故，找寻我国国家立法权内部配置的具体方向，有必要结合我国制度实践，确立我国国家立法权内部集中与分散配置的基础理论，进而设计内部配置的具体方案。

本 章 小 结

本章主要分析了国家立法权内部配置存在问题的本质原因，并对相关原因进行了分析。综合来看,国家立法权内部配置的问题,是由于过去的制度设计未能符合立法权的结构要求,违背了立法权的本质特征,致使立法权出现了异化的倾向。这种配置不符合立法权本质的现象起源于一些不适当的配置思路。这些配置思路并未真正地掌握和理解我国相应制度实践的客观现实,无法针对实践情况提供有效理论指导,无法回应相应制度优化的治理需求。是故,总结过去的经验可以发现,过往那些关于国家立法权内部配置问题的实践存在认识上的局限,未能准确把握立法权本质属性和权力内部配置的基本理论,进而导致了配置方法使用上的误区,无法指导我国国家立法权内部配置实践的良性演进。

正确理解国家立法权内部配置,应当重新确立关于立法权本质属性和国家立法权内部配置所涉基础关系的统一认识,并在此基础上结合我国实践,构建一套适合我国国家立法权内部配置的方法规则。具体来说,立法权的实质构造是一种权力簇,其一方面是宏观的、整体性的、制度化的权威,代表着一种共同意志的集体权力;另一方面,其在现实化过程中,又分解在了各组织之间,成为各立法权限,形成权力结构。因此,国家立法权内部配置是被分解在立法组织中各具体立法权限的适当调配,其基础关系是组织与权力的关系。当前我国国家立法权内部配置制度困境的解决,应当在充分理解前述基础关系的前提下,重新确立统一的权力内部配置指导理论。权力哲学和组织理论的发展逐渐揭示出通过互动性的视角统一理解组织与权力关系的路径:权力被理解为一种特定的社会互动信息传播网络,而组织则是该网络的现实载体,权力内部配置问题的实质由此被转化为此网络结构的配置。网络结构配置的优化有赖于集中式网络和分散式网络这一对基础模式的配合;投射在国家立法权内部配置层面,则意味着其优化需要以集中和分散配置的基础理论为指引,在具体立法组织中实现集中式权力网络与分立式权力网络的相互统一、有机融合。

第三章

我国国家立法权内部集中与分散配置的基础理论

如前文所述,权力内部配置的基础模式是集中式权力网络结构与分散式权力网络结构;实践国家立法权内部配置所追求的方向应当是实现集中式权力网络结构与分散式权力网络结构的有机融合。在具体实践中展现这种有机融合,则必然需要对权力与组织集中配置和分散配置背后的基础理论予以充分的理解,进而方能有效运用相应理论来指导权力网络结构设计的实践。基于我国国家立法权内部配置实践的具体背景和制度经验,权力集中配置和分散配置的基础理论在我国具体呈现为民主集中制与人民共和两大原则。分析中国实践中这两个原则的具体内涵、中国特色以及其对国家立法权内部配置的指导意义,能够全面整理国家立法权进行内部配置的基础理论,为国家立法权内部配置的优化提供参考。

第一节　共和理念指引下的权力分散配置及其与立法的关系

本书讨论的核心是作为国家立法机关和代议机构——全国人大及其常委会国家立法权的内部配置。依照相关权力理论,一种立法机关中的权力分立理论与共和理念密切相关。因此,本书讨论试图通过理解共和的政治哲学理论,分析共和理论对权力分散配置的指引意义,厘清共和与立法之间的关系,以找寻权力分散配置的基础理论。

一、共和理念及其内涵

尽管在我国古代,"共和"一词亦有出现,但与立法机关和权力分立理论相关联的共和理念的源头,还是要到西方共和思想中追根溯源,以理解整体理论脉络。西方共和思想的发展历经了从古典共和到新共和的不断螺旋上升历程,分析其理论过程,梳理相应思想脉络,有助于我们理解共和理念的核心内涵,促进对分散式权力网络结构设计背后指导理论的理解。

(一)从古典到现代:共和理念的发展

1. 古典共和主义

尽管从词源意义上看,由源于拉丁文"*res publica*"一词的"共和国"而衍生的共和理念或者说共和主义，毋庸置疑是一种罗马传统。但这一传统本身的理论渊源在政治哲学领域有着更为悠久的历史。“*res publica*”本就是西塞罗对希腊语中“πολιτεία”一词的拉丁化翻译。在希腊语中的“πολιτεία”，正是柏拉图所论述的“理想国”，晚近也有学者将其翻译为“政制”。[1] 因此，共和主义本身虽在罗马被真正阐述，但其理论源头，仍可归结于柏拉图和亚里士多德那些关于混合政体的讨论。尤其是亚里士多德在其《政治学》一书的卷四至卷六关于各类政体的分类分析中，他对最好政体的方案强调中产阶级的统合作用，追求一种具有调和色彩的共和制，以及对政权的分享。

及至古罗马时期，西塞罗对罗马共和国进行了阐释，将“*res publica*”定义为“人民的事业”，并进一步解释“是于多人根据正义观(法)的一致和利益上的伙伴关系而形成的共同体”。[2] 由此，西塞罗引申出了关于共和国或者说共和主义的几点核心阐释。

首先，共和国是一种人民共有之物。[3] 西塞罗通过对罗马历史的详细回顾，揭示了其所追求的这种共和国之公共价值不是民主制意义上的全民所有，也非王制或贵族单一阶层对国家权力的控制；而是一种抽象意义上的共同参与，一种公共的事务。共和国(*res publica*)一词，本身即有公共事务的含义。全体公民在国家事务中有休戚与共的利益关联。[4] 这也是共和理念一以贯之的核心内涵——强调公民参与性的渊源。

其次，共和国建立在拥有一致正义理念和共享利益的公民群体之上。不同于现代民主制所表达的公民群体普遍性，西塞罗强调组成国家的公民应当是一种具备一致正义观念(或翻译为法权的一致或关于法的合意[5])且分享一致利益的一种共同体。这意味着国家的统治者并非普及至全体的国民。同时，西塞罗还强调这种统一且一致的意义，正如他在《论共和国》第

---

〔1〕刘小枫：《政制与王者——关注柏拉图 Politeia 的汉译书名》，载《求是学刊》2013 年第 2 期。

〔2〕*res publica res populi, populus autem non omnis hominum coetus quoquo modo congre - gatus, sed coetus multitudinis iuris consensu et utilitatis communione sociatus.* 译文版本参见［古罗马］西塞罗：《论共和国》，王焕生译，中国政法大学出版社 1997 年版，第 39 页。

〔3〕郑戈：《共和主义宪制的西塞罗表述》，载《中国法律评论》2015 年第 2 期。

〔4〕Harriet I. Flower, *Roman Republics*, Princeton University Press, 2011, p. 11.

〔5〕［古罗马］西塞罗：《论共和国》，王焕生译，上海人民出版社 2006 年版，第 75 页。

一卷中借莱利乌斯之口的感慨："但愿我们有统一的元老院和统一的人民。"[6] 在此西塞罗试图将罗马共和国塑造成一种"被统治者也有份参与的政府形式"，[7] 并为共和国（国家）赋予了一种道义上的要求。但不可否认的是，在此处西塞罗间接承认了那些不一致的国民或者说被排除在统治之外群体的存在。此外，西塞罗还认为，正义在共和国中具有重要的作用，认为正义是促成国家协调之物。西塞罗在此部分继承了古希腊政治哲学中的公民德性思想，[8] 事实上对公共事务（共和国）的参与者提出了正义的德性要求。

最后，共和国是一种公共利益的呈现，其立法的基础是人民福祉，而非人民的共同意志。由于共和国同时又是一种公共事务，这意味着对公共利益的保障是其制度核心。这种核心揭示了混合宪制的必要性，单一群体的统治往往会塑造一种不公正，而如果统治者行事不公正，那么"（共和国）不是人民的事业……人民本身也已经不是人民"。[9] 因此，共和的体制是为了强调保障所有群体的利益。同时，公共利益也应当以人民的福祉而非人民意志为准。

前述生发自古希腊，而由西塞罗所阐述的共和主义思想，在政治哲学上被划分为"古典共和主义"。前文的一些观点，也可以深刻地揭示出古典共和主义与现代民主制的几点核心差异。首先，古典共和制并不强调人民意志的主导作用。国家统治的正当性虽然被要求存在"正义"这种联合协调全体公民的道德正当性，但这种正义是源自人民的福祉，而非人民的意志本

---

〔6〕［古罗马］西塞罗：《论共和国》，王焕生译，上海人民出版社 2006 年版，第 67 页。

〔7〕郑戈：《共和主义宪制的西塞罗表述》，载《中国法律评论》2015 年第 2 期。

〔8〕在古希腊，公民被要求具有"公民德性"（civic virtue）。柏拉图提出的"希腊四德"就是对于其的描述与总结。亚里士多德的论述则为公民精神注入了更多的公共性。"他应该懂得作为统治者，怎样治理自由的人们，而作为自由人之一又须知道怎样接受他人的统治——这就是一个好公民的品德。"参见［古希腊］亚里士多德：《政治学》，吴寿彭译，商务印书馆 1983 年版，第 127 页。

〔9〕［古罗马］西塞罗：《论共和国》，王焕生译，上海人民出版社 2006 年版，第 203 页。

身。[10] 因此,古典共和主义的“共和”虽然与君主制存在差异,但其并不具备近现代革命中反对君主专制统治,强调民主意志统治的意义。其次,古典共和制强调共和制构建于拥有一致的正义与利益的人民之上,而非单纯的全民普遍。不同于近代后民主制对民主普遍性的强调,古典共和制虽然承认民主的部分价值,但仍保留着这一流派传统上对于普遍民主制的警惕。古典共和制对构成其共同体的人民提出了认同要求,即只有在一致的正义观和利益基础上,方才能构成统一共和下的人民群体。

此外,观察古典共和主义的相关观点论述可以发现:虽然在古典共和主义中出现诸如古希腊所使用的“政制”表达,但在其时的共和国或者说共和制,并不是后世为我们理解的那种组织政权的形式,即并非一种政体。无论是共和制所指代的“上、中、下各种阶层协调意见组成国家”[11] 混合宪制设计,还是自亚里士多德开始便将共和制与民主制、贵族制和王制等模式并列的阐述方式,都揭示着在古典共和主义中“共和制”并非指向一种相对于君主制的组织政权形式,而更多强调的是一种国家应由怎样的统治阶级来支配政权。换言之,在古典共和主义中,共和国或者共和制具备着国体的意义。

2. 现代共和主义

随着 15 世纪起地中海及西欧地区贸易发展带来的经济结构转变,近代意义上民族国家人民的自治要求开始萌发。此时被封建制禁锢多年的共和主义者开始通过重述一个“罗马共和国”式的价值观,回应现实中新兴势力的政治诉求。自此,共和主义重新走上了历史舞台。共和主义“自由以参与自治为基础”[12] 的理论核心虽然直接呼应了新兴政治势力(资产阶级)参与自治的诉求,但它很快就遭遇了一个在古典共和时代并未遇到的问题,即主

[10] 此处存在一个正义与法的同意转换。西塞罗认为共和国建立在人民正义观(法)的一致性上。而法来自诸神的正确理性,立法的意义在于通过现实的确立法律规则,命令人们行正直之事,防止公共利益被某些具有野心和私利之人的权力意志武断欺凌。同时,作为立法恰当疆域的公共利益应当以人民的福祉而非人民的意志为准,因为人民的意志可能是无谋的,并不能真实地体现真正的公共利益和正义所在。

[11] [古罗马]西塞罗:《论共和国》,王焕生译,上海人民出版社 2006 年版,第 201 页。

[12] [美]迈克尔·桑德尔:《公共哲学:政治中的道德问题》,朱东华等译,中国人民大学出版社 2013 年版,第 6 页。

权问题。无论是古希腊还是古罗马,其政制的运行与讨论事实上都并未涉及主权问题。[13] 因此,想要"重返罗马"的共和主义者在主权问题上遭遇到了一种过去未曾被古典共和主义者论述过的适应性挑战。主权这一概念本身是为表述统治者或者是国家所掌握的至高特权,而这显然与共和主义所宣扬的公民参与自治、构架多中心的混合宪制存在张力。但自从主权概念被揭示之后,在君主统治与共和国方案的斗争实践中,主权这种特权要求的表达早已成为二者体制优劣之争的关键点,是以共和主义者必然需要对此有所回应。此时共和主义者开始试图脱离古典共和主义的讨论框架,重新建构共和主义理论,现代共和主义就此诞生。

面对主权问题的挑战,一方面,共和主义者需要回答混合宪制如何对应具有特权意义的唯一主权;另一方面,共和主义者还需要解决统治者的主权与人民的自治要求之间的关系问题。针对前述两个问题,现代共和主义者从不同角度出发,各有侧重地分离为两种方向,进而衍生出两种共和主义的进路:一种以卢梭为代表,他以共和主义中的公民观念为基础,直面了主权问题。卢梭继承了自古希腊开始关于公民德性和参与的核心观念,开创性地建构了人民主权学说。他以人民的自治参与为起点,将统治者与人民融合,解决了主权问题,并借用一种社会契约的模式尝试在规范层面确立共和以及激进民主作为现代共同体不可或缺的正当性原则。[14] 这形成了共和主义中被称为"公民共和主义"(civic republicanism)的共和思想。值得指出的是,卢梭关乎共和的论述,与直接民主或者说人民民主紧密相连,这也导致了在民国时期的诸多作品中曾将"直接民主"的意义直接表述为"共和"。另一种现代共和主义的进路,则是避开了主权问题的直接讨论,脱离了古典时代具备国体意义的表达,即不再讨论国家权力由何种混合阶层支配的问题,而是直接将共和制回归为一个政体问题。这一派别继承发扬了古典共和主义中的混合宪制理念,在发扬共和主义的同时,否定了古典罗马共和国和文艺复兴时期意大利的共和国。以美国为例,美国的建国者们通过分权制衡的理念,为一个拥有众多人口、广袤疆域和复杂商业网络的国家重新设

---

〔13〕 高全喜:《论共和政体》,载《中国政法大学学报》2008 年第 4 期。

〔14〕 万健琳:《公民与制度:共和主义两条进路的分立与复合》,载《哲学动态》2010 年第 3 期。

计一种新的共和秩序。[15] 这是被称为制度共和主义(constitutional republicanism)的另一条共和主义路径。

以卢梭为代表的公民共和主义虽然以社会契约的模式回应了人民自治与统治者主权关系问题,但应当指出的是,社会契约理论本身仍是一条建立于自由观念基础上的理论路径。在社会契约理论中,在理性选择之下人们通过让渡天赋的自然权利,以承认国家对自由施加的外在限制。[16] 这一起点,事实上在很大程度上受到了自由主义学说的影响。"基于人性的自然权利是国家的起点"这一观念,本身也是自由主义的理论支点。换言之,卢梭所使用的是一种以个体自由为起点的模式来建构其主权学说。然而,关于"自由"的概念,在传统上是自由主义政治哲学的强项。[17] 同时,随着资本主义社会的发展,自由主义逐渐成为主流。以自由主义所导向的理论设计以及其所认同的对自由外在限制的观念,与卢梭式的理念有着巨大的区别。在自由主义者看来,"公民共和主义"下的社会契约所展示的强法制主义模式下的权力代理模型,单向地赋予了主权者过大的权力。[18] 卢梭又恰恰出于共和主义的理念,对人民的美德抱有良好的信任与期待。[19] 同时,卢梭式的共和主义理念作为欧陆革命的思想武器,在推动民主革命的同时,也带来了诸多民粹化运动的动荡。由于这种历史实践的失败,其理念更受到西方主流理论家的贬抑。[20] 或者说,自由主义者站在自由观这一自身擅长的基点上向公民共和主义提出了挑战。

以贡斯当和伯林为代表的自由主义者通过关于自由的划分,指责共和主义中的"积极自由"存在危险。贡斯当本人对古代人的自由所做的有如讽刺漫画式的描述、对卢梭的挖苦以及将这种自由与专职、奴役、暴政、小国寡

---

〔15〕[美]戴维·赫尔德:《民主的模式》,燕继荣译,中央编译出版社2008年版,第87页。

〔16〕Luc J. Wintgens, *Legitimacy and Legitimation from the Legisprudential Perspective*, Oxford Hart, 2007, p. 294.

〔17〕田飞龙:《共存而优先——一种常态政治下的政治宪法理论》,载《北京航空航天大学学报(社会科学版)》2014年第3期。

〔18〕宋方青、姜孝贤:《立法法理学探析》,载《法律科学(西北政法大学学报)》2013年第6期。

〔19〕万健琳:《公民与制度:共和主义两条进路的分立与复合》,载《哲学动态》2010年第3期。

〔20〕田飞龙:《共存而优先——一种常态政治下的政治宪法理论》,载《北京航空航天大学学报(社会科学版)》2014年第3期。

民、法国大革命的血色恐怖、禁欲主义和军国主义等联系在一起，[21]而伯林则认为积极自由的危险源于自我的分立与交战，理智的、真实的自我还会被视为某种比个人更广泛之物，或者说积极自由所面对的行动范围更容易将其转化为一种非个体的影响。积极自由的危险就在于多数会以自由之名义对少数的个体自由实施压迫。[22]。

由于前述这种对公民共和主义的反对，最终的结果是在思想领域中自由主义大行其道；在国家理念建构上，自由主义更实现了与早先形成主权均衡式共和国家的英美制度共和主义政体架构方案合流，最终衍生出"个人消极自由 + 国家分权制衡"蓝本的西方资本主义国家建构理论。这一观念构成了长达数个世纪的欧美政治哲学主流价值观，直至今日依然对现代社会产生着重要的影响。然而，随着历史的发展，这种构成主流价值观的结合遭到了越来越多的质疑。一个很重要的原因就是，在自由主义框架下的美式分权制衡共和国设计中，虽然其实践了共和主义关于混合宪制的理想，但也忽视了作为国家参与者的人民。与自由主义结合的制度共和主义，虽然避开了在自由概念问题上的理论不足，但这种回避也因此使自身失去了共和主义的一个重要基础——公民身份。具备一致德性观念的人民正是一个实质上共和国的基础。公民共和理念的缺失，导致了公民概念的衰落。时至今日，在全世界范围内，公民的政治参与都存在弱化的趋势。以美国纽约为例，2013 年的普选投票率只有 25%。[23] 个人参与的衰落、公民美德的丧失，消极自由观念所带来的政治冷漠成为西方资本主义国家的通病。同时，消极自由观念构成的自由主义与共和主义内在的疏离，也造成了制度共和主义在共和实现上的核心矛盾：依靠制度提供的消极自由，无法回应如何缔造一个真正的共和的问题。又或者说，消极的公民，难以成就一个真正整合公共利益的共和国。这种矛盾在现实中的典型就是以美国为代表的西方诸国目前出现的一些内部紧张：枪支泛滥与禁枪之间的冲突、政治正确与反政治正确的争议等，都在当今西方国家制造着内部撕裂的思想鸿沟。

---

〔21〕 徐宗立：《共和的法理，一项历史的研究》，社会科学文献出版社 2012 年版，第 81 页。

〔22〕 [英]伯林：《自由论》，胡传胜译，译林出版社 2003 年版，第 204 页。

〔23〕 程亚惠：《美纽约投票率现史上最低　官员呼吁减少投票障碍》，载环球网，http://w. huanqiu. com/r/MV8wXzg3OTg1NzBfMTM4XzE0NTk4NDU0ODA = ，最后访问日期：2022 年 2 月 15 日。

3. 新共和主义与集体自治的精神内核

针对前述的弊端,20 世纪中期开始,新共和主义逐渐兴起,理论家们试图以一种新的共和主义视角重新解构当前欧美的主流政体理论,强调公民参与的价值,试图消解消极自由带来的种种问题。新共和主义所面临的最重要的问题便是如何在理论上针对自由问题予以重新阐释,以回应来自自由主义者的抨击。菲利普·佩迪特(Philip Pettit)改变了过往共和主义的理解角度,重新建构了共和主义中的自由这个核心的理念,以此回答"消极自由"的问题。佩迪特首先解构了伯林自由理论中的"干涉"概念,他认为伯林关于"干涉"与自由关系的认识存在偏差,并描述了"支配"作为自由反对物的意义。同时,他将共和主义的自由观描绘为一种"无支配的自由",认为其"既是消极的也是积极的"〔24〕。在功能性方面,"无支配的自由"在消极方面"要求免于他人的支配,但并不必然要求实现自主",在积极方面"要求防止干涉的保障"〔25〕。自此,佩迪特从理论上解决了来自自由主义者的反对,并沿着"无支配的自由"这一路径,重新建构起针对欧美主流政治体制设计的共和主义理论体系。新共和主义者认为此自由的内核是共和国需要维护的首要价值,而如前所述"无支配的自由"同时兼具积极与消极的方面。这就要求共和国为了维护这种首要价值,一方面,积极地提供一定程度的干涉的制度供给;另一方面,又要防范共和国本身成为一种超越共和主义自由观的支配性力量,影响"无支配的自由"实现。达致前述要求,共和国需要以共同的公共利益为自己的唯一行动准则,并提供表达和维护共同利益的参与机制。

新共和主义内部亦存在不同的研究进入与批判诉求,甚至严格地说,这场复兴运动并不是一个连贯一致的整体。〔26〕尽管相关理论者都宣称自己在重塑共和主义的价值,但从研究方向和议题来看,这些观点表达在话语基础上依然存在较大的分野。总体来看,在新共和主义的思想中,依然可以区分为新雅典共和主义和新罗马共和主义两条截然不同的道路,具体而言:

---

〔24〕 [澳]菲利普·佩迪特:《共和主义:一种关于自由与政府的理论》,刘训练译,江苏人民出版社 2006 年版,第 68 页。

〔25〕 [澳]菲利普·佩迪特:《共和主义:一种关于自由与政府的理论》,刘训练译,江苏人民出版社 2006 年版,第 68 页。

〔26〕 刘擎:《反思共和主义的复兴:一个批判性的考察》,载《学术界》2006 年第 4 期。

新雅典共和主义,指向起源于雅典的共和主义思路。这种理论的核心论域与雅典式的古典共和主义有着思想谱系上的继承关系。20 世纪 50 年代,“剑桥历史学派”开启了政治思想史的范式革命,学者们开始重述那些传统理解上似乎已经被定论的伟大思想。波考克通过思想史的历史梳理,重新整理出一条从亚里士多德、马基雅维利到美国建国者的共和主义传统历史主线,从而论证雅典式的公民美德和爱国精神的传统相较于强调个人权利保护的自由主义对近代欧美政治体制的形成有着更重要的影响。在汉娜·阿伦特研究的基础上,理论家们对以政治参与和公民美德等为主要思想的公民人文主义的现代意义进行了深入的阐释。在新雅典共和主义的论域里,政治参与有着至关重要的意义,“相较于其他生活领域,政治生活更能赋予生死之间的人们以真实性(reality of existence)”。[27] 就如雅典时期的理论家那样,公众的政治生活被视为人的本质和自我实现的必要道路。从这种思想内核中可以明显发现,新雅典共和主义继承并发展了直接民主式的公民自治参与道路。

相较于新雅典共和主义的强势共和主义(strong republicanism)意味,新罗马共和主义对公民参与的热情显然并没有前者那么强烈。在历史的梳理上,以昆廷·斯金纳(Quentin Skinner)与伯纳德·贝林(Bernard Bailyn)为代表的新罗马共和主义者认为欧美的共和国传统事实上源于罗马的共和国,并从 15 世纪意大利的城市共和国发展而来。公民的德性与直接的政治参与在这里同样也不是共和主义的核心,并不是通向内在善的道路。毋宁说新罗马共和主义者并不完全相信一种形而上的“善”的存在。新罗马共和主义关于自由与共和价值的认知是佩迪特的“无支配的自由”路线,即通过构建一个具有共同价值的法律统治的共和国来防止对部分公民的支配和奴役。在这里,公民的政治参与是手段而非目的,应当在宪法和法律创造中,构造基于社会成员共同利益的宪法和法律体系,使其具有延续性的集体自治功能,最终实现共和的价值。

尽管前述的新雅典共和主义和新罗马共和主义存在认识与进路上的区别,但其思想内核存在一致性。综合前述共和主义理论变迁可以发现,从古

---

〔27〕 Arendt H., *Between Past and Future*, Penguin Books, 1977, p. 228.

典共和主义到新共和主义，共和主义的核心理念事实上是围绕着自治（权力）问题所展开的。这一传统不仅存在于亚里士多德、卢梭的著述，还体现在马基雅维利、哈林顿、孟德斯鸠以及美国的国父们的理论之中，[28]更存在于新共和主义者的论述中。新雅典共和主义和新罗马共和主义，无论其实现方式是一种强调公民直接参与的政治生活实现，还是强调构建一个基于共同价值的宪制体系，最终都是在实现一种共同体的集体自治。这并非偶然，而是共和主义理论的必然延伸。共和主义的理论出发点，在于对共和国本身意义的判断，或者说源于一种对主体价值的追求。换言之，共和主义是对价值的选择以及用这种选择来控制政治和私人生活问题。在所有共和主义者看来，共和国的价值是一种人民的共同事业，即公共事务。为了实现对这种价值的保障，有赖于人民与共和国之间的互动，申言之，是在公共领域之中，作为共和国成员的人民去实践一种结构式的政治参与行动，即“自治”（self - rule）的活动。因此，无论是传统共和主义，还是新共和主义，无论是雅典的全民参与路线，还是罗马的制度保障公民，一个可以整合共和主义观念的核心，就是共同体实现自治的意义。或许可以说，古往今来的共和主义主要是谈论在一个（以国家为单位的）共同体中人们如何实现更好自治的问题。这种基于“自治”对维护共同体中人民实质参与价值的重视，很大程度上与后文所讨论之“人民共和”存在一定程度上的内在一致性。又或者说，马克思讨论的“人民共和”在更高的层次上，展示着古往今来共和主义所强调的核心价值。

（二）对共和理念的解读——源于二阶观察的修正理念

一种“自治”（self - rule）的实现是共和所追求之思想内核。如果再进一步深入分析可以发现，共和主义者所追求的这种“自治”并不是仅指一种单纯的自我管理，而是一种更高要求的集体智慧和共同体塑造。也就是说，在所有共和主义者的理解当中，这种“自治”所要求的基础是一种复杂逻辑层次的理性指引，是一种具备“二阶观察”的理性意志。

---

〔28〕 Nelson E., *The Greek Tradition in Republican Thought*, Cambridge University Press, 2006, p. 15.

人作为行动者，在行动中会展示出自我的分层模式（stratification model），[29]即对行动进行一个二阶的观察，开展反思性监控。这是人的意志结构决定的，是人的本质特征，是人与其他物种的一个本质区别。[30] 这种对行动的反思性监控不仅仅是针对自身的活动流，还涉及他人。这意味着行动者对自身活动的根据始终保持"理论性的理解"，[31]也即一种理性的摆脱欲望的要求。在自治这种展现自我意志的政治行动中，共和国的人民为了实现共和国的价值，必然要对政治过程这种集体的行动施加理性的反思性监控。这就要求人们应当尽力将政治活动塑造成为一种审慎的思考过程，而非简单地视为"各种感性欲望或非共同利益之其他利益的产物"。[32]（这同时也回答了公民共和主义为何不是民粹主义的问题）从这个角度看，共和即一种基于对人的政治行动反思性监控后所提出的实现主体价值之自治模式。

在本书第二章中曾经具体论述过，组织与权力是同一对象的内容和形式两方面，所展现的都是一种通过信息网络所形成的一套反思性监控后的社会整合的简化机制。这正好与共和的这种反思性监控内涵一致。更深入地理解，共和理念的反思性监控实质上是组织与权力这种社会整合机制中某一领域的一种具体思路。换言之，共和理念中的这种反思性监控意义，实则是一种组织与权力问题在国家政治体制构造中的投射，其基础都是反思后对集体行动的一套整合方式。这也表明，所有共和主义的核心内涵——共同体的集体自治实践，与权力的现实化问题有着相同的意义。共和理念的塑造，实质必然是追求与组织和权力配置优化相结合。因此，在公共领域中作为集体行动的自治，事实上就是一种具体实现对权力进行支配的问题。"所有政治制度都是权力的表现形式与具体化"，[33]换言之，在共和的理论中，共和国的价值决定了反思性政治行动的监控对象是一种集体自治，即权力结构问题。事实上，总结古往今来共和主义的思想也可以清晰地发现，共和主义者一直以来都致力于解决由谁、为什么目的或价值，通过何种具体方

[29]　[英]吉登斯：《社会的构成》，李康、李猛译，中国人民大学出版社2017年版，第3页。

[30]　[美]法兰克福：《事关己者》，段素革译，浙江大学出版社2011年版，第275页。

[31]　[英]吉登斯：《社会的构成》，李康、李猛译，中国人民大学出版社2017年版，第5页。

[32]　徐宗立：《共和的法理，一项历史的研究》，社会科学文献出版社2012年版，第124页。

[33]　Ardent H., *On Violence*, Harcourt Brace Jovanovich Book, 1970, p. 41.

式支配权力的问题。因此，权力是共和的核心理念。总结而言，共和理念是在反思性监控（理性）后的一种具备修正意义的权力结构构造理念。

综合来看，从古至今的共和主义，事实上都呈现出一种反思性监控的二阶观察意义。在古典时期，亚里士多德以及其思想继承者西塞罗在阐述共和制思想时，都是在对比了君主制、贵族制等诸多政制的基础上，进而提出了共和的混合政体，并通过反思其他政制的优缺点，从而揭示共和制度的优越意义。自启蒙时期开始的现代共和主义思想，则更多针对中世纪以来的欧陆君主专制统治提出，形成了一种排他性共和主义的思路，并结合了部分自由主义的社会契约传统和民主政治观念，构造出人民主权、分权制衡等近代西方宪制的基础权力理念。进入20世纪后的新共和主义，则是在批判并重构自由观的基础上，针对现代民主政治的弊端，反思并重塑一套以自治为核心的权力结构构造与运用逻辑。因此，共和的理念集中呈现为一种基于对国家权力具体配置的反思性建构理念。

二、共和指引的分散式网络权力结构

虽然前述的总结揭示了共和理念的实质是围绕权力这一核心所展开，其是一种二阶观察基础上的权力结构构造理念。但这仅是一种对共和的描述，而并未完整回答共和理念所追求的本质问题。这便引起进一步的追问：共和理念具体追求的核心权力观念是什么？换言之，共和理念在反思的基础上，提出了怎样的一套权力结构逻辑？回应这个问题，有必要回溯共和这一提法的本源。共和（*res publica*）一词，本身有公共事务的含义，其他用法也多指向具备公共意义的“公共利益”“公共物”“共同体”。[34] 换言之，其包括共有和公共的含义。这也是其在汉语中被翻译为“共和”的原因。因此，共和理念所追求的权力结构逻辑，是如何实现权力的公共化问题。又或者说，是寻求一种对权力共同支配的方式。古往今来无数共和主义者的核心追求，正是试图寻求一种在共和国中通过共同支配国家权力，来保障共同体内成员共同利益的最佳方式。因此，无论是公民共和主义所追求的人民主权，还是制度共和主义所设计的分权理念，以及新共和主义者提倡的公民

〔34〕 M. Schofield, *Cicero's Definition of Res Publica*, in J. G. F. Powell ed., Cicero the Philosopher: Twelve Papers, Clarendon Press, 1995, p. 66.

参与、慎议民主,都是在通过反思性监控,不断优化国家权力的共同支配,进而建构一个价值追求上的共和之国。

(一)共和的权力观

共和理念所指引的权力观,即一种实现国家权力的共同支配。这种共同支配的理念,恰恰是分散式权力网络结构的形而上理论和核心理念。如前文所述,共和理念的核心,是一种集体的自治,是探求一种实现最广泛意义上共同权力支配的方式,以保障共和国人民的共同利益。也就是说,共和的理念,期待着更广泛意义上的主体进入权力支配的领域,并共同地掌握整体的国家权力。这在不同的共和主义进路中演化为不同的具体方案。例如,在公民共和主义和新雅典共和主义中就强调直接民主的重要性,强调全体公民实现对国家权力的掌握。在制度共和主义和新罗马共和主义中就强调不同主体对全体的共同且分别掌握。但综合来看,这种理念在权力结构的具体构造问题上集中体现为追求一种广域的权力主体和权力分布。对社会互动信息网络视域的权力理解而言:第一,权力主体的数量增加,意味着在行动中能够传递影响他者的信息的行动者数量会增加,即信息网络中拥有决策功能的节点将会递增。同时,对权力的共同支配,则意味着这些能够传递信息的行动者处于相对平行地位,并不是一种单一来源并渐次串联的单一链条。也就是说,这种广域权力主体的构造,意味着一种多中心并更加复杂化的社会互动信息传递网络。换言之,即一种分散式网络的权力结构。总体来说,共和理念的共同支配权力观,必然导致一种分散式网络权力结构,形成权力分工的分立样态。第二,共和理念中的广域权力主体追求,也意味着前述的分散式网络权力结构并非一种封闭的系统,相反,这是一个开放的、具有互动性的信息决策系统。如本书所述,卢梭通过社会契约的理论构造了人民主权学说,解决了主权的至高特性与公民的主体参与之间的张力,为近现代的共和国家政体提供了统治正当性。另外,传统的社会契约论构造的是一种单向的权力代理模型,这意味着这种正当化链条是单向的,具有不可逆转性。这种社会契约无法回应权力代理为公民自身行动设置外在限制的问题。换言之,这种一次性的、无互动的政治参与无法解决后宪法时代的公民参与危机。因此,新共和主义等创新的共和理念要求一种具有互动性的社会契约模型，即权力代理并非不被限制的完全代理，其需要通过论证来明确其对自由提供外在限制的必要性。[35] 主体的广域追求，同时是一种具有互动性的决策开放。权力主体的权力决策并不是单纯的自我决定，而是与更大规模，或者说是与整体社会价值互动的产物，最终需要实现权力决策的审慎和共同参与。

因此，综合而言，在前述思路的指引之下，共和为权力的结构设置与运行本身提供了以下一些具体理念：

首先，权力公共。共和的权力观，首先表现出一种国家权力公共化的内涵。如前所述，公共性是共和的基础内容。共和理念关于权力配置的出发点，是一种共和国人民自治的实现。因此，共和理念所呈现的是一种自治实现过程的公共化。无论是古典时代的混合宪制表达，还是近代之后的公民共和主义与制度共和主义，都强调这样"一种公民参与主权构成以及政治治理"[36] 的主权共享意义。这种从自治参与式开始的权力公共理念，其中蕴含着共和主义者试图实现人类自我支配，掌控自身命运的政治理想，表达出其相对于少数寡头统治或君主独裁统治的权力支配普遍性意义。因此，共和理念所表示的权力观要求塑造一种国家权力公共化的权力配置模式。

其次，权力分工。共和的权力观，是一种承认分化并对权力分工的理念。权力分工回应了权力共同支配这一共和理念的本质追求。共和理念所追求的是一种理性统治的模式，这要求实现一种自由而平等的公民共同支配权力，而非少数人或少数群体来支配国家权力，实现权力的分工，有助于权力被更多地分配到更多人或组织手中，减少由于独断或少数人意志的恣意对理性统治的共和国的干涉。同时，作为一种二阶观察式的反思性监控后建构理念，共和的权力理念建立在一种反思理性的基础上。因此，共和理念要求其权力支配是一种基于理性的统治。这便需要共和理念明晰并顺应权力运转的规律。在复杂化的社会，国家权力的使用必然会基于社会现实的分工化，而演绎出一种功能性主导的分化需求。为了顺应这种需求，在反思理性之上的共和权力观也因此会存在一种权力分工的理念。因此，共和

---

[35] Luc J. Wintgens, *Legisprudence：Practical Reason in Legislation*, Ashgate Publishing, 2012, p. 300.

[36] 徐宗立：《共和的法理，一项历史的研究》，社会科学文献出版社 2012 年版，第 145 页。

理念的权力观要求权力依照理性的规律予以分化。

再次,权力平衡。共和的权力观,还要求分化的国家权力配置平衡。在共和理念的传统中,一直以来都存在主体上的自由平等要求。亚里士多德在《政治学》中就曾区分城邦政治治理与野蛮民族的统治两种政治社会的组建模式。"自由平等者之间的共同治理模式"和"主人—奴隶模式"被区分开。因此,可以说主体上的平等价值,是共和理念的核心范畴。这在权力配置观念上要求权力的掌握者之间存在平等,方能实现一种权力的共同支配。此外,无论是古典时代的混合宪制还是近代的制度共和主义,共和理念都试图在观察可能遭致衰亡和破灭的其他政制的基础上,完成一种稳定政体的结构设计。可以说,对摆脱人类自我命运的稳定政治的追求,是共和主义者一直以来的政治理想。遵循着这一理想,在理性基础上分化权力的同时,共和理念中的权力配置还要求权力不能因分化而对制度的平衡性造成冲击。因此,权力平衡是共和理念的重要组成部分。

最后,慎议民主。共和的权力观还包含一种保障慎议(deliberation)的价值要求。共和理念的传统要求一种审慎的精神内核。为了具备理性的自治的实现,实践权力的共同支配以及对共同利益的保障,需要人们实践一种理性的政治参与,而政治参与并不应仅仅呈现为一种利益竞争的场域。为了共同利益的保障,政治应当存在一种审查机制,以防范人民中,尤其是从个人利益出发的偏好、私利等影响着政治判断。这种审查机制便是集体理性的存在。[37] 集体理性依赖于人民的共同决策,这种共同的决策并不是一种古典时代贝壳放逐式的直接民主议决,而是一种通过话语与协商交换正义观念后的慎议。正如哈林顿在《大洋国》中的描述一样,要求人们"在公共餐桌上表现得克己复礼"[38]。因此,共和的权力观要求共和的权力实践保障一种商谈(discourse)而非决断(decision)。

(二)分散式网络权力结构的适用场域

共和理念对于分散式网络权力结构的上述要求,不仅仅为分散的权力体制提供了一种明确的内在结构范式,同时明确了一种分散式网络权力结

---

〔37〕［古希腊］亚里士多德:《政治学》,吴寿彭译,商务印书馆1983年版,第146页。

〔38〕［英］詹姆士·哈林顿:《大洋国》,何新译,商务印书馆1996年版,第23页。

构适用的具体场域，指引着相应组织与权力分配的理念。结合前述讨论，分散式网络权力结构的适用场域存在于以下方面：

首先，分散式网络权力结构适用于需要对复杂化的不同任务予以反馈应对的制度情境。如前文所述，当前的社会现实存在复杂化趋势，为了回应这种治理对象的复杂化，必然需要一种基于理性规律的分工处置：要求权力能够针对不同任务需求，实现不同制度目标效用，最终实现一种基于理性的统治。同时，针对不同任务的不同权力决策开展，本身也实现着一种慎议的要求，以保障最终权力运用的审慎。当今时代的治理大多需要面对这种任务复杂化的问题，也因此现代政治国家大多会将国家权力进行分工，以不同权力模式处理不同问题。

其次，分散式网络权力结构适用于通过多个平行决策中心协作处理的制度。共和不仅仅包含着一种分工的要求，更要求权力的公共目的价值和权力的平衡化。因此，分散式网络权力结构在具体应用情境中，不仅仅指向一种分化的多中心决策，还要求这些决策中心相对平衡，在总体上对面对的问题予以协作处理，最终达致共同体之善治。诸如立法机关中的委员会制度，即这种多决策中心的协作处理机制。通过不同的平行委员会对不同问题决策权力的运用，在程序中协同一致，最终完成立法活动。

三、共和理念与立法机关的关系：议会的共和塑造

本书对共和理念的研究，目的是解决我国国家立法权内部配置中的分散式网络权力结构问题。因此，在理解了共和理念或者说共和的权力观之后，有必要更进一步讨论共和理念与本书所直接关联的立法之间存在何种关系，方能深入分析共和理念在立法机关中对分散式网络权力结构提出了何种的具体要求和指引。

讨论共和理念与立法的关系，又或者说讨论共和与代议制度的关系，就不得不追溯到对近现代政治体制影响力最广泛的代议机关——英国议会。作为开创了近代国家和近现代议会制度的鼻祖，英国议会与共和理念之间存在往往被人忽视的内在联系。英国议会的共和价值塑造，为后世共和理念与立法之间的关系奠定了理论的基础。

探明英国议会和共和的关系，首先似乎会遭遇一个话语上的障碍，也就

是作为君主立宪制国家的英国似乎从来是被视为一个君主国而不是一个共和国存在。在君主国讨论共和，是否存在谬误？本书认为，要认清这一问题，还需对英国的宪制构架进行一番深入的理解。

首先需要指出的是，共和与君主制本身并不是一组完全对立的概念，共和成为一个"排他性共和主义"的观念，〔39〕事实上源自马基雅维利时代的意大利政治。〔40〕然而，"非君主统治只是共和原则的一个不严格的推论，而不是共和原则本身"。〔41〕关于英国的政体结构，向来存在一定的话语争议。例如，孟德斯鸠就将英国视为一种外表是君主制而实质是共和制的政体。〔42〕这种认识与英国议会的宪制主义密切相关。在17世纪开始的英国，哈林顿代表的激进共和主义、霍布斯的保守主义和洛克的自由主义三种思潮共同构成了其政治传统的底色。在历经了光荣革命等一系列政治变局之后，最终形成的君主立宪体制在很大程度上是这三种思想之间相互的妥协与调和。通过议会，英国构造了君主立宪体制，进而形成了英国的议会宪制主义。尽管英国并没有成为一个明确的人民共和国，确立非君主制的民主体制；但实质上需要我们注意的是，此时卢梭的公民共和主义思想尚未出现，现代共和主义还未通过人民主权完成其构建。此时的英国通过议会实现了一种公共化的权力体制对君主专制的限制。英国国王失去了专制国家君主的独裁地位，而成为这个国家主权象征的虚君，掌握着荣典权，代表着这个国家的尊崇地位。议会则成为这个国家主权的实质拥有者，通过法律统治这个国家。通过议会，英国的这种政体实现了一种君主制和民主制度的连接，构造了一种实质上的混合政体，即英国的议会宪制主义，或者说，英

---

〔39〕"共和主义"与"君主制"（monarchism）相对立是一个历史过程。共和制作为一种与"君主制"相对立的政权组成方式，并非自一诞生就开始的，而更多源自启蒙时期对意大利政治生活观察在政府理论乃至于哲学领域的投射。14世纪至15世纪前后，教皇党与皇帝党所各自支持的政治势力在意大利诸城市之间的军事与政治博弈中，公民政治与世袭领主的统治轮番上演，故而波考克将其称为一种"意大利政治的想象"。

〔40〕马基雅维利在其巨著《君主论》中就明确地描绘着他所认识的政治图景："一切国家要么是共和国，要么是君主国。"自此，在政治哲学的视野里，共和制与君主制就被认识为一组对立的概念。这种二元对立模式论述，逐渐成为叙事主流，并深刻地影响着近现代政治进程及相关学说的发展。具体论述可参见［美］约翰·波考克：《马基雅维利与罗马——作为理想的共和国与作为历史的共和国》，刘训练译，载《政治思想史》2014年第3期。

〔41〕刘海涛：《我们共和》，清华大学出版社2013年版，第282页。

〔42〕［法］孟德斯鸠：《论法的精神》（上），张雁深译，商务印书馆1961年版，第75页。

国的共和体制。

尽管在理论家的认识中,光荣革命之后的英国实践了一种现代意义上的共和——基于其拥有主权,并不是古代的共和国。但实质上在这种宪制践行的初期,英国的议会与国王的双层主权更类似于一种贵族议会与国王的共和。[43] 17、18 世纪的英国议会中,土地贵族依然占据着重要的地位——圈地法案依然在英国源源不断被通过就是明显的例证,事实上直到 1760 ~ 1800 年,圈地法案依然保持着较高的通过率(1916 件通过,566 件否决)[44]——托利党们操纵着英国议会,占据着大部分席位。这种情况一直持续到 19 世纪的英国议会改革:已经逐渐发展的工商业资产阶级对托利党依靠某些甚至已经沉入海底的"衰败选区"控制议员名额的现状极为不满,在 1832 年议会启动了第一次改革,通过《议会改革法案》重新分配了选区和议员席位。但这种分配在很大程度上仅仅有利于大资产阶级,而工人和小资产阶级仍未能获得选举权,最终导致宪章运动爆发。随后出现了 1867 年议会改革、1884 年议会改革等多轮改革,直到 1928 年 21 周岁以上的成年妇女获得选举权,公民普选最终实现。议会逐渐朝向真实的民主代议机构发展。通过议会改革,英国实现了对这种双层主权架构共和模式的进一步夯实。

19 世纪后,理论学界对英国议会共和意义的认识,有了更深入的理解。此时英国人已认为 Republic 的意义,是指一种国家为法律统治的模式,而不论其行政形式如何。[45] 换言之,在此的意义逐渐取代了反君主制的意义,成为一种对英国共和的理解。[46] 或许在此,英国人回归了霍布斯,1651 年的《利维坦》中,霍布斯正是用"commonwealth"一词来指一种有秩序的国家。作为英国共和制度连接点的议会恰恰正是一个创制法律的主体,通过

---

〔43〕 Thompson S. J. , *Parliamentary Enclosure*, *Property*, *Population*, *and the Decline of Classical Republicanism in Eighteenth - century Britain*, 51 The Historical Journal 621(2008).

〔44〕 Hoppit J. , *Patterns of Parliamentary Legislation*, 1660 - 1800,39 The Historical Journal 109(1996).

〔45〕 Gossman N. J. , *Republicanism in Nineteenth Century England*, 7 International Review of Social History 47(1962).

〔46〕 关于英国理论家使用 commonwealth 和 republic 的过程和对比,参见 Pocock J. G. A. , *States*, *Republics*, *and Empires*: *The American Founding in Early Modern Perspective*,68 Social Science Quarterly 703(1987)。

创制法律,议会方能实践其对国家的统治。因此,英国议会在其基础活动——立法当中展现了共和的价值。

从前文有关论述可以相对清晰地总结出,共和理念的核心追求就是构造一个人民共享权力治理的政治制度。由此衍生出了共和理念的两条基本进路:一条进路自雅典式共和主义而来,历经公民共和主义到新雅典共和主义的发展,强调公民对政治的参与和公民美德的塑造,以杰出精神的塑造来防范公民贪婪、腐化等对公共事业造成的危险;另一条进路由罗马共和主义演进,历经制度共和主义和新罗马共和主义的变造,强调政治治理的反独裁性,通过构造稳定政治体制,分配权力来反对独断和专制的危害。对于英国而言,其历经了革命、战乱与复辟的反复,最终经由议会实践的共和体制,正是后一条路径的集中展现。通过议会立法实践的共和,是通过法律塑造构建一套反集权性的稳定宪制。

这种经由立法实践的共和价值,事实上经历了一场从革命语境与"逆革命"稳定政治的螺旋转换。17 世纪英国共和派与"王政"之间的斗争,核心在于王政以君权神授作为合法性基础,谋求无限的统治权能。这实质上构造了一种独裁和对人的"奴役",而"奴役"意味着自由的沦丧。因此,追求一种免于专断支配的"自由"也就成了共和主义革命纲领的坚核。[47] 同时,在人民主权价值的构造之下,革命获得了一种自我的合法性创造。换言之,民主构造的政治的合法性不再诉诸外者,而自证其基础。在一种源自上帝的超验秩序被颠覆后,人自身以其集体的自由的延展构造了新的绝对性。据此,人民出场的共和政体构造了一种革命语境的政治正确,以获得合法性。然而,17 世纪英国革命当中伴随这种人民出场的革命式的非常状态,最终并未能构造一种共和追求的稳定权力分配和政治治理的反独裁,反而造成了克伦威尔式的从英雄人物走向独裁者的情况。换言之,在革命之后,一种稳定的政治状态构建成为其螺旋上升式的、二阶反思性监控的要求。一如阿伦特所言:"宪法的频繁更迭必定伤及共同善的治理……需要通过一种'逆革命'的宪制构建,来阻止民粹情绪加诸制宪的革命化进程。"[48] 是故,通过议会构建共和的英国最终通过议会立法的模式,将政府置于法律之下,

---

〔47〕[英]斯金纳:《自由主义之前的自由》,李宏图译,三联书店 2003 年版,第 13 ~ 17 页。

〔48〕[美]汉娜·阿伦特:《论革命》,陈周旺译,译林出版社 2011 年版,第 168 页。

通过"法律王国"的构建,形成一套防御性的制度设计,以控制政治权力,防范独裁力量的风险。

同时,通过立法实践的共和价值,也存在保障共同利益之需要的意义。如前文所述,在英国共和的意义,不仅仅以"republic"来表达,同时常采用"commonwealth"这一词汇。共和所求的不仅是一种权力上反独裁,其更是为了实践一种共同之善。这种共同之善并不只是体现为公共事业的治理,也展现为对公共利益的考量。使用"commonwealth"一词,便是将共同之利益作为共和的重要内涵。立法活动,本身即一种利益平衡的场所。共同利益的展现并不存在一种清晰的表达,而是一种博弈平衡的动态妥协。因此,在多元的利益诉求的冲突中,法律提供了一个弥合分歧的制度框架,成为利益交汇的聚合点。"法律之所以存在,因为人们继续不断地评价和重新评估利益。"[49]因此,庞德认为:"法律的功能在于调节、调和与调解各种错杂和冲突的利益。"[50]所以,法律是利益的调和之处。法律的诞生就是利益不断冲突弥合的过程。法律中所呈现的法权并不会天然地反映当前的利益诉求,而必须经由一定程序予以转换,这一程序就是立法的过程。现代法治是建立在一整套以代表制等体制为基础的选举决议制度之上的,民意的选择是民主政治的最重要的实现方式。代议制度通过汇聚民意,做出符合民意的选择,[51]进而反映社会中存在分歧的多元力量。也可以说,多元的利益诉求通过代议制的基本形式,进入民主立法活动当中,并在立法中转化为设定的法权。因此,立法与利益密切相关。立法活动更是一种利益的竞争与平衡。法律作为调节人这种社会动物行为互动的规范,必然涉及的是对多元利益主体间的利益冲突进行协调。这种协调首先体现在立法中。多元的利益主体与利益诉求,在事实上造成了分歧的产生,人们持有着不同的诉求与观念。相应的诉求如前所述,经由代议制的转化,在立法中体现为目标不同、存在分歧的行动者。然而,虽有分歧,但其仍存在于一个共同认同的制度架构中。[52] 对于法律中存在的利益分歧,立法提供了解决框架。在立法

---

〔49〕［英］萨柏恩:《近代国家观念》,许德派译,商务印书馆1957年版,第48页。

〔50〕［美］庞德:《通过法律的社会控制:法律的任务》,沈宗灵等译,商务印书馆1984年版,第89页。

〔51〕周宇骏:《试论民意的感性与理性》,载《广西政法管理干部学院学报》2013年第2期。

〔52〕［美］杰里米·沃尔德伦:《法律与分歧》,王柱国译,法律出版社2009年版,第3页。

这个解决框架当中，立法通过其内在程序和结构，将多元的利益分歧内化到立法工作中，将不同利益诉求予以呈现，促进不同利益诉求之间的竞争，并引导持分歧利益诉求者达成最终协商的结果。因此，霍布斯才将法律视为与对立观点及利益直接的冲突和竞争相关。现代社会的立法实质是“一个利益识别、利益选择、利益调整及利益表达的交涉过程”。[53] 是故，立法是对共同利益的动态表达，是共同利益的保障。

综上所述，立法活动通过其自身的效用，构建反对独裁的权力分配体系，展现共同利益的动态平衡并予以保障，最终实践了共和的价值。英国议会的实践，更缔造了一种通过代议机关来塑造共和的传统，这种传统更渐次展现于各国的共和建构实践当中：法国大革命和共和国肇始于国民议会、美国革命和宪法源于大陆会议，中华人民共和国的成立更是自人民政协会议而起。因此，共和理念与代议机关之间存在容易让人忽视却十分重要的内在联系，这种联系更通过代议机关的重要活动——立法来展现共和的价值。

第二节　人民共和思想指引的我国国家立法权内部分散配置

上一节中关乎共和的诸多理论分析，揭示并阐述了西方共和主义的基本理念及其权力观。发现一个中华人民共和国意义上的共和，并不仅仅来自对西方理论的印鉴，更有必要整理中国自身的理论存在，来发掘这种本土化的共和观念。因此，有必要重述“共和”在中国的历史与当代，追溯中华人民共和国成立以来的基本脉络，厘清共和理念与社会主义中国的张力与融合，分析人民代表大会制度的组织结构和运行价值，进而发掘作为共和国的政体——人民代表大会制中隐含的共和理念，重述对人民代表大会制度中立法权力内部分散配置的理解，以明确我国国家立法权内部分散配置的指导理论。

一、作为国体的共和：从苏维埃到协商立制

19 世纪中叶后，从“天朝上国”迷梦中惊醒的中国逐渐沦为半殖民地国

〔53〕 张斌：《现代立法中利益衡量基本理论初论》，载《国家检察官学院学报》2004 年第 6 期。

家。沉重的社会现实唤起了有识之士的关切，自此探求民族自强道路成为彼时人们共同的追求。随着“西学东渐”的影响深入和清王朝自我改革的失败，西方思想的影响下萌生的对现代民主制度之渴望以及面对民族危亡产生的对国家独立自主之追求〔54〕这两种政治价值诉求逐渐开始合流。自此，中国近代革命的核心问题，便演化成为一个如何构建现代国家政权的问题。在君主立宪、保皇复辟与共和民国的斗争中，共和思想逐渐占据上风，以共和制为政权组织形式的民国建立起来。及至20世纪20年代，“共和”似乎已成为一种深入人心并不言自明的思想，成为中国人民基础的政治认识，包括袁世凯在内的企图复辟帝制者，都已在舆论上被打倒。

然而，这种“不言自明”的共和思想或许并非一种已然成熟的理念，而更多的是被视为一种与“君主制”甚至是“封建君主制”相对的国家政权组织理念而存在。到中华人民共和国成立时，虽也同样选取了“共和”作为新生国家国号的一部分，但作为与“资产阶级专政的共和国”〔55〕相对应的“人民共和国”，此时的“共和国”与1911年之“走向共和”早已差异悬殊。因此，不仅仅是从“君主制”反面的“共和制”的角度，而是对当前的“共和国”的“共和”意义予以重新理解，是认识我国国家政权组织及其权力配置的一个重要视角。

一个新生政权的诞生并非一蹴而就的。盖因一个政权变动的历史，必然是长期以来政治经济文化综合作用的结果。“中华人民共和国”国号的选择虽然是在1949年政治协商会议时方才确定，但对“共和国”的选择，却并非这场会议上代表们“心血来潮”的结果。可以说，共和国是中华人民共和国成立前多年的政治实践与政治准备。因此，若对中华人民共和国中“共和国”构建的历史进行考察，有必要追溯中国共产党政权建设的历史，发掘那些作为“建国后我国法律的渊源”〔56〕的内容，查看隐藏在那些解放区时期、边区时期乃至苏维埃时期制宪文件及政论言说中的思想，分析“共和国”的“共和”何以构建。

---

〔54〕 吴杰华：《多党合作政治协商民主建国——西柏坡时期政治方略的构建逻辑》，载《中央社会主义学院学报》2015年第4期。

〔55〕 《毛泽东选集》（第2卷），人民出版社1991年版，第675页。

〔56〕 蓝全普：《解放区法规概要》，群众出版社1982年版，第1页。

中国共产党历史上中最初使用“共和”与“共和国”一词，见于1922年7月党的二大的相关决议文件中，“中国名为共和，实际上仍在封建式的军阀势力统治之下，对外则为国际资本帝国主义势力所支配的半独立国家”，[57]因此，在“二大宣言”中，中国共产党言明了其目标是“统一中国本部（东三省在内）为真正民主共和国”。[58] 由此可见，此时共产党人所使用的“共和”概念包含民族独立和相对于封建专制之民主共和的双重维度。这种双重维度意涵也深刻地影响着后世“共和国”之“共和”意义的构建。在随后的革命斗争时期，革命政权曾使用或提倡过“工农共和国”[59]“民主共和国”[60]“新民主主义共和国”[61]等多个名称，反映着中国共产党关于国家政权构建思想的不断发展成熟。

随着解放战争走向全面胜利，占据主动的中国共产党开始了共和国构建的真正实践。以“五一口号”的发表为标志，中国共产党重申了开展政治协商、组建联合政府的协商路线，开启了新政治协商会议和一个新的共和国的构建工作。1949年9月，中国人民政治协商会议正式召开，会议讨论并决定了成立中华人民共和国的各项事宜。其会议讨论及相关决议文件中曾对“共和国”的相关问题进行过部分阐述。以下几个重要论断或决定直接地揭示了我国选择“中华人民共和国”这一国号的缘由以及其背后的“共和”

[57] 中央档案馆编：《中共中央文件选集》（第1册），中共中央党校出版社1989年版，第66页。

[58] 中央档案馆编：《中共中央文件选集》（第1册），中共中央党校出版社1989年版，第62页。

[59] 在我党早期政权中第一次正式被实践的“共和国”是1931年11月仿照苏联的苏维埃模式建立的中华苏维埃共和国。作为一个工农民主专政的“工农共和国”，其实践之“共和”，是为作为无产阶级之工人与农民的联合政权，其时的工农“共和”，一个鲜明的特征就是“完全排除了民族资产阶级和城市小资产阶级的参与”。

[60] 1936年8月25日，我党发布《至中国国民党书》：“赞助全中国统一的民主共和国……在全中国统一的民主共和国建立之时，苏维埃区域即可成为全中国统一的民主共和国的一个组成部分。”毛泽东曾对此论述：“（其）不是一个阶级的国家与政府，而是排除汉奸卖国贼在外的一切抗日阶级相互联盟的国家和政府。”从“工农共和国”到“民主共和国”的这一过渡，事实上意味着我党基于现实需要，对仅有工农“共和”之政权的放弃，转为试图建立一个国共合作的抗日联合政权。

[61] 从1939年年末开始，我党提出要建立一个与此相适应的“新民主主义共和国”，其“是一个工人、农民、城市小资产阶级和其他一切反帝反封建分子的革命联盟的民主共和国”。同时，这种共和国的实现，“只有在无产阶级领导之下才有可能”。因此，新民主主义的“共和”是一种工人、农民、城市小资产阶级和其他一切反帝反封建分子的革命联盟对国家权力的共同支配，是容纳了当时抗日民主统一战线中多个阶级的“共和”。其中，无产阶级处于领导地位。

理念:

首先,“中华人民共和国”的国号使用,与苏维埃时期的“人民共和国”存在区别,事实上具备“新民主主义民主共和国”的内涵。资料显示,关于国家名称,在此前多处是使用“中华人民民主共和国”;[62]《共同纲领》第1条更直接揭示“中华人民共和国为新民主主义即人民民主主义的国家”。在国号中省略民主的原因,是由于“‘人民’二字在今天新民主主义的中国是指工、农、小资产阶级和民族资产阶级四个阶级的人……已经把人民民主专政的意思表达出来,不必再把‘民主’重复一次了”。[63] 因此,从“国号”选择过程的说明显示,中华人民共和国成立是构建了一个新民主主义模式的“共和”。

其次,“中华人民共和国”的“共和”意义,在其时被理解为国体而非政权的组织形式。董必武在政协会议上所作的说明中,就曾明确提出:“我们采用了最后这个名称(指中华人民共和国),因为共和国说明了我们的国体。”[64] 此句之后的说明内容也主要在论述前列之人民民主专政内容。同时,这一理解在共同纲领的序言中,也可得到印证。序言中提出:“……以人民民主专政的共和国代替那封建买办法西斯专政的国民党反动统治。”即“人民共和国”本身被作为一个与“法西斯专政的国民党反动统治”相对应的政治概念所使用。“共和国”的意义被用以批判国民党的“法西斯专政”,具备人民民主的意义。这也延续着对中国共产党过往各类“共和国”提法的理解。由“工农共和国”到“民主共和国”“新民主主义共和国”再到“中华人民共和国”,事实上是一个政权中联合的阶级不断变化,“共和”的参与者不断演进的过程。因此,“中华人民共和国”的“共和”意义,事实上指向的是“中国工人阶级、农民阶级、小资产阶级、民族资产阶级及其他爱国民主分子

---

〔62〕 杨建新编著:《五星红旗从这里升起》,文史资料出版社1984年版,第520页。
〔63〕 杨建新编著:《五星红旗从这里升起》,文史资料出版社1984年版,第520页。
〔64〕 杨建新编著:《五星红旗从这里升起》,文史资料出版社1984年版,第520页。

的人民民主统一战线”联合政权，[65]即人民民主专政。

综上所述，分析中国共产党政权建设中各种“共和国”理论及实践的历史，反映了一个团结阶级不断扩大的联合政权。这一国家名称变化的过程体现着政权中所联合的阶级不断变化扩展，从最初只有工人与农民两个阶级的“共和”，到最终新民主主义的人民民主统一战线。是故，中华人民共和国成立前中国共产党政权中以及中华人民共和国成立时的“共和”概念，意在表达一种多个阶级对于国家政权的共同参与，表示多个不同政治力量对国家权力共同支配。尤其是在“中华人民共和国”的国号中，其表达与统一战线、联合政府等政治概念有着内在理念上互通的意义。在中华人民共和国成立、国号选择时的“共和”，其意义除体现与封建君主制相对的民主共和制度外，更主要的是强调一种多阶层整合的内在价值。

上述从历史和文本进行梳理所得出的结论，虽然对理解中华人民共和国之“共和”的意义具有价值，但如想将上述分析结论借用至今日的分析，尚存在两个相互联结的问题需要解决：首先，由于前文所进行的是基于历史的考证，就是在中华人民共和国成立时新民主主义革命阶段的考察，然而，随着中华人民共和国成立后社会主义改造的完成，中国已彻底成为一个社会主义国家，新民主主义时期的“共和国”意义，应当如何予以理解和重新认知；其次，与前一个问题相联结的，如果做一个原旨主义的考察，在理论上社会主义本身与作为“共和”理念理论背景的共和主义存在一定疏离——马克思就曾在其论述中，以社会主义为基础，对“共和主义”进行过批判。前述两个问题，都在向我们提出一个共同的疑问：“共和”的理念，在社会主义的中国是否存在？本书认为，要解决这一疑问，有必要整理马克思主义中关于“共和”的相关理论问题，从理论层面理解“共和”的意义，进而在作为社会主义国家的中华人民共和国框架中，解释“共和”理念。

---

[65]《中国人民政治协商会议共同纲领》序言：“……中国人民民主专政是中国工人阶级、农民阶级、小资产阶级、民族资产阶级及其他爱国民主分子的人民民主统一战线的政权，而以工农联盟为基础，以工人阶级为领导。由中国共产党、各民主党派、各人民团体、各地区、人民解放军、各少数民族、国外华侨及其他爱国民主分子的代表们所组成的中国人民政治协商会议，就是人民民主统一战线的组织形式……”

二、马克思主义中的共和思想:人民共和思想

(一)对共和主义批判性继承:马克思人民共和思想研究

马克思主义是构建中华人民共和国各项基本制度并指导政治实践的基本指导思想,其关于科学社会主义制度的论述,为我国建设社会主义道路塑造了理论上的基础。因此,理解“共和”理念在中华人民共和国的存在,有必要厘清马克思主义中对于共和思想的认识。马克思主义中关于共和思想的论述,很大一部分是对布鲁诺·鲍威尔所著的《犹太人问题》中所持共和主义观点的批判。马克思的这种批判是否意味着作为中华人民共和国成立思想基础的马克思主义对共和的理论存在抵牾或排斥呢?要厘清这个问题,有必要重新回归马克思的这场批判,理解马克思的实质用意。

首先,鲍威尔在《犹太人问题》中的主要思想是共和主义。作为少数族裔,很长一段时期犹太人都遭到了欧陆各国的排斥。例如,相较于本国主流民族,被视为外国人的犹太人在经济上也被要求承担沉重的歧视性税负;犹太人要参加政治生活,只能改变信仰,信奉基督教。[66] 这种情况引发了德国学术界的讨论,鲍威尔在《犹太人问题》一书中,提出了他的见解。作为青年黑格尔派代表性人物的鲍威尔认为,犹太教或基督教的排他性存在都是对各自持有特殊性(特权)坚持而导致的异化。因此,基督徒与犹太人之间对立的本质是双方基于自身特殊性坚持的一种对立,且这种宗教的对立并非二者对立的实质内核。所谓宗教异化只是尘世异化的间接反映,其实质上是一种国家内特权或者说特殊主义的表现。因此,鲍威尔指出,解决犹太人问题需要彻底改变所有国家的政治异化体制,使主观自由成为内在现实。因此,鲍威尔是在实践一条共和主义的路径。盖因其解决问题的方式,是通过普遍公民参与国家政治事务的方式,消除一切偏见与特权,最终维护共同利益,实现人的自治(自由)的道路。

其次,马克思表达了一种对单纯共和主义政治解放道路的批判。事实上,马克思在《论〈犹太人问题〉》一书成书之前的1842年至1843年,经历了

---

〔66〕 Leopold D., *The Young Karl Marx: German Philosophy, Modern Politics, and Human Flourishing*, Cambridge University Press, 2007, p. 107.

一个对共和主义政治解放道路的继承并扬弃的过程。马克思于1842年开始的现实政治批判,很大程度上继承了共和主义的思想。通过对君主制、特权政治等异化制度的批判,马克思曾试图追求一种共和理念塑造的完美国度:"当现实的个人把抽象的公民复归于自身……人的解放才能完成。"[67]由此可以看出,在此时,马克思其实坚持着与鲍威尔类似的共和主义观点,并以政治解放为进路,追求一种人的解放的实现。不同的是,鲍威尔在《犹太人问题》中主要针对宗教问题,而马克思在《黑格尔法哲学批判》等论著中主要针对法与国家制度。直到对于鲍威尔的批判,马克思开始了自身思想的转变。在《论〈犹太人问题〉》中,马克思很快认识到了鲍威尔以及过去自己所持观点的不足:第一,启蒙的理性本身并不是与宗教思想对立的。换言之,将宗教的异化打倒,代之以普遍性理性的共和国,本身是在将国家政治理性宗教化。启蒙理性是通过理性这一概念,构建了一个抽象的理想人类形态(观念)。这种抽象方式的人,由于是对人自身达致圆满状态的描述,因此成为人类生活的朝向和目标。这种被抽象的人由此获得了一种至上的神性。一种抽象的人的概念取代了上帝统治了人类的现实生活,因而将国家政治理性至高化本身也是一种异化。这种共和式的政治解放目标幻象并不能真实地呈现人的解放这一目的。第二,政治解放并非人的解放。在马克思的分析中,人权并不仅仅包含着与国家相连接的政治权利,还包含着另一部分人权,即同他人并同共同体分离开来的人的权利。[68] 鲍威尔所追求的政治参与公民权利,试图消灭这部分人权。因此,共和主义的政治解放并未实现真实的人的解放。在马克思看来,所谓的政治解放只是塑造了公民身份这一种"政治狮皮",[69]无法实现真实的平等。

---

〔67〕《马克思恩格斯选集》(第3卷),中共中央马克思恩格斯列宁斯大林著作编译局编译,人民出版社2012年版,第189页。

〔68〕《马克思恩格斯选集》(第3卷),中共中央马克思恩格斯列宁斯大林著作编译局编译,人民出版社2012年版,第189页。

〔69〕The lion's skin of politics.《马克思恩格斯全集》(第3卷)2002年版曾注释:"政治狮皮出典于希腊神话中的大英雄海格立斯,海格立斯……剥下它的刀枪不入的狮皮,一直披在自己身上,以自炫其力大无穷,不可战胜。"马克思评价认为这只是将异化的人提升为类存在的地位以弥补日常生活实际上的贬值,但这种弥补是虚幻的,并不代表着真实的平等。相关讨论可参见[美]杰弗里·C.艾萨克、彭斌、于天洋:《政治的狮皮:马克思论共和主义》,载《国外理论动态》2017年第1期。

最后,马克思对鲍威尔政治共和模式的批判,并不意味着对共和思想本身的彻底否定。马克思虽然通过批判共和主义模式的政治解放进路,揭示了实践共产主义道路这一实现真正的人的全面解放之进路。但马克思这种批判的真实用意,在于批判政治国家,针对政治解放这一实践道路本身,而并非否定共和思想的价值。在《德意志意识形态》中,马克思刻意区分了“虚幻共同体”和“真实共同体”,并指明政治国家正是这一种虚幻共同体——这与“政治狮皮”的揭露遥相呼应。据此,马克思要求建构一种真实共同体,以实现人的自由全面解放。可以说,真实共同体的建构便是马克思在《论〈犹太人问题〉》所论述之社会解放的具体模式。马克思的共同体构建思想实质也具备着共和理念的内涵——只有在共同体中,个人才能获得全面发展其才能的手段〔70〕——正是共和主义的重要理念。由此可见,马克思并非否定共和思想,而只是否定过去的共和主义路线,并进而构建自身的共和理论。在《法兰西内战》中,马克思完成了其人民共和理论的设计,他认为凌驾于社会之上的政治国家的独裁是一种中央集权的“帝国体制”,而“公社”则是“普选的”“共和自由联盟”。〔71〕 在马克思看来,公社实践着社会自治,将人从政治国家这种虚幻的共同体以及市民社会这种存在私人等级的领域中解放出来,是“取代阶级统治本身的共和国”。〔72〕

(二)马克思主义的共和观:人民共和思想

前述马克思的理论事实上塑造了一种新共和观。这种新的共和观,兼具着共和理念与科学社会主义的思想内核。随着马克思主义的不断发展,其理念也不断更新,最终形成了马克思主义中的人民共和思想。总结起来,这种人民共和思想,存在以下基本内容:

首先,人民共和思想要求构建一个共和国。马克思主义政治学说的核心要求,即无产阶级掌握政权。广大的无产阶级掌握国家政权,实质上是一

〔70〕 王志强:《“社会共和论”——共和传统中的马克思政治哲学》,载《哲学研究》2015 年第 6 期。

〔71〕 《马克思恩格斯选集》(第 3 卷),中共中央马克思恩格斯列宁斯大林著作编译局编译,人民出版社 2012 年版,第 148 页。

〔72〕 《马克思恩格斯选集》(第 3 卷),中共中央马克思恩格斯列宁斯大林著作编译局编译,人民出版社 2012 年版,第 98 页。

种权力的共同支配，必然需要一种实践平等地管理国家与社会事务的国家政权组织形式。因此，社会主义政权排斥少数人攫取政权的贵族政治与君主制度，只能实行一种人民平等掌握政权的共和制。"如果说有什么是毋庸置疑的，那就是，我们的党和工人阶级只有在民主共和国这种政治形势下，才能取得统治。"〔73〕共和国是社会主义的基本政权组织形式。

其次，人民共和思想要求实现一种真实的人民自治。共和思想追求实现公民的共同事业，其基本内涵主要围绕如何促使公民去实践一种结构式的政治参与行动，或者说是公民的集体自治的实践。因此，传统共和思想主要围绕国家权力支配和公民政治参与实现的话题展开，试图通过政治参与权利和集体自治（国家权力）的构架，来促成人的主体价值实现。但在马克思主义看来，仅仅依靠建构一个政治解放的共和国不能实现人的全面自由解放。资产阶级（剥削阶级）所标榜的"民主""自由"等价值仅仅是一种"政治狮皮"，并不能真实地提升人民的平等地位和对自我命运掌控的能力。异化的政治国家只是一个虚幻的共同体。因此，社会主义的共和国应当是一种真实共同体，其以人为本，实现一种真实的人的自治。人民共和思想不仅仅存在一种共和价值的追求，实现真正民主更是其先导的要求。是故，社会共和国才被称为"新的真正民主的国家政权"。〔74〕值得一提的是，新共和主义者也吸收马克思的理念，针对当今自由主义主导的西方共和国出现的问题展开批判，并认为需要实践一种具有协商内涵的慎议，以消解政治国家的异化现象，真正实现人民的政治参与。

最后，人民共和思想实质在于追求一种超越了个体主义的公共生活。人民共和思想批判性地继承了共和思想的核心价值。如前所述，古往今来的共和主义者都试图追求一种共同体中公共价值的实现，通过对公民参与、国家权力结构设计等各种方面的讨论，实践对公共善的追求。因此，在这个意义上，所有的共和主义者都是柏拉图的门徒，其最终追求的都是一种"理想国的公共生活"，公民在其中发挥着各自的作用，杜绝小集团主义和利己

〔73〕《马克思恩格斯选集》（第22卷），中共中央马克思恩格斯列宁斯大林著作编译局编译，人民出版社1965年版，第27页。

〔74〕《马克思恩格斯选集》（第2卷），中共中央马克思恩格斯列宁斯大林著作编译局编译，人民出版社2012年版，第377页。

主义,使(共和国中)每个人都得到成长。[75] 马克思主义的人民共和思想也追求这样一种共同体:通过批判资本主义私有制对个体解放与社会发展的限制,强调塑造共产主义的社会生产与公共生活,超越市民社会的个体主义,以实现一种人类全面解放的真实共同体。

综上所述,马克思主义与共和思想之间的理论疏离,在于实践道路上的分歧,而非对共和价值的彻底否定。马克思批判了鲍威尔的政治解放道路,并在此基础上吸收了共和主义的精髓部分,将其改造为人民共和思想,以此指导建构社会共和国,为社会主义中国的制度实践提供了理论指引。

三、我国人民共和思想的应用场域:人民代表大会

分析前述中华人民共和国成立的历史可发现,在社会主义改造之前的实践中,共和国的中国意义并未呈现为一种人民共和思想,而在许多方面表现出传统共和理念的特征。例如,中华人民共和国成立时的"共和国"表述被视为一种国体意义,而非政体表达;中华人民共和国成立时的"共和国"概念区分了人民与敌人,[76] 展示着一种具有古典共和主义的共和国传统,构造出一种由具备一致价值与利益的阶层组成的共同体。因此,尽管中华人民共和国成立时"新民主主义专政"的中华人民共和国具备着"更广泛的民主基础"。但从本质上看,其仍不是一种真实的人民共和方向。无论是晚年恩格斯所提出的"利用旧的官僚的、行政集中的国家机构来达到自己的目的",[77] 还是当时中国共产党人已认识到并开展了的社会主义改造,都昭示着中华人民共和国需经历一个传统共和理念向人民共和的过渡。是故,需要通过一定的过渡去实践这种向"人民共和"的"共和理念"转向。

中华人民共和国成立时的"共和国"建构理念,其实质是为了追求民族独立和人民自由解放的一种有效解决方式。面对当时半殖民地半封建的社

---

[75] Barker E. & Zimmern A. E., *Greek Political Theory: Plato and his Predecessors*, 33 Classical Review 114(1919).

[76] 在《共同纲领》序言中,就明确要求反对"三座大山"(指帝国主义、封建主义和官僚资本主义),并在第7条中规定了"镇压一切反革命活动",以及针对"战争罪犯、反动分子、封建地主、官僚资本家"等敌人的制裁与改造规范。

[77] 《马克思恩格斯选集》(第36卷),中共中央马克思恩格斯列宁斯大林著作编译局编译,人民出版社1974年版,第81页。

会现实,中国人民的首要追求是对外摆脱殖民主义、争取民族独立,对内摆脱压迫统治、实现人民解放。因此,当时的中国共产党人使用了传统的共和理念,通过团结多阶级的联合政权这种共同支配国家权力的"共和"方式,回应了民族独立与人民解放的时代期待。当然,这种共和设计在当时的中国共产党人看来,也是一种"临时"的"过渡阶段"模式。[78] 在中共七届二中全会决议中即已指出:中华人民共和国成立后党的任务就是稳步地"由新民主主义国家转变为社会主义国家"。及至中华人民共和国成立后,反殖民反独裁压迫的共和政权已然确立。在这一时代背景下,实现一种真实的民主,在民主的基础上建立一个真正由人民所掌握的共和国政权,成为时代的主题。因此,民主已成为彼时的第一序列价值追求,此时这种传统的共和思想在事实上已"退居二线"。这种价值追求序列的转换,在共和思想的理论背景中,也可获得印证。如前文所述,共和思想是一种关于权力配置的二阶观察理念,是反思性监控后的调整性价值。在民主共和制的政治国家建构理念中,事实上在建构国家权力起源的民主价值实现之后,共和价值方才出场对因民主价值实现产生的国家权力进行调整性的配置,最终实现这种共和的二阶价值(修正价值)。同时,为我国所秉承并追求的人民共和思想,尤其强调这种先民主实现后共和塑造的价值序列。马克思通过批判政治解放对人类自由全面解放的意义,强调一种真实共同体的实践,要求一种真实的人的自治,实现真正民主是人民共和或者说社会主义共和国的先导要求。因此,中华人民共和国政权完成新民主主义共和国向一个社会主义的人民共和国的转向,首先是一种实现真实民主的国家政权之宪制建构。也就是说,中华人民共和国的"共和"内涵从"多阶层的整合"意义转向了一个"人民的共同体"的构建价值。回归现实实践,可以发现此过程在历史实践中的投映,即人民代表大会制度的正式建立及1954年制宪的"宪法时刻"。

1953年中华人民共和国开启了从下至上的普选工作,产生了各级人民代表。在此基础上,召开了第一届全国人民代表大会,通过了具有标志性意义的《宪法》;并以此宪定方式,规范了人民代表大会作为国家权力机关的权能与规范意义,正式确立了我国人民代表大会制度。这一制度"坚持了社会

[78] 《周恩来选集》,人民出版社1980年版,第366页。

共和论的基本原则，又具有适合中国国情的特色……是马克思主义社会共和论与中国实际相结合的产物”。[79] 人民代表大会制度是中国践行马克思“真实共同体”的具体民主实现模式，构成了人民共和思想具体实践的主要内容。

首先，人民共和思想在中国的具体实践呈现在人民代表大会制度中。虽然马克思曾高度赞扬巴黎公社为一种工人阶级追求已久的“社会共和国”。但同时马克思也清醒地认识到，社会共和国的具体政体选择应当结合各国具体实践。我国的人民代表大会制度，正是人民共和思想与中国具体国情相结合的产物。如前段所述，人民代表大会制度构成了一种人民共和所必然要求的真实民主前提。换言之，人民代表大会制度是前述民主与共和价值序列转化中民主成为第一序列价值的具体体现。但前述体现了价值序列转换的人民共和思想还包含另一层的意蕴，即民主成为第一序列价值，并不意味着不需要共和价值。人民共和思想要求在实现了民主的基础上，进而实践共和的理念价值。因此，在民主价值解决国家权力来源问题之后，需要在权力配置中体现共和价值。人民代表大会是国家权力机关，必然涉及权力配置问题。因此，人民共和思想在中国的具体呈现必然要以人民代表大会制度的实践为基础。

其次，从渊源来看，共和思想与现代议会制度的诞生及发展联系紧密，人民代表大会制度作为对资本主义议会制度的批判性继承，也延续了这种关联。代议机构并不是现代的发明，它的起源与古代共和国同样古老。[80] 然而，现代议会制度的产生却源于一种现代共和主义的改造。有学者指出，近代资产阶级革命后的共和国仍不是现代共和意义的共和国家，如克伦威尔时期的政体就被认为是在恢复英国君主和贵族共治的混合宪制传统，而在意识形态上缺乏现代共和色彩。[81] 尤其是在代议制方面，仍充斥着贵族

---

〔79〕 浦兴祖：《社会共和论与人民代表大会制》，载《社会科学战线》1990 年第 3 期。

〔80〕 王天成：《论共和国——重申一个伟大的传统》，载爱思想 2006 年 8 月 2 日，http://www.aisixiang.com/data/10596.html。

〔81〕 Macinnes A. I., *Union and empire: The Making of the United Kingdom in* 1707, Cambridge University Press, 2007.

共和的特征，在英国，除上议院被“至关重要”[82]的贵族占据之外，下议院也被土地贵族所垄断。[83] 即使在无贵族传统的美国，议会选举也被设置了财产资格的限制。近现代议会制度正式确立，源于19世纪中叶开始的议会体制改革。在英国，由圈地立法所引发的公共利益与私利保障之间的数次论战，真正地普及了共和主义的公共理念，[84]公民共和主义的普及更促使着广大被排斥在政治权利之外的群众参与到争取公民政治参与权利的运动当中，最终迫使英国议会在1832年、1867年和1885年作出多次改革，自此现代议会体制逐渐开始形成。因此，现代议会制度中的公民普选、比例代表制、对广泛公共利益的维护等内容都源于共和思想的改造。人民代表大会制度批判性地继承了资本主义现代议会制度，自然也批判性地吸收了这些理念，以实践真正的民主与共和。

最后，人民代表大会制度的确立，为建设一个“真实共同体”构造了一种组织前提。人民共和思想的目标，是构造“人民的共同体”，实践人民的真实自治，进而实现人的全面自由解放。因此，除强调作为前提的真实民主的价值之外，共同体的塑造也是人民共和的追求。1954年《宪法》以人民代表大会制度为核心，人民代表大会制度成为共和国新的“政体”。人民代表大会制度事实上成为人民共和追求之真实共同体——中华人民共和国——的核心组织基础。因此，我国人民共和思想的践行是以人民代表大会制度为组织依托，持续发扬马克思社会共和论思想，最终实践真实共同体的构建。

综上所述，中华人民共和国的“共和”内涵，历经了一个从“多阶层的整合”向“人民的共同体”的价值转换。其制度实践的实现，也从多元主体政治协商转变为通过人民代表大会制度实践的人民共和。是故，在1954年后我国作为“共和国”的“共和”意义，主要地呈现为一种在人民代表大会制度中的“人民共同体”实现。

---

〔82〕 Norbauer R., Studlar D. T., *Monarchy and the British Political Elite: Closet Republicans in the House of Commons*, 43 Comparative Politics 225(2011).

〔83〕 Belchem J., *Republicanism, Popular Constitutionalism and the Radical Platform in Early Nineteenth – century England*, 6 Social History 1(1981).

〔84〕 Thompson S. J., *Parliamentary Enclosure, Property, Population, and the Decline of Classical Republicanism in Eighteenth – century Britain*, 51 The Historical Journal 621(2008).

四、人民共和思想与我国国家立法权的内部分散配置

如前文所述,人民共和思想在我国的具体实践投射在人民代表大会制度中,这意味着人民共和思想对我国人民代表大会制度提出了理论上的指导和要求。那么,这种理论要求在具体制度实践中是如何展现的?换言之,这种共和价值应该如何内化于我国的政体制度?其体现出了哪些具体特征和要求?有必要予以厘清。同时,前文论述过,共和理念的核心是一个权力支配模式问题,其在形式上要求在权力配置中实现权力的公共化,并且共和理念与立法本身存在密切关系,立法会展现共和价值。此外,共和理念是分散式网络权力结构的背后理论。换言之,一种分散式网络权力结构的配置必然会展现共和的权力观要求,具备一定共和价值的特征,进而形成特定的权力结构。这种分散式网络权力结构是影响立法权限配置的基础模式,申言之,共和理念必然影响着立法权限配置的具体方向。因此,人民共和思想的实践要求应当体现在人民代表大会制度的权力配置问题上,尤其是国家立法权的配置上,最终必然在我国国家立法权内部制度中提出一种平等共同支配各项具体权限的共和制度设计要求。

本书认为,人民共和思想对我国国家立法权内部分散配置的影响具体体现在以下几个方面。

(一)国家立法权内部各权限配置依照理性规律分工

如前文所述,共和理念的权力观要求通过权力共享实现治理。如其他共和主义思想一样,人民共和思想所追求的同样是一种理性统治的模式,要求实现一种自由而平等的共同支配权力,而非少数人或少数群体来支配国家权力。更多主体掌握权力是分散式网络权力结构的体现:权力主体的数量增加,会造成信息网络中拥有决策功能的节点增加,构造一种多中心的决策网络,即权力分工的样态。是故,共和理念承认并对权力予以分离,回应了权力共同支配这一共和理念的本质追求。同时,作为一种二阶观察式的反思性监控后建构理念,共和的权力理念建立在一种反思理性的基础上,人民共和思想要求其权力支配是一种基于理性的统治。这便需要人民共和思想明晰并顺应权力运转的规律。在复杂化的社会,国家权力的使用必然会

基于社会现实的分工化,而演绎出一种功能性主导的分工需求。为了顺应这种需求,在反思理性之上的共和权力观也因此会存在一种功能最适导向的权力分工要求。

因此,人民共和思想的权力观要求权力依照理性的规律予以分化。这种依照功能性最适原则予以分工的思想,在我国人民代表大会的立法权限配置制度实践中,有着相对充分的体现。具体而言:

第一,从制度设计的总体理念来看,"权力分工……是宪法工程师们的共识……成为了1982年《宪法》起草的指导思想"。[85] 从相关制宪资料来看,践行功能最适的原则,依照客观规律对各国家机构的权力予以分工,是所有国家机构规范应"遵循的方向"。[86] 1982年《宪法(草案)》中,就国家机构的组织和权力配置的指导方向问题,彭真曾在宪法草案说明中予以详细阐述。[87] 理论界的研究指出,这三句概括都是在表达"国家权力行使要有效能"这样一个核心思想。[88] 整体来看,这是在表达一种考虑了权能与效率关系,强调治理能力的功能主义的权力配置进路。因此,在人民代表大会各项权限配置上自然也遵循着这一贯穿国家机构设置与权力配置制度设计的基本思路。如第一章中所讨论的,从具体权限配置来看,1954年开始的《宪法》对全国人大常委会的立法权配置的逐渐强化,体现了功能最适导向的权力分工原则。对全国人大常委会的组织以及立法权限的不断强化,主要源于以下基本考量:全国人大常委会在规模上的优势,使其相对于全国人大而言能够不断强化其专业能力和决策效率的功能,以更好地回应现实的立法需求,发挥相关权力行使的效能。因此,这种权力分工完全是功能主义的,[89]体现了一种功能最适导向的职权分工原则。

第二,国家立法权内部配置的功能性最适分工原则,还体现在人民代表大会中专门委员会等具体立法权限配置中。如前所述,人民共和思想继承

---

〔85〕 张翔:《我国国家权力配置原则的功能主义解释》,载《中外法学》2018年第2期。

〔86〕 彭真:《关于中华人民共和国宪法修改草案的报告》,载《人民代表大会制度重要文献选编(二)》,中国民主法制出版社、中央文献出版社2015年版,第570页。

〔87〕 彭真:《关于中华人民共和国宪法修改草案的报告》,载《人民代表大会制度重要文献选编(二)》,中国民主法制出版社、中央文献出版社2015年版,第570页。

〔88〕 张翔:《我国国家权力配置原则的功能主义解释》,载《中外法学》2018年第2期。

〔89〕 张翔:《我国国家权力配置原则的功能主义解释》,载《中外法学》2018年第2期。

了共和主义对公共生活的追求，而人民代表大会制度又是人民共和思想在我国的具体实践，这意味着人民代表大会是社会共和国（真实共同体）中公共生活在集体自治行动（政治生活）场域的一种投射。因此，功能最适的职权分工的要求事实上也是通过分类化的方式回应现实社会对于自治事务的多样化需求。人民代表大会中专门委员会的分类设计，是针对政治治理中所涉及的多方面事务的具体回应。这要求专门委员会及其配置职权的划分，应当符合社会现实的需要。当前我国人民代表大会中的专门委员会设置，正是遵循以上原理的产物。当然，这种功能最适的导向在目前专门委员会的立法权限配置中尚未实现其最优化，也有学者指出，过去全国专门委员会没有按统一的标准分类，对社会治理需求的现实回应仍有不足，[90]其本身的组织准备和权限配置之间也存在不匹配，未能完全发挥其功能效用，有必要根据相应原则予以调整，促使其在事项分工上达致功能的最适。

第三，功能最适导向的分工模式，并非完美适用于我国国家立法权内部配置的指导工作。功能最适导向的指导规则本身，无法获取一种证明自身正当性的规范意义。功能最适对正当性的证明，主要源于一种通过效用证明合法性的“绩效正当性”逻辑。但这种对正当性的证明，无法回答休谟问题，效用的“是”无法证明正当性的“应该”。换言之，无法通过一种归纳逻辑的实践经验效用以演绎证明一种应然的结论。功能最适本身只为分工提供了一定程度的合理性，而并不必然具备价值上的合法性。正当性的证明只能从更高的价值规则以证明规则的正当性，也或者说功能最适导向的分工规则，本身并不具备一个更高的内在正当性价值。此外，应当指出的是，人民共和思想对国家立法权内部配置的要求，其核心重点依然在于分工，而非功能最适。前文论述过，功能最适的导向仅仅是顺应社会复杂情况后对分工的客观规律之回应，即人民共和思想的理性要求，而非其核心内涵要求。人民共和思想的权力观的重点在于要求对权力予以分工，至于是否必然按照功能最适的标准进行这种分工，则并无必然的需求。现行的功能性分工模式亦存在一定问题。例如，对于全国人大和全国人大常委会的权限配置而言，尽管遵循着功能最适的原则导向，基于全国人大常委会的立法能

[90] 柴逸扉：《完善全国人大专门委员会制度的思考》，载《改革与开放》2011年第8期。

力和立法效率更强，将全国人大常委会的立法权限逐渐强化，甚至将立法重心移转至全国人大常委会，但这种功能的最适并不一定实现了配置的最适。正如在第一章的讨论中所指出的，这种以功能最适为核心的机关能力构造，导致形成了二元立法结构，甚至存在相对弱化全国人大在立法活动中重要性的隐忧，仅仅考虑功能最适这一以效率为主要评价价值的配置方向，反而会导致国家立法权的内部配置方案陷入误区。同样的问题也存在于全国人大专门委员会的权限设计上，尽管以专业为分类的设计促使其能够在立法活动中发挥强大的功能，但如若仅考虑功能价值而不考虑权限配置的其他因素要求，则必然造成配置设计的合理性弱化和相对不平衡。因此，功能最适的分工，并不是人民共和思想塑造的分散式网络权力结构唯一的价值要求，甚至并不是最重要的价值要求。按照人民共和思想，在对权力予以分工的同时，国家立法权内部配置还必须遵循着后续的几个基本要求。

（二）国家立法权内部各权限配置的结构性平衡要求

如前文所述，人民共和思想的权力观的功能性分工要求中，其重心更偏向分工而非效能。人民共和思想对权力结构提出了其他的价值要求，即对于分化的国家权力配置的同时更要实现一种平衡的设计。在共和理念的传统中，一直以来都存在一种主体上的平等要求。可以说，主体上的平等价值是共和理念的核心范畴。这在权力配置观念上要求权力的掌握者之间存在平等，方能实现一种权力的共同支配。此外，无论是古典时代的混合宪制还是近代的制度共和主义，共和理念都试图在观察可能遭致衰亡和破灭的其他政制的基础上，完成一种稳定政体的结构设计。可以说，对掌握人类自我命运的稳定政治的追求，是共和理念一直以来的核心政治理想。遵循着这一理想，在理性基础上通过分工方式进行权力配置的同时，共和理念还要求这种权力不应只对效能价值主导的分工重视而导致对制度的平衡性造成冲击。

人民共和思想更强调权力共享式治理中平等的重要性。人民共和思想来自社会主义思想对共和主义的继承与扬弃，在继承共和主义稳定政体追求，反对独裁的同时，还要求一种源于人实践自我完满的集体自治、反对外部的政治制度和经济生产方式异化支配的价值强调。因此，人民共和思想追求排除被掩盖的经济不平等所带来的政治异化,展现一种源于人本质的自在平等。如前文所述,在马克思主义看来,权力是集体自治实现的一种具体方式,或者说是外部经济力量统治人的基本方式。在社会主义之下,这种外部经济力量的实质必然是全体人民的共同财富力量的统治,即全体人民的劳动生产对全部人的统治。这种财富力量来源于且仅属于人民,在配置中必然不可被分化为不平等的能力,构造新的异化。同时,这种权力的使用是为了全体人民的共同利益和最优化的集体自治的实现,故而人民共和思想反对权力内部的摩擦和消耗,强调平衡且协调的权力设计。人民共和思想追求权力结构的平衡要求在权力配置设计时,应当充分维护组织权力结构的协调性和稳定性,摆脱阶级社会中无常历史命运的摆布,完成人类的自我解放。因此,对权力平衡的要求,来源于人民共和思想自身蕴含的一种对共同体(社会)稳定安全的追求。人民共和思想继承并继续发扬了结构性价值平衡的理念,要求权力的配置在分工的同时,要考虑平衡与协调的重要性。这具体呈现为以下几项基本要求:(1)在权力配置时,应当防止某一权力在配置时过于强大而破坏了整体结构,导致该权力凌驾于系统中与它一同被配置的所有权力之上,影响其他权力的发挥,以保证权力的稳定性,降低权力的异化情况对社会安全的威胁;(2)在权力配置时,为了防止某一权力使用出现偏差影响整体权力结构的运转,应当保证系统内的其他权力能够通过其他(属于该权力自身的权能)的方式,解决最初之权力需要解决的问题的能力,实现社会稳定安全对共同体权力的要求;(3)在权力配置时,这种平衡的结构也必须按照一种有利于未来权力协调的方式设计,如果平衡带来的只是内耗和摩擦,则并不符合人民共和思想的本意。换言之,人民共和思想要求的权力平衡,并不是西方意义上的分权制衡,而是使权力在分工且平衡的结构下实现协调运转。

前述的这种结构性价值配置的理念,对我国国家立法权的内部配置提出了更多的要求:

第一,全国人大与全国人大常委会的立法权限配置应当在功能性分工的基础上注重平衡与协调。如前文所述,当前我国全国人大与全国人大常委会的立法权限配置,很大程度上仅仅考虑了组织与权力的效能问题,而缺乏对权力结构的更高价值要求,导致目前全国人大与全国人大常委会的立法权限配置失范且不断加剧的制度困境。人民共和思想要求这种立法权在分散式网络权力结构进行分工的同时，也要考虑权限的平衡和协调问题，防止权力结构失序，促使各项立法权限相互协调，优化整体国家立法权结构，促使国家立法权以更好的效果实现。

第二，全国人大专门委员会的立法权限配置也应当注重其平衡性和可相互替代性。如前文所述，当前我国全国人大专门委员会的立法权限配置并不平衡，存在宪法和法律委员会相对强势，而其他专门委员会却效能不张的制度现状。这是由于在配置时仅考虑了组织的功能性分工因素，只强调其在法律相关事务中的专业能力能够促进立法效率，而未考虑分工的同时需要注重平衡与协调，导致整体国家立法权内部配置的失序。专门委员会的立法权限在配置时，也应当注重权限的平衡，不可因某一委员会的专业能力和效率更高，仅考虑强化单一权力而忽视了其他委员会能力的发挥，进而影响整体制度的平衡性。人民共和思想还要求权力在分工的同时，注重其可替换性，专门委员会由于其自身地位平行，所行使之立法权限也应当具有此种性质，因此有必要构造专门委员会间平行的立法权限行使的替代和纠正机制，保障整体立法权结构的稳定。

（三）国家立法权内部各权限配置的公共化要求

人民共和思想要求实现权力的公共化，保障最广大人民的利益。共和理念的权力观，首要核心表现为一种国家权力公共化的内涵。如前所述，公共性是共和的基础内容。共和理念关于权力配置的出发点，是一种共和国人民自治的实现。因此，共和理念所呈现的是一种自治实现过程的公共化。无论是古典时代的混合宪制表达，还是近代之后的公民共和主义与制度共和主义，都强调这样"一种公民参与主权构成以及政治治理"[91]的主权共享意义。这种从自治参与式开始的权力公共理念，其中蕴含着共和理念者试图实现人类自我支配、掌控自身命运的政治理想，表达出其相对于少数寡头统治或君主独裁统治的权力支配普遍性意义。因此，共和理念所表示的权力观，要求塑造一种国家权力公共化的权力配置模式。人民共和作为一种

〔91〕 徐宗立：《共和的法理，一项历史的研究》，社会科学文献出版社 2012 年版，第 145 页。

超越了传统共和主义的价值追求,更强调这种公共化的目的,其不仅要求实现一种政治上权力的公共化以及对公共利益的保障,更要求实践一种真实的超越私利的公共生活,保障最广大人民利益。这意味着人民共和,不仅仅在保障一种传统"公共—私人"二分法理解中的国家与社会的公共利益,且意味着其追求保障一种最广泛的代表共和国基础的人民共同利益。这最广泛地消解了民主观念中的单纯"多数"与"少数"问题:作为最广泛利益的代表者,人民共和思想的权力并不会放弃少数派,应当同时是少数派利益的保障者,维护一个国家的共同利益与共同价值,保障每一个共和国人民的权益。因此,人民共和思想要求一种国家权力的公共化,保障最广大人民的共同利益。同时,这种共同利益的实现,需要通过一种权力配置的协调性来实践。人民共和思想强调权力在分工和平衡的同时,并不指向分权制衡的构造,而要求权力减少内部消耗,实现协调。人民共和思想所追求的共同利益的实现,并不是仅仅通过分工和制衡,在大量重复博弈后寻求的一小块共同利益领域;而是需要一种结构上集体自治完满运作,使各项被分工的权力以共同配合的姿态,实现整体分散式网络权力结构的优化,进而实现最广泛意义上的公共事业的塑造。因此,人民共和思想追求一种通过权力间协调性完成的共同利益保障。

如前文所述,立法活动是展示利益博弈、实现共同利益塑造的场域。因此,共和理念中的共同利益价值往往会通过立法予以彰显。这就要求全国人民代表大会在立法活动中不仅仅是一种少数服从多数的单纯决策,还需要有一种维护共同利益、保障少数者利益的权限配置。并且,这种配置还应当强调一种协调性,以达致整体的优化,减少内部的摩擦损耗,实现共同利益的最大化。具体而言,主要对以下几个方面提出了要求:

第一,全国人大和全国人大常委会的立法权限配置应当协调,以追求广泛的共同利益。当前全国人大和全国人大常委会的立法权限配置不仅仅存在不平衡的问题,也有不协调的困境。全国人大和全国人大常委会之间的部分立法权限存在重叠,并且基于全国人大常委会在立法活动中的功能强势地位,相对弱化了全国人大在立法活动中的重要性,导致二者的立法权限配置并不协调,未能实现优化。同时,这种以全国人大常委会在立法中实质主导的权限配置情况,难以实现一种广泛上的共同利益追求。例如,《个人所得税法》在2018年的修正由全国人大常委会进行,其拟定的个税起征点数额受到了民间认为“偏低”的质疑;[92]《电子商务法》的制定中,四审稿曾经将本应为“连带责任”的规定,后基于保护电商行业的衡量,将其修改为“相应的补充责任”,引发了包括中消协和常委会部分委员的强烈反对。[93]是故,这种重点依赖全国人大常委会的立法权限配置模式在很大程度上,难以实现立法所应当追求的共同利益的塑造。

第二,全国人大专门委员会的立法权限配置应当存有协调机制。当前全国人大专门委员会的立法权限缺乏相应的正式协调机制,导致立法权限的运行不能实现最优化。目前专门委员会之间的协调机制,往往只依赖于委员长会议对不同意见的协调,而在立法修正案提出、联合审议机制等方面都存在制度缺失。专门委员会立法效用不张的缘由,不仅仅在于其他专门委员会与宪法和法律委员会之间的立法能力有别、权限配置不平衡,还在于专门委员会间缺乏各种协调机制,促使整体立法权结构运行的优化。因此,有必要予以调整,以保障整体立法权运作,以实现立法的这一共同利益塑造功能。

第三,通过委员长会议实现的协调机能也不利于整体国家立法权内部配置的优化。当前的委员长会议是各种立法权限运作的主要协调者,其通过程序控制和议题调控的能力,掌握着协调的主要机能。从其实质来看,委员长会议之所以负担着协调的机能,主要在于其与全国人大常委会党组存在嵌套关系,进而借此发挥党的领导地位,进行协调工作。但从其结构来看,全国人大常委会党组作为中国共产党的下属组织,属于动员型的体制,其活动和激励机制源于一种整体动员和确定目的指向;全国人大常委会作为代议机关,属于理性代理者体制,其激励机制是一种利益化的理性选择,其基于路径依赖往往会选择一条在短期内收益明显的路径。二者在趋向选择上必然会出现分殊。委员长会议直接介入这种存在分殊的情境选择,事实上并不利于党的领导的实现,反而在某种程度上会因为协调上的选择失

---

〔92〕《个税起征点确认上调至每月5000元,你的收入为何不升反降?》,载搜狐财经,http://www.sohu.com/a/251721029_558817,2018年9月3日。

〔93〕任震宇:《中消协指电商法(草案)四审稿修改有严重隐患》,载中国消费网,http://www.ccn.com.cn/html/anhui/xiaofeiyaowen/2018/0830/363706.html。

误,导致权威损失。因此,委员长会议更适宜成为中立的对话场域提供者的角色,而非一种要表达自身意见的裁判者。这种协调应当更依赖于商谈和表决机制,而非委员长会议进行表达的决断。

(四)国家立法权内部各权限配置的慎议参与要求

人民共和思想要求权力保障慎议参与的实现。前文所讨论的彭真在1982年修宪时关于组织和权力配置导向的发言,其包含的三个方面的内容,综合来看实质上是一种人民共和的理念,而不仅仅是所谓的权力行使要有效能。除强调"有效"之外,其内涵更主要强调了"使全体人民更好地行使国家权力""分工与协调""组织社会主义事业"等内容,这和人民共和思想所强调的人民真实掌握权力,并实现权力共享的治理的要义一致。也就是说,在要求分工的同时,人民共和思想更要求实现一种人民对权力的互动性参与。这也是前文所讨论的分散式网络权力结构中的开放性要求。这种开放性的实质目标,在人民共和思想中,并非如新雅典共和主义那样要求一种直接民主,而更强调参与的真实性和完整性。换言之,权力的行使应当真实地表达和展示人民的意志并保留参与互动的空间,最终追求一种慎议的价值实现。

人民共和思想的权力观中包含一种保障慎议的价值要求。共和理念的传统存在一种审慎的精神内核。为了一种具备理性自治的实现,实现权力的共同支配以及对共同利益的保障,需要人们实践理性的政治参与。政治参与并不应仅仅呈现为一种利益竞争的场域:为了共同利益的保障,政治应当存在一种审查机制,以防范人民中,尤其是从个人利益出发的偏好、私利等影响着政治判断。这种审查机制便是集体理性的存在。[94] 集体理性依赖于人民的共同决策,这种共同的决策并不是一种古典时代贝壳放逐式的直接民主议决,而是一种通过话语与协商交换正义观念后的慎议。正如哈林顿在《大洋国》中的描述一样,要求人们"在公共餐桌上表现得克己复礼"。[95] 因此,共和的权力观要求共和的权力实践保障一种商谈(discourse)而非决断(decision)。人民共和超越资本主义民主制度的核心特质,

---

[94] [古希腊]亚里士多德:《政治学》,吴寿彭译,商务印书馆1983年版,第146页。

[95] [英]詹姆士·哈林顿:《大洋国》,何新译,商务印书馆1996年版,第23页。

就在于其除追求一种超越了个体主义的公共生活,更要求这种公共生活是真实共同体的生活。是故,其追求超越个体主义而非柏拉图主义中的那种将公共生活凌驾于个体之上;其追求消解政治国家的异化现象,更要求这种"人民的共同体"的决策能够兼具着一种真实的民主参与和科学理性。因此,人民共和思想的权力配置在目的上遵循一种保障慎议参与的需要。尤其在我国人民代表大会制度中,由于其本身代表着人民共和的民主性部分,其权力更应体现一种慎议的追求,故而各部分的权力在具体运转中,应当保持开放和可讨论的结构,以实现权力决策的审慎和共同参与,具体而言:

第一,在我国国家立法权内部的配置与运行中,就有许多保障慎议和参与的具体制度设计。例如,《立法法》规定了诸多保障参与的内容:在法案起草阶段,有草案公布的一般性要求,并规范了专家参与的制度;在立法审议阶段,规范有重大意见分歧搁置的规定;在立法表决阶段,还有针对重要条款单独表决的制度设计。这些设计都展现着立法权限的配置除分工之外,还保持着一种理性的开放互动,将慎议参与的基本要求,通过各种形式具体固化在我国人民代表大会的立法活动中。

第二,慎议参与的开放结构,在我国国家立法权内部配置中尽管有诸多展现,但也存在许多不足。在某些方面甚至影响着整体立法权作为一种制度权威的实现。例如,当前全国人大和全国人大常委会的立法活动中,尽管存在公开征求意见的相应制度,但在意见收集和制度选择上,缺乏一种明确且公开的意见评价机制:意见如何参考,多大程度上被参考,意见反馈实质上是否真实回应问题等都缺乏固定的制度评价。这导致开放的价值被削弱。此外,在审议以及其他咨询意见的收集过程中,所有的意见的收集和分送工作都由常委会工作机构进行。事实上,由于讨论往往并不集中,也缺乏审议中的表决决策,这些意见在收集过程中必然会被总结和过滤,而常委会工作机构作为一个具有立法专业技能的技术性文官体系,很大程度上掌控着这种对意见表达话语的选择。换言之,并非全部意见都会被收集到专门委员会或常委会予以讨论和审议。这导致了一种科层制组织对慎议参与意见的阻断,阻碍了立法活动中慎议价值的实现。

第三节 民主集中制指引下的权力集中配置及其与立法的关系

如本书所论述,在一国国家机关权力配置中所展现的权力集中的基础配置模式,并不是一种单纯的集权,而是一种权力的必要集中。其目的是在理解权力与组织作为集中式信息网络结构属性的基础上,塑造一种影响行动者的信息传递的有效链接;又或者说,是保证合法的权力链的有效延伸。这是在一般的权力集中制基础上的一种升华创造。因此,本书选择使用集中式网络权力结构而非单纯的"集权"一词来表述这种权力集中模式。这种集中式网络权力结构在我国制度实践当中的基础指导原则和具体体现,就是具备着宪制的"中国模式"意义的民主集中制。

一、民主集中制的内涵及其中国意义

民主集中制思想作为中国共产党及我国国家机关根本的组织原则,是我国宪法制度的最大特色,更是"中国模式"中最为核心的组成部分,对于理解中国特色社会主义的理论与制度,厘清我国国家权力配置的基础原理有着重要意义。理解一项思想和根本原则,应当对这项概念的历史流变予以梳理,从而彻底理解概念。因此,在本书中如何理解民主集中制与权力集中的关系,有必要首先对民主集中制内涵及其中国意义进行深入的解析,进而发掘其理论的内在脉络。

(一)民主集中制的渊源

虽然民主集中制的概念本身并非由马克思主义及无产阶级政党的最早缔造者——马克思与恩格斯所创造。但民主集中制的思想内涵,却早在马克思恩格斯时期的建党实践中被整理总结为有益的经验,或者可以说,民主集中制的思想渊源可以追溯到马克思恩格斯的建党实践经验。

马克思和恩格斯曾积极地参与了《共产主义者同盟章程》(以下简称《章程》)的起草工作。在其中,马克思和恩格斯展示了其无产阶级政党建设思想。《章程》规定各级的主席、副主席等领导人员和机构都由选举产生,

“同盟各级机关……按照章程独立负责进行活动，并立即把一切通知上级机关”。[96] 由此可以看出，《章程》规定实行一种领导下的民主制度，在一定程度上已存在民主集中制的雏形。另外，《章程》也保持着相对松散的组织与权力架构，尤其在中央委员会层面，缺乏有效的领导权力。例如，《章程》规定上级领导机关对下级的控制权力仅有开除的处分权能等，存在集中性不足、权力不张的弊端。

面对前述问题，马克思与恩格斯起草了《中央委员会告共产主义者同盟书》，指明实践中存在的问题，其中明确指出：“革命活动只有在集中的条件下，才能发挥出自己的全部力量。”[97] 强调集中领导对于无产阶级政党组织的作用，且马克思和恩格斯还认为，为了应对德国当时的革命现实，有必要采用中央集权的体制，集中党内权力，实行统一领导，进而方能完成党的革命工作。

无独有偶，除了在无产阶级政党建设方面，马克思、恩格斯在国家理论研究中也强调一种民主集中制思想的重要性。恩格斯曾批判无政府主义者反对权威的滥用，认为权威作为一种服从要求，是取代个人独立活动的必需，即产品流通与社会生产条件下的必然。一种集中性的权威是维持革命政权的必需，故而国家的治理就是要把必然的民主和必要的集权相结合。

在马克思、恩格斯之后，俄国社会民主工党及之后的布尔什维克党持续发展了民主集中制的理论。在包括中央委员会对全党的领导权及地位、党员代表大会之下是否需要平行与中央委员会的机构、中央机关报编辑部的地位、地方党委的权力等问题上持续进行了组织与权力设计，最终在 1919 年召开的布尔什维克党“八大”上，“民主集中制”由组织原则上升为“领导原则”，俄共版本的民主集中制的最终定型。中国共产党及中华人民共和国政权所学习借鉴并最终实践的民主集中制正是参考了“八大”所定型的“民主集中制”制度设计和理论资源。

布尔什维克模式民主集中制主要聚焦党内权力问题，回答了党内权力

---

〔96〕《马克思恩格斯全集》（第 4 卷），中共中央马克思恩格斯列宁斯大林著作编译局编译，人民出版社 1958 年版，第 572～575 页。

〔97〕《马克思恩格斯选集》（第 1 卷），中共中央马克思恩格斯列宁斯大林著作编译局编译，人民出版社 2012 年版，第 390 页。

如何实现分配、党内如何实现统一领导的问题。具体而言：

首先，党内的关系建立在民主的基础之上。民主集中制并不是一种“极端的集中制”，强调实行集中的前提是在一种民主的基础上。列宁就曾表述过党内的这种民主基础：“整个党组织是按民主原则建立的……全体党员确定党组织的策略方针。”[98] 党内的民主基础主要体现在以下几个方面：第一，党内实行民主选举制，如党内的各级组织领导机构——各级委员会由各级代表会议选举产生、各委员会的负责人由委员选举产生等，实现一种自下而上贯彻的选举制度；[99] 第二，党员对被选举出的代表或委员会有监督权利，可以撤换不合适的代表或委员，“（所以被选举出的领导或机构成员）是可以撤换的”；[100] 第三，党员一律平等，党内允许自由讨论和批评，党员有权利对党内的问题进行广泛深入的讨论，如此才能统一思想、明确方向、探求真理，也通过讨论与批判检讨不足，寻求改善与解决方案。

其次，无产阶级政党要求实现集中领导、统一行动。虽然民主是党的产生与党内关系的基础，但作为一个革命的政党，要求全党能够追求统一的行动方向，实践科学社会主义的伟大理想。因此，民主集中制建设主要是为实现集中统一的组织目标。[101] 是故，民主集中制要求实现集中的领导。具体制度设计主要有以下几点：第一，构架上下基本一致的党内纵向组织制度体系，实现集中统一的组织目标，需要一种严密的组织体系。在民主集中制正式诞生之前，俄国社会民主工党的基层组织相对松散，缺乏组织性和统一性，不利于统一领导和调动。因此，在布尔什维克党“八大”党章中，严格规范了党内纵向各级组织设计，且与中央层面相对一致，设计了代表会议、各级委员会和检查委员会的组织框架，构架起了上下基本一致的党内纵向组织制度体系，这也成为后世民主集中制制度的重要内涵之一。第二，构架了权力一元的组织领导体制。民主集中制强调集中的重要性，要求在权力上实现一元的统一领导。在横向层面，体现为中央委员会及各级委员会对本

---

〔98〕《列宁全集》（第13卷），中共中央马克思恩格斯列宁斯大林著作编译局编译，人民出版社2013年版，第191～192页。

〔99〕郭文、刘国华：《民主集中制溯源考》，载《求实》2012年第12期。

〔100〕《列宁全集》（第10卷），中共中央马克思恩格斯列宁斯大林著作编译局编译，人民出版社2013年版，第418页。

〔101〕赵宬斐：《民主集中制：过去、现在与未来》，载《学术月刊》2011年第2期。

层级除代表大会(会议)以外各机构和党员的领导权,且在中央委员会设计了政治局和组织局等机构,实现一种专项事务上的集中负责。在纵向层面,则体现为上下级领导关系。具体来说,党的上下级组织之间为从属关系,上下级组织之间按照从中央到县以下基层的次序,实行一种上传下达、批准否决;所有的党组织都受中央的统一领导,构成了一种集中式延伸的权力链条。

(二)民主集中制的中国发展

前文所述之布尔什维克模式的民主集中制自确立之后,就一直为布尔什维克党人坚持和推广。1919 年在已然革命成功的布尔什维克党人号召之下,原"第二国际"中分裂出的各革命派支部代表在莫斯科建立起了"共产国际",正式接过了世界革命和共产主义运动的大旗。在"共产国际"的二大上,拟定了"共产国际"加入条件,其中明确要求加入共产国际的党,必须明确坚持民主集中制原则。[102] 由此,"民主集中制"由原俄国社会民主工党的原则推广成为"共产国际"旗下各无产阶级政党的组织原则。中国共产党作为在"共产国际"扶持和指导下组建起来的无产阶级政党组织,自一开始就较为严格地遵守着共产国际的诸项规则,且早在 1922 年中共二大上即已通过加入"共产国际"的决议。因此,民主集中制理应是中国共产党所坚持的组织原则。在 1927 年 6 月通过的《中国共产党第三次修正章程决案》中明确规定:"指导原则为民主集中制。"自此,民主集中制被写入党的章程,成为中国共产党党组织的指导原则。

虽然中国共产党中央一直坚持着民主集中制的原则,但在长期的革命斗争中,也存在否定与反复。同时,在这一过程中,民主集中制也由一种党内的领导原则逐渐向军队及中国共产党的政权组织发展。尤其在经历党内争议和红四军内部纷争后,民主集中制原则最终在"古田会议"中被重新定义并明确。具体而言,"古田会议"决议明确:第一,权力应当集中。决议反

---

[102] "加入共产国际的党,应该是按照民主集中制的原则建立起来的。在目前激烈的国内战争时代,共产党必须按照高度集中的方式组织起来,在党内实行像军事纪律那样的铁的纪律,党的中央机关必须拥有广泛的权力,得到全体党员的普遍信任,成为一个有权威的机构。只有这样,党才能履行自己的义务。"参见《列宁全集》(第 31 卷),中共中央马克思恩格斯列宁斯大林著作编译局编译,人民出版社 2013 年版,第 493 页。

对了过往“由下而上”的主张，强调组织领导和决议执行的意义，认为实行的民主集中制应当是一种“厉行集中指导下的民主生活”。这要求：(1)上级领导机关不可议而不决，必须沿着正确的路线，建立领导的中枢；[103] (2)上级领导机关的决策必须是在客观了解基层情况的基础上做出；(3)决议一旦作出，必须厉行执行。第二，权力必须集中于党的政治领导。

“古田会议”对民主集中制的重新确立意义深远。在此之前，民主集中制都属于党内组织指导原则，缺乏外部意义。在“古田会议”之后，民主集中制在党所领导之军队中得以确立。所涉及之权力结构从单纯党内权力配置演化为具有普遍性的机关组织的职权归属问题，具有深刻意义。同时，“古田会议”除承认民主集中制对军队的指导意义之外，还承认了民主集中制在中国共产党的党组织内与红军(军队)内当有所差别，分别有不同的实现方式，这事实上确立了民主集中制在不同组织类型内部的运转模式可以予以差异化表达的理念，对民主集中制在中国的发展具有深远的意义。此外，“古田会议”所确立之“民主集中制”，开始脱离舶来之布尔什维克式的民主集中制，逐渐发掘出民主集中制内涵中的中国特色含义。我国的民主集中制自“古田会议”开始被赋予更为强调集中指导下之民主，更为强调议决和决议执行重要性的内涵。自此，民主集中制的理论与制度实践逐渐走上了一条中国化的道路。

党内反极端民族化出现的斗争也好，红四军斗争也好，除了各自有一些特殊问题(如党内路线斗争问题、党对军队领导问题等)，都涉及一个共性的关键问题，即集中与民主的关系问题。具体来说，是布尔什维克式的民主集中制在中国实践中的落地问题。布尔什维克式的民主集中制强调“公开辩论与讨论”式的民主，然而，在彼时的中国共产党内，这种制度设计遭遇了现实问题，即决议问题。由于允许公开讨论与批评，党内在缺乏统一核心的情况下争论不休，导致决议往往难以作出，且由于争议较大，在决议作出后，又往往存在不服从决议的现象，导致极端民主化。在纠正这种极端民主化时，又曾经出现过度集中导致决策失误(如立三路线时期，停止党的正常活动，将党、共青团和工会合并为行动委员会)。这种在集中与民主之间的无所适

---

〔103〕《毛泽东文集》(第1卷)，人民出版社1996年版，第82页。

从,必然使《党的组织问题议决案》中所强调的“需要最大限度的集权……但是集权制度不应当变成消灭党内的民权主义”〔104〕成为一纸空文。因此,亟须探索一条适合于中国实践的“民主集中制”道路,去寻求民主与集中的合适位置。

在前述现实问题的基础上,“古田会议”的决议找到了发展中国实践的“民主集中制”的第一步。在“古田会议”以及此后中国共产党一系列的革命实践的基础上,七大总结出了中国共产党对“民主集中制”的独特阐释,也即“民主基础上的集中和集中领导下的民主”。综合来看,中国共产党在七大所确立的民主集中制内涵,具体存在如下相较于过往民主集中制体制的创新思路:

第一,组织集中化程度更强。中国共产党在七大确立的民主集中制中,强调四个服从原则,〔105〕强化了党组织的统一领导。同时,在组织设置上,中国共产党设计了较布尔什维克更为集中化的组织体系,如“七大”党章曾明确了“中央政治局……指导党的一切工作”,使权力更为集中。同时设计了党代表会议等制度,加强中央与地方、部门党组织之间的沟通,强化党中央对全党的组织协调能力,促进思想和行动的统一。这种集中化的组织体系使党组织的集中能力得到加强,尤其是党中央的领导能力更为强化,为后来单一式的中央集权共和国的成立奠定了基础。

第二,强调集体领导与个人分工相结合。实行集体领导,实行个人分工,强化党委制是中国共产党在长期的民主集中制实践中的宝贵经验。以党委制为核心的集体领导体制,是民主集中制中民主的主要组成要素,是抵御防范“家长制”,实现集中指导下民主的有效制度设计。在革命斗争的早期,中国共产党党内曾存在个体凌驾于组织之上的“家长制”与个人不服从组织决议的“分散主义”倾向。针对这些情形,中国共产党以工作规则和纪律的形式确立了党委制的集体领导与个人分工体制。一方面,这种制度设计强调领导机构的领导为一种集体领导,反对任何个人凌驾于组织之上,而应当以少数服从多数的原则以集体决策的方式作出决定,开展领导工作。

---

〔104〕 中央档案馆编:《中共中央文件选集》(第3册),中共中央党校出版社1982年版,第305页。

〔105〕 即个人服从组织、少数服从多数、下级服从上级、全党服从中央。

另一方面,这种集体领导是一种带有功能性的集权,也存在个人分工负责的责任制内容。这表明集体领导模式并不意味着责任制不张,法不责众,而是要防止无人负责的情况。

第三,以"批评与自我批评"的集中指导民主逐步取代"公开的辩论讨论"的论战方式。布尔什维克模式民主集中制中民主实现的一个很重要的制度设计即允许党员在决议作出之前开展"公开的辩论讨论",甚至允许在党报等渠道公开发表,进行论战。在引入民主集中制时,中国共产党也学习引入了这一制度设计。然而,在长期的实践中,这种公开的论战往往难以有效地达成一致结果,反而造成了决议难以作出和执行难问题,甚至某些反对者会借用相应渠道,严重化党内路线斗争,分裂党组织。党的七大党章汲取了相应经验教训,虽然依然承认并保障党员公开辩论甚至上书中央的建议权,但也明确限制这种自由讨论的限度,强化发言者的主体责任。[106] 同时,还将这种讨论和批评的权利内化为一种组织内的民主方式,以更为可控的、具有更强的集中指导性质的"批评与自我批评"方式开展党内民主讨论,逐步取代公开的辩论论战,强化党组织内成员在思想与行动上的统一性。

综上所述,中国共产党在七大中正式创新地确立了有自身特色的民主集中制体制,为民主集中制赋予了中国式的思想与实践特征,对后世中国共产党组织建设以及中华人民共和国的政权组织构建都产生了重大的影响。

(三)当前我国民主集中制的国家制度实践内涵

如本书所述,民主集中制在诞生伊始只是无产阶级政党的组织原则,但在中国共产党取得政权后,民主集中制的使用逐渐开始扩展到国家组织层面,成为国家机关的组织原则。尤其对于中华人民共和国政权的政体——人民代表大会制度而言,更是"以民主集中制的结构来塑造人民代表大会制度结构"。[107] 因此,民主集中制开始超越了党的组织原则意义而成为影响国家权力结构和调配的重要原则,我国国家机关权力配置的集中面向必然

---

〔106〕《中国共产党章程》(七大)第25条规定:"凡关于全国性质的问题,在中央没有发表意见和决定以前,各部分和各地方党的组织及党的负责人,除自行讨论及向中央建议外,均不得自由发布意见和决定。凡关于地方性质的问题,党的地方组织、有自主决定之权;但不得和中央及上级的决定相抵触。"

〔107〕刘松山:《运行中的宪法》,中国民主法制出版社2008年版,第66页。

与民主集中制的理论密切相关。

民主集中制从无产阶级政党的组织原则向政府组织原则的投射，始于中华人民共和国成立前毛泽东关于政府组建的相关论述。毛泽东在1937年接受英国记者采访时曾指出，抗战的政府应当是“民主的，又是集中的”政府，一方面，它应当汇聚人民的意志，具有“得到全中国广大人民的支持和拥护”的民主制意义；另一方面，政府也要集中行政权力，执行汇聚人民意志的决议，才能完成抗战这场正义的战争。[108] 在毛泽东关于政权建设的重要论著《新民主主义论》中，他再度详细阐述了政权建设中民主集中制的原则。他认为，全国人民要组建各级人民代表大会，建设政权机关。各级代表大会选举产生各级政府。这种制度一方面代表表现民意，另一方面适于指挥，即一种民主集中制的制度。在《论联合政府》中，毛泽东再次对这种民主集中制的政权组织结构作出了进一步阐释，他认为：“……采取民主集中制，由各级人民代表大会决定大政方针，选举政府。”如此既是民主的，又是集中的。换言之，民主集中制主要指向这种民主产生政权机关，代表人民并选举政府，集中执行人民代表机关的决议和国事的政权架构路径。简单归纳，即一种“人民—人民代表大会—政府”的政权组织结构形式。由此可归纳为以下几点特征：第一，民主集中制指向的是一种政权组织结构形式，是一种国家权力与国家机关的构建路径；第二，民主集中制的民主主要体现为人民选举代表机关，人民代表机关选举政府，政府执行人民代表机关的决议决策，即政权产生于民主，政府亦产生于民主，政府当执行人民的意志；第三，民主集中制的集中主要体现为政府的执行统一，要求政府准确且及时执行人民代表机关的决议决策、处理国家事务；第四，民主集中制指向的是一种政权组织形式，即一个国家政权组成的各种外在联系。具体而言，是人民与人民代表机关之间、人民代表机关与政府之间的关系，并不指向并涉及人民或是国家机关内部关系。民主集中制在此时的理论认知中，并不涉及国家机关内部的组织与权力结构调整。

然而，这种理论认知随着我国的宪法发展，呈现一种不断变迁的态势。民主集中制不再只被认为是一种国家政权机关建构的路径，而开始逐渐转

---

[108] 《毛泽东选集》(第2卷)，人民出版社1991年版，第383页。

化为一种全面的国家机关的组织与权力运转的原则。这种由外及内的变化开始于《共同纲领》的规定:“各级政权机关一律实行民主集中制。”作为中华人民共和国成立的宪法规范规定,民主集中制自此在宪法规范层面被正式确立为一种国家法制度上的规范原则。同时,这种规范表明,民主集中制一方面表现为一种外部式的政权组织结构形式,即“人民—人民代表大会—人民政府”的民主代表与集中模式;另一方面,民主集中制不仅仅被视为一种外部的组织结构形式,也被规范为一种内部的机关组织原则。在人民政府委员会内部,也要实行一种少数服从多数的民主集中制度。

在前述理解的基础上,现行宪法及其他法律规则从内外两个层面围绕着人民代表大会构造了现行的民主集中制原则。总体来说,现行的民主集中制不仅明确地指向政权组成问题,指向国家机关之间的关系,还表明了民主集中制是人民代表大会机关内的一个领导原则。在现行宪法中,民主集中制条款的规定并未直接将其规范为人民代表大会及其他国家机关组织内的领导与活动原则。但民主集中制作为国家机构的总原则,自然在其他的法规范中得以确定。在监督法等法律规范中,都规定了人大或人大常委会遵循民主集中制原则。1987 年《全国人民代表大会常务委员会议事规则》规定,[109]在审议活动中,遵循民主集中制原则。换言之,民主集中制是全国人大常委会审议活动中的原则。这意味着民主集中制的原则已经开始超越组织架构问题,而深入职权活动中,成为一种完全意义上统摄组织及权力构建与运用的规则。无独有偶,2006 年通过的《各级人民代表大会常务委员会监督法》也继承了这种发展倾向,其中规定人大常委会以民主集中制为指导行使监督权,[110]表明在职权运用上,人民代表大会也需要遵循民主集中制要求。因此,总体来看,民主集中制在人民代表大会内部的投射,可以从两个层面理解:第一,民主集中制从组织上呈现为委员(代表)制模式的集体领导、统一决议。如本书所述,集体领导是中国化民主集中制原则的特色部分和重点制度,在党内实行集体领导的党委制,本身即被理解为一种民主集中

---

[109] 《全国人民代表大会常务委员会议事规则》第 2 条规定:“全国人民代表大会常务委员会审议议案、决定问题,应当充分发扬民主,实行民主集中制的原则。”

[110] 《各级人民代表大会常务委员会监督法》第 4 条规定:“各级人民代表大会常务委员会按照民主集中制的原则,集体行使监督职权。”

制的具体制度投映。[111] 我国人民代表大会的组织结构本身与党的代表会议和党委制有着极大的相似处,人民代表大会的结构更是以民主集中制的结构建构起来的。同时,集体领导的委员(代表)制本就是人民代表大会组织的本质内涵,尤其是常委会的设置,作为一种在全国人大闭会期间承担起国家重大问题的讨论和决定职权的国家决策集体,常委会(特别是全国人大常委会)明确地展示着一种集体领导与决策统一的内在意义。因此,人民代表大会的集体领导模式与统一决议是民主集中制在组织结构方面的集中展现。此外,常委会的委员长(主任)会议通过其议程与议题控制的能力,更进一步地集中了这种统一决策与集体领导,强化了民主集中的体制。第二,民主集中制从权力上呈现为权力的向心与一元化。集体领导与统一决策需要一种权力上的统一,这种统一不仅仅体现在权力结构上,也展现在权力的动态实践中,明显的例证就是前文所讨论的议事规则和监督法中的规定。民主集中制的要求使人民代表大会不断在内部塑造并实践着一种向心和一元的权力统一。尽管人民共和意义上的结构分化要求配置了各级人民代表大会内部组织运用不同权限的样态,但民主集中的统一要求,通过大会和常委会的民主集中模式,形成了权力结构上和实践中的向心模式,保证了国家权力作为一种整体化的一元权力而被统一运用。

此外,民主集中制的制度实践还集中地体现在中国共产党组织与国家机关的结合当中。尽管国家法规范在很大程度上将民主集中制予以外部化的政权组织形式结构处理,在诸多国家机关内部的运用并无宪法和法律要求;但从制度实践来看,国家机关中必然存在中国共产党的党组织,其党组模式深刻地影响着国家机关的内部领导权力和人员组织结构。民主集中制是党的根本组织制度,因此,在国家机关中,民主集中制会因党组织的存在得到另一种形式的实现与存在。在本书中曾就全国人大党组对立法权力的实质影响予以分析,民主集中制在人大内部的实践,也必然沿着与全国人大委员长会议结构嵌套的路径,通过民主集中的模式,构造并影响着全国人大的内部权力。

---

〔111〕《关于中央委员会工作规则与纪律的决定》。

（四）民主集中制的民主与集中

尽管在制度实践中民主集中制已然构造成为具体的领导与组织制度体系，但是从实质来看，民主集中制的种种制度投射都是其所涉及的一组核心命题——民主与集中的实践显象。是故，理解其中的民主与集中关系问题，是把握民主集中制，理解中国模式下国家机关权力配置集中面向的重要切入点。

民主集中制，顾名思义，从概念本身来看，即涉及民主与集中这一对命题。作为马克思主义的一项理念原则，在过往的理论中对其理解也当然承袭着马克思辩证哲学观的观察视角，民主与集中在这里不是两极对立或机械组合的关系，而是组成了对立统一的有机整体。传统理论认为，民主集中制正是一个包容民主与集中两方面的矛盾统一体。具体而言，存在以下几个层面的认识：

首先，民主集中制中民主与集中相互融合。由于民主集中制是包容民主与集中两方面的矛盾统一体，因此，民主与集中在其中对立统一，相互融合。民主呈现为一种存在一定集中约束的状态，尽管其决策过程中体现出民主决策中多数决的内涵，但其仍需服从于一定的集中性要求。例如，掌握领导权能的组织产生的过程是一个民主的过程，也是一种集中意志、统一决策的体现。集中也是一种民主基础之上的集中，民主集中制要求一种集体领导的统一决策，在这里集中并不意味着独断。是故，其一方面是一个集中的决策活动，另一方面也是一个汇集多数意见，展现集体民主的活动。在民主集中制中，民主与集中相互融合，互为支撑。

其次，民主集中制中民主与集中此消彼长。虽然在民主集中制中，民主与集中呈现为一种难以绝对分离相互融合的形态，但作为对立统一的矛盾两方面，二者依然存在此消彼长的属性。历史上种种破坏民主集中制的事件，都是其印证。单纯强调民主的极端民主化现象，在历史上就曾破坏党的统一与权威，影响决策决议的效率，造成分散与分裂。过度强调集中的高度集中化，则造成了民主的基础被破坏，民主的主体性与主动性丧失；消解了民主的基础和个体的利益诉求，导致决策的肆意和盲目，造成了巨大损失。因此，民主集中制中的民主与集中存在此消彼长的对立统一，应当以正确的辩证法看待并处理好民主与集中关系问题。

最后，民主集中制是民主与集中的动态统一。尽管民主与集中存在此消彼长的情况，要求辩证的处理二者关系。但这种辩证的处理，并不是一种一成不变的单纯的折中，而是一种动态调整的过程。面对着不同历史时期的政治经济文化现实，民主与集中的关系也必然要求着不同的统一形态。毛泽东就曾要求民主与集中关系需要存在这种动态的因势而变，他指出："在反动和内战时期，集中制表现得多一些。在新时期，集中制应该密切联系于民主制。"[112]因此，民主集中制中民主与集中所呈现并实践的是一种不断调整的动态统一。

近年来，随着对民主集中制认识的深入，过去传统的视角中的民主与集中的对立统一关系遭到了诸多质疑。质疑的观点认为，在马克思主义和其他政治哲学的理论视野中，民主与专制、集中与分散才是对立的概念，民主与集中并不是所谓对立统一的两方面，民主与集中更不处于问题的同一层次。民主是基础，民主集中制的本质是一种民主制度，是对集中的内在规定和外在要求。集中是一种组织的方式，是在民主的基础上实现统一决策的制度目标面向。因此，民主集中制的实质制度设计从来都着眼于解决在民主的基础上如何实现集中的问题。本书认为，从民主集中制在我国的制度实践来看，民主集中制中的民主与集中的关系，更贴合于此种质疑的观点。尽管民主集中制中存在民主与集中制度实践上的融合，也存在极端民主化和高度集权的此消彼长，但二者并不是一对合格的对立统一关系，集中并不意味着专制，民主也并不意味着分散。同时，从历史来看，民主集中制在我国的确立，其实质的追求是一种民主基础上如何实现集中组织的问题，即民主在组织构造和运行机制层面如何具体实现一种集中领导模式而非分权制衡模式的问题。无论是描述的"人民—人民代表大会"的政权组织形式，还是人民代表大会相对于各国家机关的集中领导关系，抑或人民代表大会内部议事决策上的民主集中，都反映着这种民主基础上实现集中制度的实质追求。

综上所述，民主集中制中的民主与集中存在相互融合的动态统一，但二

---

[112]《毛泽东选集》（第1卷），人民出版社1991年版，第278页。

者并非矛盾对立的两个方面。民主与集中属于不同层次的概念。民主是基础，是民主集中制的本质属性；集中是制度目标追求，是民主集中制在制度实践中的具体制度面向。民主集中制的实质是构造并运转一种民主基础上实现集中的组织与权力模式。

二、民主集中制原则与集中式权力网络设计

如前文所述，民主集中制的实质是构造并运转一种民主基础上实现集中的组织与权力模式。因此，民主集中制虽然是一种民主基础的制度，但集中在制度构造层面具备着重要的意义。民主集中制在权力与组织实践中具体指导着一种集中式权力结构的构造与运转。尤其作为国家机构的原则，其影响着我国国家机关内部权力配置上一种集中式制度面向的实现。

民主集中制原则对我国这种集中式权力结构产生了深远的影响，它促使权力配置的理解向着一种从制度本质出发理性建构的合理配置演进。民主集中制的要求使集中本身的概念发生了变化，集中不再是一种单纯的从个体出发的权力向心或权力一元化。换言之，集中与独裁或君主式的集权在本质上产生了分离，民主集中制原则下的集中指向一种集体领导的决策模式，是组织架构与权力链条上的集中。

如本书所述，权力与组织都是同一对象的内容与形式，是一种特殊信息沟通媒介——特定社会互动交换信息网络的表现，其实质与内涵呈现为这种影响他者行动选择的特殊信息的沟通渠道。集中式正是基础网络拓扑结构之一，是信息网络的基础模式。因此，集中范式是权力与组织结构的一种基础配置。民主集中制原则下的集中，正是符合这种集中式信息网络结构的基础范式内涵，二者存在价值基础上的一致性，故而民主集中制原则下的集中，是超越传统集权理论的理性配置模式和追求。具体而言，这种符合展现为以下几个层面：

首先，集中式信息网络结构的基础范式的核心追求之一，是保证决策的统一发布。具体来说，那些影响行动者选择的信息的发布与决策都归诸唯一的主体，权力决策链条由单一中心出发并影响系统中全部的行动者，其他行动者并无透过此网络影响他者的能力。换言之，集中式信息网络结构的集中首先指向统一决策，这要求一种统一的影响行动信息发布。这意味着

如下两个层次的内涵：第一，存在一个适格的统一的决策源头，也就是源头的合法性问题。这直接影响着信息发布的统一性和影响能力。申言之，这种集中要求统一决策具备合法性。民主集中制中的统一决策，是一个民主基础上的统一决策：决策的领导机构或成员源于民主选举，具备较强的合法性和认同性；决策的议定要求收集、听取来自基层的意见建议；决策的作出遵循民主集中制的少数服从多数原则，由集体决策产生。这构造了一个具备符合合法性要求的决策源头。第二，决策源头的集中还要求统一决策的效率。影响行动信息的发布与决策都归诸唯一的主体，这意味着整个系统内全部行动信息的处理都由唯一的决策源头完成，这要求决策的效率。如本书所述，民主集中制的诞生便是为了应对决策效率而产生的。极端民主化导致的议而不决的现实，严重影响了追求统一的行动方向的无产阶级革命政党的实践，因此需要统一决策核心和效率。在统一决策问题上，民主集中制原则的集中展现并符合一种集中式信息网络结构的具体实践需求。

其次，集中式信息网络结构的基础范式的另一核心追求，是有效的影响行动信息传递。具体而言，在集中式信息网络结构中，决策链条是由单一中心出发并影响系统中全部的行动者，其他行动者并无透过此网络影响他者的能力，权力信息的反馈与决策都归于唯一的主体。因此，进行有效的影响行动信息传递直接决定着整个系统的行动能力。这彰显着两个层次的内涵要求：第一，决策链条需要有效延伸。也就是说，这种决策的信息应当有效地在整个信息网络结构中得以有效传递和延伸。民主集中制也追求这种统一行动的有效决策，在组织上，民主集中制构架了一个上下基本一致的党内纵向组织制度体系。在权力上，民主集中制设计了权力一元的领导体制，在横向层面，体现为领导机构的领导权和专项事务上的集中负责；在纵向层面，则体现为四个服从要求中的服从与领导关系。这些举措都反映着一种保证决策链条有效延伸的需求。第二，保证行动信息发挥影响作用的实效，还需要一套保证行动的规范（奖惩）机制。卢曼曾这样描述过规范（奖惩）机制的重要性："组织权力也不过是奖惩机制的个案而言。"[113] 由此言论可

---

[113] Luhmann Niklas, *Political Theory in the Welfare State*, W' de Gruyter, 1990, p. 161.

见规范(奖惩)对于权力和组织的重要性。组织之所以能够维持,权力之所以能够发挥影响行动的效用,都归因于一种系统内的一整套规范机制的存在。这套机制保证着信息发挥对行动者的影响,又或者说,影响着行动者的行动选择。在我国,尽管鲜有理论探讨,但组织人事制度与民主集中制显然存在内部关联。我国的组织人事制度不同于西方传统,而形成了一套"选拔+一定形式的选举"的干部任用体制。这种体制充分展现了民主集中制的特征,一方面体现民主基础,另一方面彰显上级的领导和集中作用。通过人事选拔机制,民主集中制保证了上级的统一决策决议得以执行,保证了中央对于基层的权威。因此,在有效影响行动信息传递方面,民主集中制也贴合了集中式信息网络结构的集中范式内涵,彰显了民主集中制作为理性科学原则的指导意义。

三、立法权与民主集中制的关系

在分析民主集中制对我国立法权力的指引和塑造作用之前,首先应当明确的是民主集中制与立法权本身的关系。尽管前文就民主集中制对集中式网络权力结构的价值要求进行了分析,但这种普遍性的要求本身,并不能完全套用于立法权问题。是故,民主集中制是否能适用于立法权问题,还需要理解民主集中制与立法权之间的联系,进而才能确定我国国家立法权内部配置中民主集中制的价值与作用。

综合来看,在立法权本身的内涵中,其必然就体现了一种民主集中制的要求,这与立法权自身的存在基础有关,二者在理论逻辑上天然存在相互连接的节点。具体而言:

首先,立法权的本质即实现一种民主意志的集中展示。立法权是国家主权的体现,它集中体现了国家和人民的意志。[114] 在任何一个民主国家中,立法权作为一国创制法律规则的权力,其权力本身即一种凝聚民主意志的体现。立法权是塑造法律这一普遍适用性和具有一定自由外在限制功能的规则的权力。因此,立法权必然应当具有一种合法性的权威。这种合法性权威,由于具备普遍的适用性和对自由的限制,基于近现代民主国家的构

[114] 乔晓阳主编:《立法法讲话》,中国民主法制出版社2000年版,第49页。

建理论,应当是人们通过社会契约交换的让渡。换言之,立法权必然是普遍的民主意志的产物,须汇聚人民意志方存在合法性。是故,立法权的基础来源于民主。同时,立法权不仅反映着民主意志,更是民主意志的一种集中。立法权是一种创制(此处的"创制"是广义上的意义)法律规则的权力,因此,其全部本质都围绕着创制规则本身存在。尽管法律或者说立法是需要反映民主,但规则只能是一种固定化的存在,申言之,立法权并不是展现所有人民的思想,而只能代表着民主意志的凝聚和集中。尤其在现代国家,民主意志都是透过代议方式予以展现,更加强了这种集中内核。是故,立法权是一种通过人民意志凝聚和共同利益塑造对社会关系进行调整的权力。其本质是民主意志的集中展示,即立法权必然是一种民主基础上集中的权力,是民主集中制一种逻辑的展现。

其次,立法权的实现方式需要通过集中民主的代议机关来创制。如前文所讨论的,来源于代表人民意志的代议机关的立法权是一种共同体集体自我统治的抽象表现,也就是说,立法权本身的人民意志反映和集中是透过代议机关实现的。由于立法权的民主和合法性制度权威属性,在近现代民主国家,立法权必然由代议机关所掌握和运用,在我国亦不例外。本章中曾经讨论过,民主集中制是我国代议机关——全国人大及其常委会的工作模式,其合议制的权力决策都遵循着民主集中制的内涵。一方面,通过选举诞生的人大明确地表明了"人民—人民代表大会"这一政权组织形式构架,其存在以及全部的权力活动都体现着民主的基础和民主基础上的集中。另一方面,人民代表大会及其常委会以及人大的内设机构在其工作中,都采用一种代表(委员)制的合议制模式,即"少数服从多数"的表决决策方式,这是民主集中制工作模式的重要体现。在立法权的实践中亦不例外,立法权的表决等都遵循着这一民主集中制内核。因此,立法权需要通过集中民主的代议机关的创制来现实化。

最后,立法权权力结构中也要展现民主集中的价值。如前文所述,立法权的现实化必然随着组织的分化,被分解为一定的与之相对应的权力结构。换言之,在现实化的过程中,国家立法权这一整体性概念,在实践中被分解为存在于不同组织或主体之间的具体权限配置及这些主体之间的相互关系。从立法权的属性来看,其必然需要展现为一种串联式的平行结构。一方面,立法权的结构建构在一种平等的民主基础之上,被配置在不同主体之间的各项权限平等存在;另一方面,立法权结构是一种串联式的结构,在平等配置的基础上,为实现立法成果的产出,集中运用各项权限,以保障整体立法权的运转。是故,立法权权力结构彰显着一种民主基础上的集中价值。

第四节 民主集中制指引的我国国家立法权内部集中配置

前文讨论了我国民主集中制的制度内涵与特征,以及这种民主集中制的集中式权力网络设计,但本书的研究对象是我国国家立法权内部配置问题,因此,这种民主集中制的价值要求,最终还是要落实在国家立法权内部配置上。是故,本节试图通过探讨分析这种民主集中制对立法权结构的实际塑造作用,分析在其指引下仍存在的可优化空间,以明确在民主集中制指导下我国国家立法权内部集中配置的方向。

一、我国的民主集中制对集中式网络权力结构建构的要求

如前文所述,民主集中制是在民主的基础上实现的一种组织与权力模式,是集中式网络权力结构的制度建构的理论核心资源。因此,民主集中制对我国的权力与组织的权力集中式架构产生着重要的影响。同时,民主集中制在进入我国之后,更存在一定的特色与变化,我国民主集中制中所具有的特殊内涵进而对我国的集中式网络权力结构的建构提出了特定的要求。

(一)我国民主集中制的基础面向

我国民主集中制的核心内容总体来说,正是“民主基础上集中”与“集中指导下民主”,其全部的理论内核都是基于此而延展。因此,如前文所述,我国民主集中制的全部特征和内涵主要都呈现为两个基础面向:作为集中前提的民主基础构建和作为重点强化的集中体制。

首先,民主集中制的前提是必须具有民主基础,集中应当是民主基础上的集中,这充分呈现在中国共产党和我国宪制的制度实践中。综合来看,第一,无论是作为党组织的产生还是国家权力机关的产生,都建立在一种民主

选举的基础之上;第二,无论是作为党组织是国家权力机关的权力运转,都是通过民主决策的方式进行——党组织和国家权力机关的决策,都通过一种少数服从多数的投票方式开展,作为投票制的一种基础策略,其往往被视为实践民主的基础面向,构筑了一种民主基础的权力决策;第三,无论是集体领导还是个人分工,都强调一种民主基础的构建,强调通过集体领导的方式开展集中领导,同时反对独裁和分散主义。实行集体领导,实行个人分工的集体领导体制,是民主集中制中民主的主要组成要素。集体领导和个人分工相结合,要求同时反对个体凌驾于组织之上的“家长制”与个人不服从组织决议的“分散主义”倾向。一方面,这种制度设计强调领导机构的领导为一种集体领导,反对任何个人凌驾于组织之上,而应当以少数服从多数的原则以集体决策的方式作出决定,开展领导工作。另一方面,这种集体领导是一种带有功能性的集权,也存在责任制内容。因此,对于集中体制的前提,我国民主集中制要求构筑一种民主的基础,以保障集中体制自身的合法性。

其次,民主集中制的核心要求是实现集中领导,尤其对于我国民主集中制而言,组织与权力的集中模式和统一性安排是其制度特色和重点强化的方向。这种强化的特色主要呈现为:第一,组织和权力的集中化程度更强。相较于俄共的民主集中制,我国的民主集中制的确立历经了在早期革命实践中的反复斗争。正如前文所述,在中国共产党早期革命实践中,面对顺直省委乃至红四军内部争议等系列极端民主化事件的威胁,迫切地需要加强组织、强化领导,才能在残酷的革命斗争中生存。因此,在组织设置上,中国共产党设计了较布尔什维克更为集中化的组织体系,使权力更为集中,强化党中央对全党的组织协调能力。同时,设计了党组等制度,以协调党对国家机关、社会团体等组织的统一领导,促进思想和行动的统一。这种集中化的组织体系使得一元化的集中能力得到加强,尤其是党中央对国家各项事业的领导能力更为强化。第二,强化实现与行动的统一性要求。相较于俄共的民主集中制,我国民主集中制更加强化了集中色彩的统一性要求。尤其在辩论方面展现更为明显,如前文所述,民主集中制中民主的内涵,在布尔什维克模式民主集中制中允许党员在决议作出之前开展“公开的辩论讨论”,甚至允许在党报等渠道公开发表,进行论战。在我国,尽管也明确公开讨论的重要性，但相较之下更强调其可控的色彩，在党内民主集中制方面就主要以更强的集中指导性质的“批评与自我批评”方式开展党内民主讨论，逐步取代“公开的辩论讨论”的论战方式，强化党组织内成员在思想与行动上的统一性。在其他有关民主集中制的方面也有类似展现，强调思想和行动上的统一性要求，而弱化博弈与对抗内容。

（二）我国民主集中制的内在要求

基于前述我国民主集中制的内涵以及存在的诸多特征，作为相对特殊的理念原则，其对集中式网络权力结构提出了以下具体的内在要求：

第一，我国民主集中制要求集中式网络权力结构的决策核心存在一种合法性塑造。如前文所述，我国民主集中制最基本的一个面向，即集中体制的前提是民主基础，并且这种民主集中制需要实现一种集体领导和民主决策。换言之，对于集中式网络权力结构而言，其一元的权力决策中心，必须存在民主的前提，即该权力来源应当有合法性，同时其决策也需要遵循民主方式开展。这意味着，即使集中式网络权力结构是为一种决策源头单一，且权力链条单向延伸的结构，但其必须构造一个具备符合合法性（民主性）要求的决策源头。具体而言，决策的权力源于民主的授权，具备民主合法性；决策的领导机构或成员源于民主选举，具备较强的合法性和认同性；决策的议定要求收集、听取来自基层的意见建议；决策的作出遵循着民主集中制的少数服从多数原则，由集体决策产生。是故，集中式网络权力结构应当是一种内部权力链条封闭但源头决策开放的结构，以满足民主集中制的民主基础要求。

第二，我国民主集中制要求的集中式网络权力结构必然是存在决策上一元化和权力链条的封闭。我国民主集中制尽管强调民主的基础，但更要求强化组织与权力的集中化，强调思想和行动的统一。换言之，遵照此种思想，在集中式网络权力结构中，不仅不存在平行或平等的决策主体，只有一个决策主体来统一发布；更强调此种决策链条延伸的单向性和封闭性，强调网络中行动者的统一性。正如削弱公开论战所体现出的特征，这种集中式网络权力结构中不允许内部或外部的其他内容通过链条附加信息以干预行动选择，全部的影响策略信息选择必须在决策之前提交，在决策之后所有的行动则必须依照统一的决策进行统一行动。

第三,我国民主集中制要求强化权力链条的制度保障。如前文所述,权力与组织是同一对象一体两面的内容和形式。我国民主集中制组织化程度更强,换言之,权力本身的物质化制度保障更强。整体内核更强调通过一系列的奖惩互换的内部规范机制来规范并保障权力链条的延伸,实现一种自源头到末端的权力集中化。同时,需要指出的是,这种内部规范机制并不是这种集中式网络权力结构中被配置的权力本体,而是随之存在的一种内部权力关系。例如,行政机关内做出行政处分的特别权力关系等,这种权力关系与集中式网络权力结构既存在联系又存在差异,在传统公法理论中被认为是一种内部行为,不具备外部效力。随着近年来公法理论的发展,才在救济制度等方面呈现外部化的趋势。其本质是一种科层制下人事制度的一部分,是组织或运行的权力结构赖以维系的制度保障。在我国的民主集中制模式下,这种制度保障更倾向于表现为一种与原机关存在相对分割的党组织的隶属与纪律管理制度。综合来说,我国民主集中制要求集中式网络权力结构在实践中通过强化组织内的管理机制,或与相应机关嵌套的党组织的强组织性,完成对权力链条延伸的保障。

(三)集中式网络权力结构的适用场域

民主集中制原则对于集中式网络权力结构的上述要求,不仅仅对集中的权力体制提供了一种明确的内在结构范式,同时明确了在我国一种集中式网络权力结构适用的场域,指引着相应组织与权力分配的理念。具体而言,集中式网络权力结构的适用场域如下:

首先,集中式网络权力结构适用于一种统一行动整合的情境。如前文所述,基于我国民主集中制原则形成的历史,其发展出相对于俄共民主集中制更为集中的组织与权力设计,目的是强化统一领导,促进思想和行动的统一;在制度安排方面,也强化着一种思想和行动上的统一性要求。因此,我国民主集中制一个主要的目的效用,即实现对思想和行动的统一。是故,在此种规范背景下,当面对需要统一行动整合的情境时,应当采用集中式网络权力结构,以实现这种统一性要求。例如,为了加强党对国家机关等的统一领导,就需要在机关内建立党组(党委)制度,通过集中的决策组织和决策核心，以保障国家机关及其工作人员在思想和行动上与党的一致性。

其次，集中式网络权力结构也适用于一种存在效率需求的情境。尽管在前文关于我国民主集中制原则历史与内涵的考察中，并未有官方意义的论述明确表达民主集中制的效率效用。但从结果上看，民主集中制所强调的行动统一，客观上有提升效率、满足一些事项决策效率需求的内在价值。历史上我国民主集中制的最初确立，也是在军事指挥等需要强调统一性和决策效率的领域。同时，前文曾揭示过民主集中制原则的功能性集中意义，也表达了一种效用追求。是故，当所涉事项存在效率需求时，应当采用集中式网络权力结构，以保障其效率实现。从实践来看，很多集中配置体现着此种意义。例如，行政事项的决策相较于立法而言，其更具备现实紧迫性，因此，行政机关多采用行政首长制这种集中决策体制，而不采用合议制进行决策。

二、民主集中制对我国国家立法权内部配置的塑造

如本章所述，国家立法权的权力结构中必然要展现民主集中制的价值。国家立法权的权力结构，实质上是国家立法权内部各具体立法权限的配置。是故，从这种意义上看，我国民主集中制的内涵与特征对我国国家立法权内部配置存在一定塑造要求。具体而言，这种塑造主要体现为以下几个方面：

首先，民主集中制要求一种集体领导的合法性塑造，使我国国家立法权内部各具体立法权限的掌握和运用基本展现为一种民主基础的合议制决策。如前文所述，民主集中制是一种民主基础上的集中，要求集中式网络权力结构的决策核心存在一种合法性塑造。在具体配置中，即要求被配置在组织中的作为一条权力链条的决策核心的具体立法权限，其掌握和运用必然应当是具备民主基础的合法性。这种民主基础的合法性存在两个方面的要求：第一，国家立法权内部各具体立法权限应当由具有民主基础的组织所掌握。民主集中制对权力决策提出了开放性的要求，决策核心必须是民主基础上产生的。也就是说，掌握立法权限的组织，必然应当是一种具有民主基础的组织。这对组织的组成成员提出了要求。换言之，掌握具体立法权限的组织应当是由委员或代表所组成的。目前掌握各具体立法权限的组织

中，基本都是由代表或委员所组成的一种具备民主基础的组织，其掌握相应立法权限反映着民主集中制的价值要求。第二，国家立法权内部各具体立法权限的决策本身也应当是具备民主基础的合法性决策。民主集中制的民主基础要求，不仅仅是指权力决策中心的组织成员具有民主基础，还要求决策本身是一种民主决策。这包含两个方面的内涵：一方面，这种决策活动是开放互动的，能够充分吸收民主的意见和建议，充分联系基层，反馈来源于人民的意见。当前我国立法活动中存在的听证会、论证会等开放制度，展现了这种民主集中制价值的塑造。另一方面，这种决策活动本身是一种集体领导的民主决策。集体领导是中国化民主集中制原则的特色部分和重点制度，在党内实行集体领导的党委制，本身即被理解为一种民主集中制的具体制度投映。[115] 我国全国人大的组织结构本身与党的代表会议和党委制有极大的相似处，全国人大的结构更是以民主集中制的结构建构起来的。同时，集体领导的委员（代表）制本就是人大组织的本质内涵。尤其是全国人大常委会的设置，作为一种在全国人大闭会期间承担起国家重大问题的讨论和决定职权的国家决策集体，常委会（特别是全国人大常委会）明确地展示着一种集体领导的内在意义。目前我国国家立法权内部的各项立法权限配置和运用，除个别配置外，基本都是配置给专门委员会等集体领导的合议制组织运用。同时，民主集中制要求决策本身是一种“少数服从多数”方式的集体决策。前述组织都是通过合议制的表决方式来决策权力的运用，体现了民主集中制的价值。

其次，民主集中制要求决策上的一元和向心。民主集中制不仅仅要求民主的基础，更强调集中的意义。尤其在我国，要求一种强化的集中模式。这对我国国家立法权内部配置提出了集中性的要求，具体可以从两个层面理解：第一，民主集中制从组织上呈现为便于统一决策的组织强化。如本书所述，近年来全国人大常委会的立法权限逐步强化，在立法活动中占据着实质的主要地位，很大程度上就是由于这种集中性的统一决策的影响。作为人数相对较少的决策集体，全国人大常委会相较于全国人大更便于统一行动，形成统一决策，构造一种一元化领导的核心。是故，全国人大常委会在

---

〔115〕《关于中央委员会工作规则与纪律的决定》。

立法中发挥了越来越重要的作用。此外,常委会的委员长(主任)会议通过其议程与议题控制的立法权限,更进一步地集中了这种统一决策的力度,强化了民主集中的体制。因此,一种便于统一决议的组织架构是民主集中制价值要求的集中展现。第二,民主集中制从权力上呈现为权力的向心与一元化。组织的统一决策,在权力上展现的是一种权力上的统一,这种统一不仅仅体现在权力结构上,也展现在权力的动态实践中。民主集中制的要求使人民代表大会内部塑造并不断实践着一种向心和一元的权力统一,这种统一要求通过大会和常委会的民主集中模式,形成了各权限结构上和实践中的向心模式,保证了国家权力作为一种整体化的一元权力而被统一运用。在国家立法权内部配置上,则集中体现为各具体立法权限配置本身的向心化和统一性。如前文所述,法律委员会的统一审议就相对统摄了其他专门委员会的审议权,构造了一种实现集中和统一性的权力向心设计;又如,委员长会议的议程控制权限设计,相对地控制了所有的程序性权限,构造了一种统一化的控制阀配置,使被分散配置在各组织中的立法权限在此被纳入了统一性考量,展现了我国民主集中制的这种集中模式强化要求。

再次,我国民主集中制要求一种思想和行动的统一性,相对弱化了立法活动中的公开辩论设计。如前文所述,我国的民主集中制弱化了博弈和对抗性内容:相较于俄共的民主集中制,更加强化了集中色彩的统一性要求,在党内民主方面强调"批评与自我批评"而弱化"公开的论战"。这种思路也投射在了国家立法权内部的具体配置上。在具体的权限配置设计中,我国弱化了审议活动中的各种公开辩论制度:在审议活动中,往往只是通过顺次发言的讨论方式进行审议。"代表之间缺乏有效的意见交锋",[116]这使得代表之间相对缺乏交涉性,在一定程度上弱化了审议本身的意见对垒和利益博弈的效果。此外,在立法实践中,通过全国人大常委会工作机构(通常是法工委)收集意见的方式来整理相关的意见发表。这实质上致使常委会工作机构以及后续开展统一审议的法律委员会对意见的取舍具有决定权,强化了对审议中的统一性色彩的要求,相对弱化了公开辩论等博弈的设计,体现了我国民主集中制强集中性模式的特征。

---

[116] 宋方青、王翔:《论我国人大立法审议机制的功能与优化》,载《厦门大学学报(哲学社会科学版)》2018年第6期。

最后，民主集中制还要求一种制度化保障权力链，因此其通过党的组织与纪律管理这种特别的奖惩互换机制，以保障立法权决策方向的集中化。如前文所述，我国的民主集中制强调一种制度化的权力链保障，要求通过组织内部制度的强化来实现和保证权力链条的延伸和决策的单向统一。在我国全国人大的组织中，由于其并非行政机关这种单纯的科层制组织体系，并且由于代议机关成员的独特性质，其代表地位的尊崇意味着其内部约束性要明显弱于行政机关。但前文也论述过，在我国这种制度化保障并非仅限于机关内部创造的约束机制，通过中国共产党党组织的模式，亦是保障方式。从制度实践来看，国家机关中必然存在中国共产党的党组织，其党组模式深刻地影响着国家机关的内部领导权力和人员组织结构，而民主集中制是党的根本组织制度。因此，在国家机关中，民主集中制会因党组织的存在得到另一种形式的实现与存在。前文关于我国国家立法权内部配置的讨论中，也分析过全国人大党组通过全国人大委员长会议结构嵌套的路径对立法权运用进行的实质影响。因此，民主集中制的价值要求塑造了这种通过全国人大党组影响立法权运用实践的体制。

综上所述，民主集中制很大程度上通过价值展现直接形塑着我国国家立法权内部配置的样态，使其在决策民主性基础、权力配置的向心化、审议中的统一性强化以及党领导立法方式等多个层面展示出我国民主集中制的内涵与特征。

三、民主集中制对我国国家立法权内部配置优化的指引

前文论述了民主集中制对于我国国家立法权内部配置的价值要求所带来的形塑作用。如果深入考察我国国家立法权内部配置现状即可发现，尽管这种民主集中制的价值要求在很大程度上塑造了当前国家立法权内部结构的样态，但在很多方面制度的实践并未完全遵循着这种价值的内在要求。也就是说，未来我国国家立法权内部配置的优化依然有待民主集中制的价值指引。从前文的总结来看，民主集中制的内涵价值主要呈现在民主基础的要求和集中指导的要求两大层面，是故，本书将继续以这两个层面就我国国家立法权内部配置的优化方向进行探讨。

(一)民主基础的要求

从制度实践来看,我国的立法体制在很大程度上遵从一种集中的统一模式。如前文所述,这一体制在诸多方面都展示了我国民主集中制的这种集中强化。在某种意义上,这种集中并非有利于立法权本身的结构组合和整体立法权的运转。与此相反,我国国家立法权内部配置未能遵从民主集中制之处更多地体现在民主基础的实现上。虽然无法断言,这是由于过度强调这种强集中性所导致的组织与权力结构问题,但在我国人大立法实践中对民主集中制的遵从上,显而易见地展现出了重集中而轻民主的形态。

首先,从决策中心的民主基础实现来看。抛去代表选举制度长年以来的民主性和代表性争议外,在国家立法权内部配置方面,全国人大常委会一直以来的立法权限扩张问题,也明显地体现着这种民主基础逐渐弱化的情况。正如第一章中所探讨的,全国人大常委会在立法活动中逐渐占据了主要的地位,并逐渐进入了全国人民代表大会的立法权限范围。尽管不宜比较全国人民代表大会和常委会的民主性问题,但当前,成员更为集中、代表人数较少的常委会正逐步确立其在立法活动中的优势地位却是不争的现实。对于一些重大事项的立法决断,实际上更适宜通过扩大民主基础的方式来促进权威性塑造。是故,有必要按照民主集中制的民主基础要求,对相应权限配置予以调整,扩大民主基础,保证决策的开放性结构,从而维护民主集中制的民主前提。

其次,前文论述过,民主集中制要求决策的组织具有民主基础。也就是说,在我国国家立法权内部配置中,被赋予具体立法权限的相应组织应当是由代表或委员等组成,并且这种组织的决策运行应当是一种集体领导的合议制民主表决方式。虽然国家立法权配置的部分实践符合这一情况,但对于全国人大常委会工作机构而言,则与此存在差距。前文讨论过,全国人大常委会工作机构作为科层制组织,是一种技术性文官系统,是以其专业性组成的公务人员而非因民主选择而诞生的代议机关组成人员,其决策活动也并非合议制的民主表决,而是基于行政首长制的科层指令行动。因此,其天然在民主性上存在不足。在当前的制度中,常委会工作机构被赋予了在备案审查工作中的法定权限。这显然民主性基础较弱,未能很好地遵从民主集中制的价值要求。是故,有必要依照民主集中制的价值要求,对相应具体权限配置作出调整,取消赋予科层制组织的决策权限,让决策权限回归具有民主基础的组织,以服膺民主集中制的民主性要求。

(二)集中指导的要求

如前文所述,我国国家立法权内部配置中,民主集中制所能指引解决的优化不足问题,更多地体现在民主基础之上,而在集中性的体现上并不缺乏。如果深入分析,可能体现出的并不是其集中性不符合民主集中制要求,而更多的会表现为这种集中性如何展现的问题。具体而言,存在以下几点问题:

第一,尽管当前通过对全国人大常委会立法地位的强化,强调立法权的统一和集中,但这种集中的实现存在很大的问题,不仅仅在于可能带来民主性基础不足的质疑,更表现为一种大会立法权限和常委会立法权限在统一上的磨合问题。如第一章中所述,当前我国全国人大和全国人大常委会的立法权限配置导致了一种二元立法结构,在很多立法事项上,由于二者之间缺乏明确的界限,且全国人大常委会不断扩大自身的立法范围,导致在立法权限的判别上难以统一认知二者立法权限的实际配置范围,致使立法权的运用缺乏一种统一性,最终反而导致统一性上的无所适从。因此,有必要科学地推动集中性工作,统一地划分并运用相应立法权限,以符合民主集中制的要求。

第二,虽然当前我国人大在立法活动中,通过党的组织作为一种外部的奖惩互换机制来完成集中性和统一性的制度保障,但就如前文所指出的党组的相应问题,这种制度化保障由于涉及党的领导和党的组织,存在如何予以内化实现的问题。当前的制度所采用的方式是选择了通过委员长会议的组织嵌套,不断扩大这个成员与党组人员重叠的组织的权限,以保障党的意志和主张的实现。但这种保障由于缺乏法定的基础,且过度强调集中与统一性对立法内容的干预,很容易造成相反的效果,弱化党的领导权威。因此,如何实现这种党组的制度保障,还需要慎重地依据实践进行考虑,在构造制度化保障的同时,符合立法本身的规律,以实现一种更优化的民主集中制的实践。

本章小结

本章主要讨论了我国国家立法权内部集中与分散配置的基础理论。前文所述的集中式权力网络和分散式权力网络,在我国的制度中,其背后理论主要指向民主集中制原则和人民共和思想。具体来说,包含以下两方面内容:

其一,我国国家立法权内部的分散配置应当以人民共和思想为理论基础。依照相关权力理论,立法机关中的权力分立理论与共和理念密切相关:立法活动通过其自身的效用,构建反对独裁的权力分配体系,展现共同利益的动态平衡并予以保障,最终实践了共和的价值。从古典共和主义到新共和主义,共和思想一直以来都强调一种反思性监控后的具备修正意义的权力设计。其所追求的权力结构逻辑,是如何实现权力的公共化问题,展现出权力公共、权力分工、权力平衡和慎议民主的价值。马克思在批判鲍威尔的共和主义道路的基础上,吸收共和理念的精髓部分,形成了人民共和思想。中华人民共和国在人民共和思想的思路下,通过人民代表大会制度的构建,完成了一种从"多阶层的整合"到"人民的共同体"的转换。这使得人民共和思想在我国的具体实践投射在人民代表大会制度中,并对我国国家立法权内部配置提出了理论上的指导:要求国家立法权内部各权限配置依照理性规律分工,国家立法权内部各权限配置实现结构性平衡,国家立法权内部各权限配置实现公共化,国家立法权内部各权限配置保障慎议参与。

其二,我国国家立法权内部的集中配置应当以民主集中制原则为理论基础。民主集中制的实质是构造并运转一种在民主的基础上实现集中的组织与权力模式,这对我国集中式权力结构产生了深远的影响,促使我国对有关权力配置问题的理解向着一种从制度本质出发理性建构的合理配置演进。从历史来看,我国民主集中制的内涵更偏向于对决策合法、统一和有效的追求。因此,民主集中制对集体领导的合法性塑造,使我国国家立法权内部各具体立法权限的掌握和运用基本展现为一种民主基础的合议制决策;民主集中制对决策上统一的追求,使我国国家立法权内部各具体权限的掌握和运用表现出一种相对集中的一元和向心;民主集中制对思想和行动统一性的要求,使我国国家立法权的内部配置相对弱化了立法活动中的公开辩论设计。民主集中制还对我国国家立法权内部配置的优化方向提出了要求,强调具体立法权限的配置和运用应当具备民主基础,强调决策统一,并提供制度化保障。

第四章

我国国家立法权内部配置的优化

本章主要阐述我国国家立法权内部配置的优化问题。本章将理解立法权与立法组织关系对立法权内部配置的影响，从而总结民主集中制思想指导下的集中配置设计与人民共和思想指引下的分散配置设计，以消解权力集中方案与权力分化方案之间的张力。同时，参考以英国等国家和地区为代表的域外经验，针对我国国家立法权内部配置的实践问题，结合承载相应权力的组织背景，促使被配置的具体立法权限及相应的组织结构发挥利于国家立法权运行的使动性作用，最终提出我国国家立法权内部各具体立法权限的优化方案。

第一节　民主集中制与人民共和的张力与统一

在第二章中讨论过，影响我国国家立法权内部配置的基础关系是立法组织与立法权力的关系。作为权力机制存在的组织，其目的是保障权力链延伸及权力的精细化运用；组织与权力是同一对象——一种社会信息交换网络的一体两面。网络存在集中与分散两种范式，因此，国家立法权内部配置的核心模式实质是权力与组织配置的集中和分散问题，即权力内部配置问题中的两种基础理念。当前我国国家立法权内部配置的各方案，本质是权力集中思想与权力分散思想这二者的对立与统一在实践中的投射。权力集中思想与权力分散思想在我国具体呈现为民主集中制与人民共和两种理念。在第三章讨论中，本书就这两种理念进行了深入的探讨。对我国国家立法权内部配置的优化设计而言，除对前述基础理论的践行之外，也应该注意二者之间如何平衡的问题。毕竟作为集中和分散两种相对立的模式，二者之间存在张力与统一的因素。因此，厘清民主集中制与人民共和的思想，分析二者之间的张力与统一，进而考虑在国家立法权内部配置的具体问题中如何消解这种张力，方可指引最终配置的优化。

一、民主集中制原则与人民共和思想的理论张力

（一）统一与分工的张力

民主集中制原则和人民共和思想作为国家立法权内部集中与分散配置模式背后的指导理论，分别导向了集中与分散这一对相对立的基本配置思

想。因此,二者的张力体现最为核心的部分是一种集中与分散的矛盾,即统一和分工之间的张力。

民主集中制是一种集中模式的指引理论,强调集中与统一,尤其我国的民主集中制原则,更强化了这种集中与统一的思想。这要求通过各种集中制度来塑造和促使行动者在思想和行动上的统一性。在权力结构上,民主集中制强调一种一元的统一权力结构,要求全部的权力链条都归于一元的决策主体;在组织设计上,民主集中制要求组织中存在一个集体领导核心,作为整个组织的领导者和决策者。同时,更要求一种相对集中方便统一的决策中心,以规模较集中的组成作为决策中心。

与之相反,人民共和思想作为分散模式背后的理论基础,强调一种分工和平衡的共同治理理念。这要求在制度设计中保证对治理的共同支配,实现在社会化过程中的具体分工。在权力结构上,人民共和思想强调一种分散式的分工协调权力结构,即在整个权力结构中不存在一个决策核心打遍天下,而是依据功能性和结构性的分化,配置多个决策中心,将整体性权力进行分离配置;在组织设计上,人民共和思想更要求组织构造实现一种平行的多中心构成,应对不同的对象,实现一种多中心的分工治理。

这种统一与分工的思想的矛盾,演绎了两种理念中包括一元决策与多中心决策、向心和分离、权力链条纵向延伸和横向架构等在内的种种对立的思路。二者指向两套迥异的权力配置和组织架构逻辑,在整体的思路导向上是相互矛盾的。因此,在民主集中制原则和人民共和思想之间,最基础最核心的张力便是统一与分工之间的矛盾。

(二)效率与慎议的张力

民主集中制原则与人民共和思想之间的张力,不仅仅展现于统一与分工之间的“集”与“分”的对立,在其二阶价值层面,还存在一种相互对立的倾向。

民主集中制对集中的强调,背后存在一种效率性的考量。也就是说,民主集中制原则之所以在民主基础上,选择运用一种不同于过往西方民主制的集中模式,一个核心的思路便是强化领导、加强效率的考量。从民主集中制的理论和制度发展来看,马克思、恩格斯时代提出的集中思想,便是为应对当时革命现实要求，实现集中统一领导、保证革命组织活动的成功而作出的考虑。到俄共时代，这种为了应对革命现实的革命效率取向则更为明显。我国民主集中制的彻底贯彻，同样是由于在中国共产党的早期革命实践中也遭遇了极端民主化等影响革命军队和党的组织性与战斗力，影响革命成功的阻碍。因此，我国的民主集中制作为一种制度保障，其强调集中性，就有着促进革命组织效率、保障革命成功的效率性考量。同时，从前述讨论中也可以看出，这种效率不仅仅指向组织或权力的决策效率，更包含便于实现目标统一和方向性保障的制度效率内涵。是故，民主集中制暗含通过一种集中的组织和体制，以保障整体制度目标达成的效率取向路径。

如前文所述，人民共和思想所侧重和强调的并非效率，而是包含一种慎议的要求。人民共和思想要求一种审慎的精神内核。为了具备理性自治的实现，实践权力的共同支配以及对共同利益的保障，需要人们实践理性的政治参与。这种理性的政治参与要求存在一种理性而审慎的审查机制，以防范偏好、私利等影响着共同体存在的因素。审慎的慎议要求决策必须听取一种集体理性的商谈和交流，最终做出一种谨慎的决策而非单纯的决断。因此，这种审慎的决策要求显然与效率存在相悖的价值逻辑。毕竟审慎虽然不一定代表着低效，但一定不代表着效率。相反，这种慎议的要求，显然会排斥单纯出于决策效率和决策统一的考虑，而对决策活动施加降低效率、增加议事成本和议事时间的规模要求，以减少决策的随意性和可能存在的不科学性。

综上所述，民主集中制原则与人民共和思想在效率和慎议这两个分别出自各自理念核心的二阶价值上存在抵牾，使得在制度选择的理论上出现张力，有必要有针对性地予以考虑。

（三）强组织化与广泛代表的张力

民主集中制原则和人民共和思想，除在核心内涵和随之衍生的二阶价值方面存在矛盾与张力外，其选择的制度运作模式也存在一定的背离。

如前文所述，我国的民主集中制原则包含一种强组织化的内涵。民主集中制强调集中性和统一性，通过对各级组织的科层结构设计的强化和权力中的上下级权力链条的一元化与向心性配置，以实现一种思想和行动上的一致性。因此,民主集中制在组织方面强调一种强化的、具有高度一致性的、存在明显的科层制结构特征的组织设计;一种强组织化的制度运作模式是民主集中制的当然内涵延伸。

人民共和思想更为强调组织代表中的广泛性,通过更加广泛的多元决策中心的塑造,以缔造一种能够代表全部共同利益的共同体。因此,在人民共和思想的制度实践中,利益代言和主体广泛性是必然的追求。对组织而言,人民共和思想强调组织成员的更强代表性和其利益代言的广泛性,因此,构建一种开放性的、能够吸纳更多利益代表群体,表达更多利益诉求的组织,才是人民共和思想的追求,这显然与民主集中制的那种一元化和强组织化的组织要求截然相反。

因此,民主集中制原则和人民共和思想在其理念实践的具体制度运作模式上存在张力,展示着不同取向的组织建构的方向,表达了二者在影响权力配置设计思路上的矛盾。

二、民主集中制与人民共和在制度实践中的张力消解

(一)民主集中制原则与人民共和思想的统一

民主集中制原则与人民共和思想在某些方向性取舍上存在相互背离的张力,并不意味着这二者之间是完全的对立。作为一组相互矛盾的理念,二者间也存在统一的部分,使二者在某些领域的理念上存在整合的基础。

正如前文所述,民主集中制原则强调一种民主基础上的集中,民主的基底是民主集中制的前提。在这里,尽管集中有着需要被强调的重要意义,但民主集中制本身仍然是作为一种民主制存在,集中只是这种民主制的特殊组织和权力配置模式。民主集中制的民主价值更要求民主集中制在实践制度设计中,其决策中心需要存在一种开放结构,达致一种能够与民意互动的交换性体制,以彰显民主的本质。

同时,人民共和思想同样强调民主的价值。如前文所述,人民共和思想要求实现一种真实的共同体的塑造,以破除政治国家的异化,实现一种真实的人的自治。是故,真实的民主是作为人民共和思想的第一阶价值存在,是人民共和思想的前提与基础。人民共和思想的这种真实政治参与价值,要求制度实践中存在一种开放性的慎议民主要求,保障所有的决策都能够反

映真实的人的意志,通过理性商谈,实现理性的决策。

由此可见,民主集中制原则和人民共和思想在基础前提上都强调一种民主的价值塑造,要求制度中的决策核心存在一种开放性的结构,以保障决策的作出能够真实地反映人民的意志和诉求。是故,在民主价值层面,民主集中制和人民共和思想存在统一的方向,其决策的结构都要求塑造一种具备开放性、构建真实的互动和诉求反馈机制,实践民主集中和人民共和的统一价值。

(二)民主集中制与人民共和间张力消解的实现

尽管民主集中制原则和人民共和思想之间存在理念上的张力,但在权力配置实践当中有必要实现调和,进而最终运用综合权力配置的两个基础范式设计,构建并优化我国全国国家立法权的内部配置设计。具体而言,实现这种张力消解,有必要从以下几个角度予以展开:

首先,民主集中制原则和人民共和思想的张力消解应当立足于二者的统一性,通过民主和开放予以整合。对于矛盾两端的整合,应当在统一性的基础上,寻求两方张力的弥合点。如前所述,民主集中制原则和人民共和思想在基础前提上都强调一种民主的价值塑造,要求制度中的决策核心存在一种开放性的结构,以保障决策的作出能够真实地反映人民的意志和诉求。因此,民主的基础价值内涵以及决策的开放结构要求,是民主集中制原则和人民共和思想在理论基础上的共同追求,在此方向上实现权力的配置,是消解二者张力、实现统一和协调的立足点。

其次,实现民主集中制原则和人民共和思想的张力消解,应当在国家立法权的内部配置实践中对于具体问题开展具体分析。民主集中制原则和人民共和思想之所以存在张力,是因为此二者代表着权力配置设计基础理论的两端,其理念指向和运用场景存在区别。在部分场景中,可能需要坚持民主集中制原则,强调对决策和权力链条的集中统一,保障权力运行的效用;但在别的情形下,又可能需要强调人民共和思想,重视分工与平衡的重要性,保障慎议的价值。是故,实现二者的张力消解,无法以一套方式通行全部,而有必要对于不同的权力配置问题进行具体分析,选择合适的指导原则。

再次,实现民主集中制原则和人民共和思想的张力消解,要求在我国国家立法权内部配置设计的考量上兼顾二者,防止偏一而废。尽管民主集中制原则和人民共和思想在不同运用场景中根据实践的需要存在应用上的厚此薄彼,但从整体而言,对于此二者的理论运用应当有所兼顾,不可片面采取单一理论指导实践。同时,在任何一个实践组织中的权力运转,必然体现为权力集中与权力分立二者的统一;至于权力内部配置的核心方向,更表现为集中式权力网络结构和分散式权力网络结构的有机融合。是故,相应配置时应当同时考虑对二者的运用。例如,在专门委员会的立法权限配置中,除应当考虑配置平衡的要求外,也应当强调立法权运用民主基础和决策统一的重要性,防止相互平衡的权力出现内耗,影响整体国家立法权的制度效用。因此,实现二者的张力消解有必要兼顾考量,综合运用相应原则指导实践。

最后,实现民主集中制原则和人民共和思想的张力消解落脚于国家立法权的结构性质。我国国家立法权内部配置的实质,是立法组织及其被分解配置的各具体立法权限的方向符合国家立法权本身的目的和结构要求。换言之,是组织及其立法权限所应当存在的理想状态。当前我国国家立法权内部配置的设计在实践中显然存在不符合这种理想状态的情况,是故有必要予以调整。如前文所述,组织和权限是一种互动式信息网络的一体两面,其网络配置的两种基础范式是集中与分散的网络结构。因此,我国国家立法权内部配置有必要基于集中和分散理念,即民主集中制原则和人民共和思想的指导,平衡集中与分散的两端。是故,民主集中制原则和人民共和思想是理论工具而不是配置目的,二者的张力消解最终还应当落脚于立法权的结构性质,以保障实现立法权本身设计和运用的目的。

第二节　人民民主基础上的国家立法权内部配置

实现我国国家立法权内部配置的优化,有赖于一种规范性的输出。对于国家机关的权力而言,实现对其配置的调整,本身即存在相应正当性获取的问题。也就是说,国家立法权内部配置应当在某种具备正当性价值的理论指引之下开展。同时,如第二章中所论证的,立法权自身规律和运作的规律塑造了对立法权力内部配置的要求，即要求各项具体权限按照有利于立法权运转的方向协调一致。因此，我国国家立法权内部配置的最终方向和目标，应当在于符合立法权本身属性所塑造的价值要求。立法权自身属性塑造的价值要求，主要源于立法权自身的内在属性和权力运作规律。其中最为首要的是立法权本身的属性价值。

一、制度化权威与民主基础价值

如前文所述，在我国国家立法权主要被理解为一种宏观的整体性权力概念，其本质是制度化权威，指向通过制度塑造来实现自愿服从的合法能力。这种制度化权威更是依靠一定制度载体实现的现实化分解，即我国国家立法权内部配置本身的基础前提。因此，权威塑造的合法性价值是立法权存在的首要属性价值，这一价值显然将对具体优化配置提出要求。

权威是指具有合法性的、使对方自愿服从的能力。对于立法而言，这种通过制度塑造来实现自愿服从的合法能力，即立法活动的正当性基础。这种构成正当性的自愿服从意味着一种认同的存在，而对立法的认同，则来源于法规范本身塑造的民主性。这种合法性权威，由于具备普遍的适用性和对自由的限制，基于近现代民主国家的构建理论，应当是人们通过社会契约交换的让渡。换言之，立法必然是普遍的民主意志的产物，需汇聚人民意志方存在合法性。也就是说，在任何民主国家中，立法权作为一国创制法律规则的权力，其权力本身即一种凝聚民主意志的体现。是故，立法权的基础源于民主，立法的这种正当性塑造主要源于民主的基础价值。

如前文所述，立法权本身属性的价值直接指引着国家立法权内部配置优化，为配置方法提供着规范性基础，是故，作为调整国家立法权内部配置的理论范式工具，应当展现这种对配置的价值塑造。权力与组织的实质是一种特定社会互动信息传播网络的一体两面，主要是社会中行动者的一种协调行动、整合社会系统行动方向性的机制。整合社会系统行动，依赖于社会的整体行动，也就是说，全部行动者在此行动网络中需要发挥自身的作用，不存在脱离这个网络的独立行动者。因此，协调一致的行动需要建立在全部行动者的整合基础之上。权力内部配置问题中权力与组织关系的核心追求，又在于追求组织与权力背后实质性的社会互动信息网络结构的优化；

配置与组织调整二元问题的实质方向,当是以有助于特定信息沟通网络的优化调整为方向,故而整体信息网络结构的优化,实质是基于集中式与分散式两种基础配置模式的优化组合。是故,集中与分散模式都要求构建在全部行动者参与互动的基础之上,即民主基础之上。统一视域下的权力内部配置应当内蕴着一种民主基础价值。

具体来说,我国国家立法权内部配置的集中和分散理论都存在民主价值的基础前提。民主集中制原则与民主之间渊源匪浅。如前所述,民主的基底是民主集中制的前提。民主集中制本身是作为一种民主制存在;同时,人民共和思想同样强调民主的价值,人民共和思想要求实现一种真实的共同体的塑造,破除政治国家的异化,实现一种真实的人的自治。是故,真实的民主是作为人民共和思想的第一阶价值存在,是人民共和思想的前提与基础。由此可见,民主集中制原则和人民共和思想在基础前提上都强调一种民主的价值塑造。

二、各立法权限的行使应当以人民民主为价值诉求

这种人民民主价值塑造在具体权限配置中,构造了国家立法权内部配置的统一性价值基础,进而对其优化提出了各种要求。综合来看,从民主集中制原则和人民共和思想理论出发,在人民民主价值塑造基础上,我国国家立法权的内部配置应当遵循以下规律。

(一)各具体立法权限应体现人民民主的价值

对于国家立法权的内部配置而言,人民民主价值对其中所涉及的各具体立法权限本身提出了价值要求,又或者说各具体立法权限自身的属性应当在蕴含民主这一价值内核后方可成为配置过程中的适格对象。因此,被配置的权限本身应当是一种民主的权限。换言之,这意味着被配置的权限应当属于民主的立法权范围。国家立法权内部配置本身,是一种作为制度化权威立法权的现实化过程,也是一个宏观意义上的立法权在组织中被具体分解为各项立法权限的过程。是故,被配置的权限本身应当是现实化了的立法权分解的具体内容,具备立法权制度化权威中民主价值的基础内核。从实践来看,尽管立法活动中的部分职能行使与立法本身密切相关,但其本

身并不属于立法权的范畴,并非内部配置的立法权限,更缺乏民主价值的内涵。在内部配置活动中,其应当被排除出立法权限的范畴,或被消除去立法权限的属性。

具体来看,在当前我国国家立法权内部配置的实践中,常委会工作机构当前掌握的权限被赋予了直接介入并影响立法的实质意义,背离了配置理念的这种民主基础价值要求。常委会工作机构以专业性(功能分工)取代了民主性、构造知识垄断的组织运转和权力运用逻辑,背离了权力来源的正当性要求和人民共和思想的开放性要求。如前文所述,权力的来源必然是一种民主基础,民主的正当性方才是权力正当获取的根本理由。借助理性知识以构造权力统摄的理念,违背了权力的正当性来源要求。同时,人民共和思想要求决策本身存在开放性结构,要求通过沟通协商方式听取基层的意见建议,进而做出决策。常委会工作机构在立法审议等活动中通过收集意见的方式,基于所谓专业性知识的理由来整理相关的意见并选取内容,违背了人民共和思想的开放性要求,以专业性取代了民主性,影响了立法活动的权威性基础。是故,常委会工作机构以下权限设计一定程度上未能体现民主的价值诉求,建议予以取消:

第一,备案审查工作中的审查权限。如前文所述,2015 年《立法法》修改后,常委会工作机构被赋予了基本与专门委员会一致的审查权限。从立法的基本法理和常委会工作机构的性质权属来看,在备案审查这种立法监督活动中赋予常委会工作机构与专门委员会相一致的实际审查和程序权限显然是不适当的,其在权限的掌握和运作方式上,都在一定程度上与前述的民主价值诉求相悖,因此,建议取消其在备案审查工作中的审查权限。

第二,法律解释中的研究拟定权。如前文所述,当前常委会工作机构在法律解释程序中研究拟订草案的职责是一种具有实体性意义的权限。这些权限本身并不具备源于立法权本身的民主价值基础。因此,法律解释程序中的拟定权,不应当成为一种影响立法活动的实质立法权限,而适宜将法律解释程序予以改造,采用类似一般立法程序的方式,设置法律解释提案权制度。

第三,草案评估职能。现行常委会立法程序中,常委会工作机构在统一审议前会进行草案评估,并将结果列入统一审议报告中。其是一种实质性的立法权限,在一定程度上未能体现国家立法权内部配置的民主基础要求。因此,建议取消常委会工作机构的此种权限,或将其改为一种草拟功能,使常委会工作机构所拟定的内容交由法律委员会讨论后,再决定是否列入统一审议报告。

第四,进行立法监督的柔性纠错沟通职能。由常委会工作机构开展的柔性纠错机制,采用了与规范的“建议修改权”存在区别的纠错方式处理相关问题,实质确立了一种正式的监督机制。伴随着党的十八届三中全会后对备案审查工作的重视,尤其实践案例的公开带来了正式化的认可意义,标志着体系内的声誉减损不再成为一种干预手段选择的考量因素。柔性纠错机制自此能够排除一种不可视的内部政治力量干扰,成为一种公共场域中可直接观察的立法监督活动。同时,也意味着在全面依法治国的大背景下,过去所谓长期法制观念薄弱的妥协因素已不再被强调,维护法制统一、弘扬法治精神逐渐成为监督的唯一目标和考量因素。此外,随着立法职业共同体的形成,尤其在2015年《立法法》修改后,由全国人大常委会法工委内专职部门开启了“主动+被动”的备案审查工作,过去必须妥协的监督力量不足的情况也已不再出现。由是其内在驱动观念由一种政治力量的反映开始逐渐转换为法律的谦抑理念。当前的柔性纠错机制一方面获得了公开性的外观,从只能实现单纯的纠正转变为可在纠正的同时表达震慑意义的法治宣传效果;另一方面,柔性纠错机制也由过去专门委员会“建议修改权”的模式转变成为一种由立法职业共同体以专业化为内容开展的机制——这构造了相对过去而言的不可逆制度优势,必然促使柔性纠错向着这种法律谦抑主导的模式转变。

一系列案例的实践还构建了一套公开的制度化程序设计,表达着一种从政治逻辑向法律逻辑的转换,能够使人相对清晰地获知全国人大常委会对法规范审查活动的完整过程,其基本呈现出了一个全程融贯的立法监督程序活动的全貌,具体包括发函要求说明问题、根据反馈意见研究、判断合法性、约谈、自行纠正和反馈等一套完整的程序制度设计。这使柔性纠错机制被公开确定为一套结构相对严谨、程序设计相对适当的制度活动流程。程序正是法律逻辑相较于政治逻辑的核心意义,“法治取决于一定形式的正当过程,正当过程又主要通过程序来体现”。[1] 法治的构建,建立于一定的程序制度基础之上。对于立法监督活动而言,程序更是必要的存在。“法律体系的统一性和协调性问题……的解决要求类似司法审查那样的程序。”[2]因此,杭州案对程序过程的完整披露,不仅仅具有对柔性纠错作为正式制度的公开意义,更有公开构建程序先例、昭示其机制逐步法治化的核心意义。尤其在判断结果得出之前,监督者会向制定机关征询并要求说明情况,这种程序设计类似于听证程序或司法程序的阶段设计,表达着一种尊重原制定机关自治空间的内涵,这超越了过去基于政治力量对比或理性利益选择的政治妥协意义,展现了互动性权力代理与可替代性原则的理论价值,具备了一种法治化的内在逻辑,从而构建了一种展现法律谦抑理念的立法监督处理机制。

前述由政治妥协向法律谦抑转变的逻辑,意味着柔性纠错机制的制度方向是一种法治化的构建,是对该种监督权限在法律上予以承认。换言之,是塑造了一种新的立法监督权限。但如前文所述,立法权限配置理念要求掌握立法权限本身应当具备民主基础。尽管在此活动中,采取柔性纠错的方式本身是为实现一种立法效能的提升。如前文所述,效能并不具备正当性的意义。掌握柔性纠错这一实质性监督权限,尽管从监督效率来说,相较于撤销权等方式存在优势;但其本身属性意味着监督权无法获得一种民主性的外观,即无法取得广泛的认同效果,甚至在某种程度上可能会造成错误运用监督权的后果,影响立法监督权威。因此,建议对该权限予以取消或交由宪法和法律委员会等专门委员会行使,以促进民主价值诉求的体现。

第五,法律询问答复制度。常委会工作机构掌握的法律询问答复权,实际上是一种法定的理解法律的权限,其本身的设置即未能体现立法权限配置理念的相关民主要求。建议取消相关规范,使其完全失去外部效力,真正地成为一种人大内部的专业问题询问和反馈机制,而不应使其成为一种替代立法解释权的实质权限。

---

[1] John Rawls, *A Theory of Justice*, The Belknap Press of Harvard University Press, 1971, p. 239.

[2] 季卫东:《法律程序的意义——对中国法制建设的另一种思考》,载《中国社会科学》1993年第1期。

(二)立法权限的决策要通过民主方式进行

立法权限体现人民民主价值诉求,不仅仅意味着是国家立法权内部各立法权限本身属性应当符合民主价值要求,还昭示着被配置立法权限的运作也应当符合民主基础价值。立法权限本身,是指向在立法活动中,被配置给不同职责主体运用的与立法相关联的事项决策空间。因此,立法权限的运用是一种决策活动,立法权限运用的民主价值要求,则可以被替换为立法权限的决策要通过民主方式进行。

综合来看,民主集中制原则和人民共和思想对民主决策的塑造,主要指向以下两个方面内涵:

1. 立法权限的决策活动本身应当遵循一种民主的程序。具体而言,即决策应当采取包括少数服从多数等在内的民主程序规则。基于对民主集中制原则核心内容长期以来的坚持,就当前立法权限的运用现状来看,各项立法权限的运用基本符合民主程序的要求,只需要在某些方面需要进行一定的优化:第一,常委会工作机构掌握的部分实质性立法权限。由于常委会工作机构是为科层制组织,其工作方式未采用民主程序进行,此问题将在后文具体论述。第二,委员长会议的议事决策需要进一步加强民主议决。当前委员长会议的议事决策,尽管强调民主集中制中"少数服从多数"的议决方式。但至少从公开渠道看,委员长会议缺乏专门的议事程序规则和工作规定。作为国家权力机关议事活动的编排决策者,其应当民主议事的要求,进而保证议事活动中行动一致性能够建立在更为广泛的考虑和认同的基础之上,塑造一种民主集中制原则和人民共和思想的一致要求。是故,本书认为,委员长会议的议事决策需要进一步加强民主议决,订立公开的议事规则和工作规定,民主地行使其立法权限。

2. 立法权限的决策民主还对立法权限本身的结构设计提出了要求。决策民主的保障不仅要依靠民主的程序规则,还需要一套能够有效适应民主决策,促进民主决策开展的制度空间,即立法权限的结构本身要有利于民主决策的开展。民主集中制原则和人民共和思想的民主塑造价值都要求一种开放的结构,以保障实现民主决策的信息获取,打通民主意志和决策主体之间的资讯交换渠道,促进决策的审慎。因此,立法权限的决策民主,要求塑造一种实现慎议议事的权限结构，强化审慎决策的能力。具体在当前配置实践中，主要就以下问题提出了优化的要求：

（1）改变全国人大和全国人大常委会立法权限二元结构的制度分野，促进权威性塑造，保障慎议价值。二元立法结构的这种强集中模式的设计，只强调集中的权限运作，而缺乏了慎议价值，尤其是决策本身的权威性的塑造。在前文中强调过，民主集中制原则和人民共和思想的价值统一，首先就集中展现为一种民主性的追求。在权力问题上，即要求决策的中心具备民主性基础。人民共和思想对决策民主的追求，要求这种民主不仅仅是一种少数服从多数的民主决断，更应当是一种集体自治的理性产物，要求一种商谈和慎议。立法活动本身是一个民主意志汇聚的活动，作为立法权的运作主体，掌握立法权限的存在，其在决策活动中，更是必然有着民主性的要求。二元立法结构这种对全国人大常委会的强集中性价值偏向，仅片面强调了集中的意义，尽管全国人大常委会同样有民主性基础，但二元立法结构中对集中的强调，显然在很大程度上忽视了民主集中制和人民共和思想中包含的民主基础塑造，乃至通过慎议强化立法权限本身的合法性权威价值的需求。因此，当前二元立法结构中强化全国人大常委会的强集中性模式，另一个理论问题即缺乏慎议价值，忽视了决策权威性的塑造。

尽管从人民共和思想的慎议要求中，可以发掘出民主性的要求，但本书认为，全国人大和全国人大常委会二元立法结构的问题并不体现在其人员组成的代表广泛性方面。从组织构成来看，全国人大与全国人大常委会最明显的组织结构差异就是产生基础与人数规模上的差距。这一差异投射在理论研究中，所呈现的即一个代表性的问题。在过往的讨论中，研究二者对国家立法权的行使问题，主要研究方向也多集中在所谓“代表民意的广泛性”上。持此论者多认为，全国人大作为最高权力机关，具有最高的代表性，“全国人大构成了其他国家机关民主正当性的来源”。〔3〕相比较而言，“常委会的民意基础不够”。〔4〕因此，在立法权配置问题上，民意的广泛性是一种影响全国人大常委会立法权的因素。本书虽然赞同前述研究对于“大会

〔3〕 韩大元：《论全国人民代表大会之宪法地位》，载《法学评论》2013年第6期。

〔4〕 章乘光：《全国人大及其常委会立法权限关系检讨》，载《华东政法大学学报》2004年第3期。

最高地位”以及“民意广泛性程度”的判断，但本书认为，所谓代表民意广泛性本身似乎不应当成为常委会立法权配置问题的阻碍。从所谓“民意广泛性”问题本身来看，研究者的判断理由并不完全充分。当前，全国人大常委会委员的人数仅占全体代表数的5%，这是研究者判断常委会民主性稀薄的重要缘由。但人数本身似乎很难成为一种认定民主性的基础，代表人数多和代表的民主性强弱之间，很难画等号。另外，当前我国人大常委会拥有组成人员175人，规模最大时，曾有196人的总数。[5] 绝大多数国家议会的议员数量在100～300人。175人的规模在世界各国议会的规模中，并不属于较少的存在。同时，研究者认定常委会民主性不足的另一个原因在于产生的选举方式上，全国人大常委会是由全国人大选举产生的，进而被视为民主性不足。这一问题论断背后的逻辑是认为权力的正当性强度会随着权力代理的转复层级而削弱。然而，从全国人大的选举制度本身来看，全国人大虽然在普选的基础上产生，但同样是由一种多级的间接选举产生的。因此，从这种间接选举的层次上看，以代理层级的多寡来看待民主性的薄弱问题似乎并无太多必要。

人民共和思想的慎议要求，尽管指向一种开放性结构和更为广泛的民主基础；但如前文所述，这种民主的重点并不是或不仅仅是体现为一种代表性的民主扩大，而更多展现为一种集体理性的自治构建，是一种具备民主代表基础上的谨慎决策要求。其对民主的要求，目的在于通过更强的互换性构建一种决策的权威性。二元立法结构有待优化的方面正是在于此处。本书认为，全国人大与全国人大常委会二者在组织上的核心差异，就在于全国人大是最高权力机关，而全国人大常委会不是。这一点是由同样赋予了全国人大常委会立法权的修宪者们所刻意强调的，对理解全国人大与全国人大常委会的关系问题有特殊意义。1982年《宪法修改草案》曾经规定全国人大和全国人大常委会都是最高机关。对此荣毅仁提出了反对意见，在《宪法修改草案》最终文本交付大会审议时，彭真认可了这种反对意见。[6] 随后设定了常委会对大会立法只能部分补充和修改以及大会有权改变撤销常

[5] 统计数据来自中国人大网。

[6] 彭真：《关于中华人民共和国宪法修改草案的报告》，载《中华人民共和国国务院公报》1982年第20期。

委会决定的规则。因此，在修宪者看来，全国人大常委会并非最高权力机关。这意味着全国人大拥有一种来自最高权力机关的权威性。这种权威性与全国人大自身的组织属性相连结，是全国人大常委会无法获取的。换言之，全国人大所通过的规则从外观上必然更具备一种权威性。从立法权动用的结果来看，全国人大与全国人大常委会所创制的都是法律，理论上具有同一位阶，无论从《立法法》相关规定，还是相关立法实践来看，都不存在全国人大创制的基本法律效力高于全国人大常委会创制的其他法律的情况。全国人大对全国人大常委会的地位优势，是通过改变或撤销权而非创制规则的效力位阶所呈现的。因此，全国人大的这种权威性并不体现在规范效力的优先层级上，而是体现在对于所涉及事项的决断上。从宪法规范的其他地方也可寻找到这种理念的呈现，如批准省级行政区的建制、规定特别行政区制度等。这些问题都属于国家的最重大问题事项，其决断将会直接或间接影响到国计民生的最主要的方面。因此，有必要通过全国人大这个最高权力机关来决策，赋予决断最高的权威性。

这种是否需要赋予最高权威性的分野，在实践中被一种“基本法律”的概念划分所取代。换言之，在当前的规范中把“是否是基本法律”作为这种权威性的界限，并据此对国家立法权内部作出了划分，实质上构造了一种基本法律创制权高于基本法律修改权的立法制度。但这种设计存在一定不合理的因素，有必要予以澄清：

首先，这种优先划分的设计不符合国家立法权的规范要求和制度现实。无论是在规范层面还是制度实践当中，全国人大与全国人大常委会的国家立法权都同出一源；从所制定规范本身的效力层级来看，基本法律和非基本法律也不存在效力等级上的差异，这意味着二者的国家立法权并不存在高低层级的界分。事实上存在优先界分的是全国人大与全国人大常委会，本书认为，不宜将此优先层级体现在国家立法权的创制与修改权限上。

其次，从立法实践来看，这种优势区分也无意义。如前文所述，由于全国人大常委会的立法能力显然要强于全国人大，这使得全国人大在基本法律创制权上的这种功能性优势并不显著。由于全国人大立法能力问题，全国人大常委会往往会对其制定的法律进行大幅度修改，反而致使这种“基本法律立法权”的权威性本身相对弱化。

此外，以“基本法律”为标准去衡量最高权威性本身也存在问题。基本法律的“基本”虽然被体现在了事项上，但重大问题事项并不意味着其是为整部的法律所呈现。需要动用最高权力去展示权威性的，往往可能只是一些重要的条款。例如，个人所得税的起征点，依据二元的立法体制，这个涉及重要国计民生问题的条款，虽然整部法律是由全国人大创制，但修改工作一直以来都由全国人大常委会进行。[7] 这也意味着，自 1980 年全国人大行使过创制权后，全国人大再未对此重要问题进行过决断。这种设计显然是一种不合理的制度。

综上所述，由全国人大与全国人大常委会之间组织功能差异所呈现出的立法权能区分，应当以立法所涉及的是否为“最为重要的国家问题决断”为基本判断标准，而不宜以“基本法律”作为衡量。优化国家立法权内部配置，应当以此为标准，明确区分全国人大和全国人大常委会的立法权限分野，进而构造国家立法权运用的权威性，保障立法活动的慎议与理性价值。

(2)强化专门委员会的立法权限运用，保障审议决策，塑造集体理性自治。当前专门委员会在立法权限运用能力上的不足，实质上指向一种决策民主基础匮乏、无法保证慎议的议事实现。当前专门委员会立法权限的配置，只考虑加强宪法和法律委员会一个委员会的立法能力，除导致其他专门委员会应有的权限缺乏外，也造成了各专门委员会的权限运用能力不足。这种片面的集中模式，实质上并未真实地实现功能的优化，反而弱化了专门委员会的组织功能。人民共和思想和民主集中制原则都强调一种民主基础的决策机制，强调一种集体领导的能力和一种慎议的议事价值要求。专门委员会的设计，本身即包含这样的一种集体理性的自治塑造价值，通过在具体领域具备专业性能力的“精英代表”的集体决策，最终充分促进立法的科学性。然而，当前这样的能力运用与相应决策机制的不足，造成相应的民主决策机制和慎议能力难以符合民主集中制原则和人民共和思想要求，背离并削弱了专门委员会本身的制度价值。因此，有必要强化其他专门委员会的各项立法权限，加强专门委员会的议事能力，促进专门委员会作用的发挥。具体的强化方案，后文将继续结合其他立法权限配置的价值要求予以

---

[7] 《个人所得税法》曾于 1993 年、1999 年、2005 年、2007 年、2011 年、2018 年分别进行过七次修正，全部都是由全国人大常委会通过。

讨论。

同时，专门委员会组织和立法权限配置的优化调整，不仅仅是各专门委员会独立权限的增减改造，也应当指向一种整合专门委员会的协调机制塑造。如前文所述，国家立法权的制度目标和结构价值，也要求整体的立法组织和各立法权限配置存在一种整体协调的意义；这种整体协调，不仅是各单项权限被配置时要保持协调，而且意味着整体国家立法权在运用时也应当协调一致。作为国家立法权内部配置基础理念的人民共和思想要求，为了实现集体自治的最优化，故而反对权力内部的摩擦和消耗，强调平衡且协调的权力设计。当前全国人大专门委员会的立法权限缺乏相应的正式协调机制，其往往只依赖于委员长会议对不同意见的协调。在立法修正案提出、联合审议机制等方面，都存在制度缺失。专门委员会立法效用不张的缘由，不仅仅在于其他专门委员会与宪法和法律委员会之间的立法能力有别、权限配置不够平衡，还在于专门委员会间缺乏各种协调机制，无法促使整体立法权结构运行的优化。因此，有必要予以调整，以保障整体国家立法权运作，以实现立法的这一共同利益塑造功能。

具体而言，结合域外的成熟经验，专门委员会协调机制的构建，有必要在以下两个方面开展工作：

第一，构建基于召集人制度的联合审议机制。当前我国立法程序中专门委员会立法审议活动的设置，基本还是基于单一专门委员会进行审议工作而设计的。尽管规定有邀请其他专门委员会成员列席会议的内容，但审议工作实践时并不会在多个专门委员会中开展，更不存在联合审议的机制。然而，在立法实践中，往往存在一项法律案涉及多个专门委员会的情况，此时由一个专门委员会进行审议，难免在专业问题的考量上存在不足。从理论来说，由多个专门委员会联合进行审议更为妥当。因此，有必要构建联合审议机制。但从当前制度来看，联合审议机制构建的一个难点，就是如何联合的问题。不同专门委员会之间地位平等，但成员人数、议事规则等都存在差异。并且，这种审议工作往往存在耗时长、任务重的情况，显然不可能由委员长或委员长会议来召集多个专门委员会进行审议工作。是故，参考域外经验，设立召集人制度，并以此为基础构建联合审议机制更显得意义重大。召集人制度，是指在委员会审议活动中，尤其是涉及多个委员会审议时，由召集人来召集参与审议的不同委员会成员，并主持把控审议活动的议事流程，持续跟进法律提案的后续修改和提交会议等立法活动的议事制度，日本国会也存在此种制度。此外，联合审议中的表决活动，由联合审议会议全体参会成员进行，而并非由单一专门委员会进行独立表决。

第二，构建不同意见的联席会议沟通机制。我国现行立法程序中，面对专门委员会间的不同意见，设置了由委员长会议居中决断的制度。但委员长会议本身的机构属性，并不适宜担当此种角色，更毋论在不同意见协调中，还往往会涉及实体性决断问题。本书认为，作为议事单元，专门委员会在立法活动中，并非一种立法决策者，而只是基于自身专业性知识对大会议决活动提供专业性能力的主体。因此，其持有不同意见本身并不存在任何决策或权限上的相互冲突，而只是对大会最终的决策的参考意义削弱，进而弱化其整合功能。立法活动本质是一种利益博弈与协调，民意相互沟通碰撞的活动，所以面对此种不同意见，更适宜的解决方式是提供一个沟通平台，促使不同意见讨论碰撞，进而形成相互妥协、考虑更加全面的结果。是故，应当建立不同意见的联席会议沟通机制，让意见不同的专门委员会在同一场域进行沟通探讨，挖掘立法辩论的价值。

三、组织调整对人民民主价值的遵循

本书秉持的核心观点是不可将权力与组织割裂开来分别赋予其独立的功能价值与意义。在社会交往互动视域下的组织与权力的关系是同一对象的内容与形式，二者都是行动者的一种协调行动、整合社会系统行动方向性的机制。权力必然运行于一定组织之上，组织是权力的导体，是权力这一特定信息传递网络的现实载体。组织对权力的影响，是一种带有方向性的影响，仅体现为组织异化后的内部形塑。因此，作为形式的组织是为了作为内容的权力发挥在社会互动中沟通一致的效用而服务的，组织结构对权力的影响，应当力求消弭那种阻碍的摩擦作用，而促使作为内容的权力去尽可能地发挥更好的效用。因此，权力与组织调整二元问题的实质方向，当是以权力为核心，以有助于权力这一特定信息沟通网络的优化调整为方向。是故，权力的优化调整本身并不是孤立的，其必然对组织也提出了要求。

由前述讨论可知，对国家立法权内部配置而言，其内涵是具体立法权限

被配置给何样组织的问题，而不是权限在现在一成不变的组织中怎样增减的问题。换言之，国家立法权内部配置的优化意味着具体权限应当被配置给一个匹配的组织。组织应当符合立法权限本身方向的要求，不适当的组织形态将会异化被配置的权限。是故，组织也必须与权力的价值存在一致性，二者保持方向上的一致，最终方可实现国家立法权内部配置的优化。如前所述，民主作为基础价值，在正当性前提上对于配置提出了要求，因此，组织也应当遵循这种民主的价值要求，在综合民主集中制原则和人民共和思想的基础理论指导下，进行相应的调配。这也对各具体立法权限的掌握产生民主要求，而掌握具体立法权限的必然是相应的组织。换言之，掌握并运用权限的组织本身也必然要遵循民主的基础价值要求。从民主集中制原则和人民共和思想的内涵来看，这种民主价值要求获得立法权限的组织遵循以下几项基础规则。

（一）组织本身应当民主

民主价值要求权限应当由一个民主的组织所掌握。民主集中制强调的是一种民主基础上的集中模式，要求主体意义上的民主基础。人民共和思想的塑造，强调一种先民主实现、后共和塑造的价值序列，要求构建在真实的民主之上"真正共同体"。其在中国制度中的直接体现是权力由人民代表大会行使的选举和代议制度，换言之，权力必须由具有民主基础的主体掌握。综合来看，要求掌握权限的组织应当是一个民主的组织，以获得掌握相应权限的正当性。

这种组织的民主要求，主要展现在两个方面：一方面，组织的组成应当民主。换言之，立法权限只能为由代议机关成员组成的、通过一定民主方式遴选产生的组织所掌握。另一方面，组织的结构也应当以民主方式运作。从组织结构适合民主决策运转来看，其主要指向一种适合民主决策的开放性合议制结构。

结合当前国家立法权内部配置的实践来看，一些掌握具体立法权限的组织并不具备组织的民主正当性，或存在民主基础不足的情况，具体而言：

1. 委员长会议的组成需要进一步扩大民主基础

当前委员长会议之所以会被认为存在过度集中，主要与其组成存在较大关系。目前委员长会议的15名组成成员，无论是相较于我国全国人大常委会的人数，还是相较于别国的议长主持会议、程序委员会人数，在规模上都相对较少。同时，成员的组成上都为全国人大常委会的领导人员，这种人员组成数量和结构，在民主基础上可以更进一步地扩大提高。尤其是专门委员会在立法活动中发挥着重要的作用，议事程序的决策缺少专门委员会的人员，往往无法做到最佳的调控，即无法做好人民共和思想要求的慎议要求。因此，委员长会议有必要吸纳专门委员会的主任委员参与其中。此外，从民主互动的角度而言，吸纳部分普通委员更有助于相应议事的民主性。是故，本书认为，委员长会议的组成有必要吸纳专门委员会的主任委员以及部分普通委员参与，以进一步扩大民主基础。

2. 常委会工作机构的民主性不足

一如前文所论述的，常委会工作机构在其组织机构属性、工作模式等方面，都呈现出一种科层化的模式。基于其技术性和专业性的辅助机构的组织创设固有内涵，常委会工作机构逐渐形成了在专业性问题上的强势地位，构造了一个庞大的立法职业共同体。更以此专业性为基础，作为一种科层制组织的常委会工作机构因此借以进入以民主性为本质特征的立法活动当中。并且，随着其自身借助专业性技术优势的不断发展，其在立法活动中借助这种技术性优势更逐渐转化为实质的权力优势。2015年《立法法》中规定常委会工作机构获得备案审查权正是这种以专业性理由代替正当性理由获得立法权限的集中体现。同时，这种情况不仅出现在显性的权限获取上，在隐性的层面，立法文官也通过技术型主导和技术型封闭制造了对立法活动的主导和控制，利用其专业性知识壁垒，在立法审议和意见收集获得中开展对民主意见的“挑选”工作。这实质上致使常委会工作机构对意见的取舍具有决定权，成为隐藏在制度背后的“隐性立法者”。

综合来看，常委会工作机构的基础立足点和其权力获取的逻辑起点即专业性知识。透过专业性知识的辅助，常委会工作机构方才获得了相应立法权限。具体来看，这种凭借专业性知识获取权力的逻辑，是一种“知识—权力”转化逻辑。这是一种唯名论者理性构建权力的权力哲学的投射。在这种逻辑中，知识是通过人的理性实现的外在与内在的统一，其是归纳于客观实在的法则，更被人运用于实践，故而能够成为人行动的法则。因此，理性成为实在权力的根据与规则，或者说，理性成为实在权力的合法性。但这种权力哲学的逻辑，仍是一种相对落后的认知：合理性本身并不足以构成权力合法性的基础，更不可能取代合法性成为权力的来源。尤其是在马克思揭示互动性对于权力的意义后，权力哲学早已发生转向。在马克思主义指导下的社会主义中国，依靠知识理性获取权力的逻辑违背了权力的正当性要求。如前文所述，国家立法权内在必然蕴含着合法性权威的基础要求。因此，常委会工作机构获取相应权力的逻辑起点是专业性知识显然存在说服力不足的情况。

全国人大常委会工作机构的设置，并非一种中国独创的机构模式。尽管组织和权限相应配置有所差异，但这种立法机关中辅助性机构的设立，也可从其他国家和地区的议会实践中寻觅到类似举措。

从全国人大常委会工作机构的制度目标来看，其是为帮助立法机关立法之助理人员。在其他国家和地区的议会中，这部分成员一般被称为"立法助理"或"国会幕僚"。立法助理制度的发展与20世纪以来立法机关所面对之社会现象的综合复杂密切相关。尤其在福利国家时代开启之后，政府职能日益膨胀，专业性要求不断上升。随之立法机关的立法活动也必须做出应对。因此，立法助理应运而生。总体来看，全世界各地立法机关的立法助理数量都呈现出一种增长扩充的趋势。

世界各主要国家和地区的实践中，以美国国会的立法助理数量最为庞大，尽管美国国会议员仅有535人，但其立法助理人数高达37000余人。其配置如下：第一，行政单位幕僚，其工作是为国会的会务行政事务服务，包括行政服务处（Administrative Service）、印刷处（Printing Service）、议场控制室（Capitol Guide Board）、国会警卫（Capitol Police Board）等。第二，议事专家（Parliamentarian），是熟悉议事规则和先例的专家，一般在院会时居于议长身旁，负责在遭遇议事规则和程序问题争议时，向议长提供咨询意见，这种咨询意见也包括提案应交给哪个委员会审查等的签注建议。第三，委员会幕僚，委员会幕僚是最为发达的助理系统，在参议院每位议员有15名助理人员，而在众议院有30位，委员会助理高达2000人之多。委员会助理负责辅助委员会的各种审查和调查工作，包括为立法活动提供专业意见、与利益集团联络沟通、联系对口行政部门、设计法案宣传和民意调动策略等，其工作直接影响着立法活动是否顺利进行。第四,国会专业幕僚单位,包括作为全美最大公共图书馆、提供立法及相关资料的国会图书馆(Congressional Library),提供各项研究报告的国会研究服务处(Congressional Research Service),提供法律草案起草时立法技术协助的立法顾问局,提供财经预算事项专业服务的国会预算局(Congressional Budget Office),开展审计工作的审计署(General Accounting Office)和确保科技相关评估工作的科技评估处(Office of Technology Assessment)。第五,议员公费个人助理,议员可自行任命个人的国会助理,由公费支出,协助议员的行政、立法、新闻造势、选民服务等工作。[8]

英国国会下议院设管理委员会(Board of Management),由秘书长(Clerk of the House)总管,下设三个幕僚部门,其具体组织如下:第一,秘书处,秘书处下设六个单位,共有 150 名左右的文职公务员,包括协助各委员会工作开展的委员会办公室(The Committee Office),负责公法案立法助理的公法案办公室(The Pubic Bill Office),负责协调组织审查私人及公司、团体或地方自治机关所提私人法案工作的私法案办公室(The Private Bill Office)、负责答复全体议员有关议事程序之咨询、登记议员相关质询等活动的议场办公室(The Table Office)、负责记录议事活动内容的议事办公室(The Journal Office)、负责为外交法律问题和国际公约提供立法意见的海外事务办公室(The Overseas Office)等。第二,警卫处,负责警卫工作,并兼负责对安全意见及相关住宿服务、设施设备等的管理。第三,图书馆(Department of the Library),图书馆的主要工作是为提供有关立法资料。[9]

日本国会的立法幕僚机构主要包括六个不同方面的组织和人员,其具体包括:提供秘书、记录、警务、行政事务等的议员事务局,为委员会法律案提供旨趣说明、调查报告等辅助工作的常设委员会调查室,审查法律案的立法技术、进行相关政策合理性检讨的议院法制局,提供资料查询的国立国会图书馆、负责弹劾相关事务的裁判官追诉委员会事务局,以及议员的公费个

---

〔8〕 Davidson R. H., *Congress and its Members*, Los Angeles, CQ Press, 2013, p. 21 – 37.

〔9〕 J. A. G. Griffith & Michael Ryle, *Parliament: Functions, Practice and Procedures*, Sweat & Maxwell, 1989, p. 141 – 158.

人助理。[10]

综合来看,立法助理制度具备以下几个特点:

第一,专业化。专业化不仅仅是我国全国人大常委会工作机构这一技术型文官系统,而且是世界各国家和地区设立立法助理制度的通行理由。如前文所述,立法助理本就是立法机关面对多元化和专业化的社会,需要专业化知识应对复杂社会事实判断,必须要借助专家提供资料和参考意见,以实现立法决策科学化而采用的手段。是故,立法助理不可避免地深入了各国家和地区立法活动当中,且都呈现出不断扩充膨胀的趋势。与之相应地,对立法助理的这种日益膨胀,各国家与地区也都对之抱有警惕。“急速扩张的国会助理及幕僚已经形成一个非民选的议会……在国会中已然形成一股无法抗拒的势力。”[11]在专业化的辅助作用和立法的民主基础之间如何保持平衡,各国家与地区亦在不断探索中。

第二,中立性。立法助理是立法机关职能工作的辅助者,协助立法机关顺利开展其基本活动,立法助理对立法机关介入之深,直接影响着立法机关的运转。立法助理由于涉及立法事项,又不可避免将涉及政治等问题。因此,各国家和地区都要求立法助理制度是为中立的制度,其成员或为公费雇佣,或为无党派倾向的文官公务员。例如,在英国,为避免干涉立法助理,其人事权由秘书长掌握,而秘书长由法律保障其终身任职权,不与议长相进退,其立法助理成员也为通过考试合格任用的文官,不隶属任何政党,具有稳定性和中立性。

第三,系统化。其他国家的立法助理制度都呈现出系统化的倾向。如前文所介绍的,美、英、日等国的国会中的立法助理,都依据分工不同分配为不同的系统部分,各自负责相应的领域事项。其整体系统相对明确,其基本都配置了提供庶务和安全保障工作的行政事务幕僚、提供议事辅助工作的议事幕僚、提供立法咨询和技术审查的立法专业助理、提供预算咨询服务的预算专业助理、提供资料的国会图书馆、协助委员会工作的委员会幕僚、为委员个人服务的公费个人助理等几个方面的助理。整体呈现出分工明确、

---

〔10〕［日］浅野一郎:《国会事典》,有斐阁 1990 年版,第 259 ~ 274 页。

〔11〕［美］大卫·C. 柯扎特、乔恩·D. 麦卡特尼:《权力游戏规则——国会与公共政策》,詹中原等编译,台北,五南图书出版公司 1994 年版,第 98 页。

构成清晰的系统化模式。

从前文的讨论中,可以发掘出一些我国全国人大常委会工作机构值得学习和改进的成熟经验:

首先,对辅助机构予以系统化,实现分工明确。如前文所述,各国家及地区的立法助理制度,对行政幕僚、立法幕僚及委员会幕僚有所区分,更基本统一设置了几个类型的幕僚系统。在我国,这些辅助性机构在法律规定中往往被统一表述为常委会工作机构。尽管其在具体机构组成上也存有区别,被具体分配为常委会办公厅、法制工作委员会等机构,在形式上存在一定区分设计。但在相应权限规定上并不明确,常委会办公厅曾对立法咨询事项发声,[12]一些立法权限的配置也多以常委会工作机构为主体,而并非直接指明为常委会法工委所享有。我国全国人大常委会工作机构可以学习这种系统化的设置,明确相应职责的具体负责对象。

其次,对委员会幕僚机构与立法专业幕僚机构予以分离。如前文所述,各国家和地区的立法助理制度都对委员会幕僚机构和立法专业幕僚机构进行了分离。立法专业幕僚机构基本专司立法技术等问题,而不涉及委员会事务。我国虽然设置了全国人大常委会法工委作为立法专业幕僚机构,但同时,其也是宪法和法律委员会的幕僚机构,而其他专门委员会则缺少相应幕僚机构。这或许也是其他专门委员会弱势的一个原因。因此,可以借鉴有关经验,将立法专业幕僚机构与委员会幕僚机构予以分离,专设委员会幕僚机构。一方面,可以促使专业幕僚机构的业务纯粹化,降低其对立法活动构成的风险;另一方面,可以强化委员会的行动能力,保障委员会效用的更好发挥。

由于常委会工作机构的属性定位是一种议会的幕僚辅助机构,其结构是一种科层制的议会附属组织。因此,常委会工作机构本身并不具备民主基础,这与前述立法权限配置理念的民主基础要求并不符合。所以,常委会工作机构在立法活动中不可掌握作为立法权结构一部分的实质性立法权限。同时,立法权限的民主价值要求组织的运转本身也应当符合民主的方式。常委会工作机构的工作模式是一种通过行政命令工作的科层制方式,

---

〔12〕 1984 年全国人大常委会办公厅《关于地方组织法的一些问题的答复》,载张春生:《中华人民共和国立法法释义》,法律出版社 2000 年版,第 192 页。

因而常委会工作机构不应当掌握和运用立法权限，而仅能基于自身属性定位，利用不侵入立法领域的辅助性权限，发挥促进立法活动的辅助功能。由于自身机构属性的限制，常委会工作机构不可通过自身权属直接影响立法程序的进程，而只能提供辅助性的协作，促进立法活动开展。基于前述这种辅助性质，常委会工作机构在立法程序中所能提供的，正是这种具有辅助性的工作，具体而言包括：

（1）组织立法调研。向大会提出的法律案，在大会闭会期间由常委会审议的，由常委会工作机构进行调研。

（2）组织征求意见。常委会在审议列入议程的法律案时，需要征求、听取各方意见，这一工作主要由常委会工作机构完成。常委会工作机构听取意见后，将草案发送有关人大代表、地方人大常委会和有关部门、组织、专家等征求意见。向社会公布征求意见的具体工作也是由其完成。

（3）意见记录。常委会工作机构记录相关意见和资料，送宪法和法律委员会、专门委员会。值得注意的是，尽管收集意见是一种辅助性权限，但如前文所讨论的，目前常委会工作机构在收集意见过程中，这些意见会被总结和过滤，使得常委会工作机构实质上掌控着这种对意见表达话语的选择。这会导致对慎议参与意见的阻断。因此，对于收集意见的权限应当予以适当限制，不宜采取现行的意见收集模式，而应当将此权限明确为意见记录。要求常委会工作机构在此过程中无任何附加的整理和总结，中立地记录各种意见，以保持意见的原貌。限制技术性文官系统利用其知识权力侵入民主的立法活动。

综合来看，常委会工作机构在常委会立法程序中所进行的都属于辅助性的服务工作，即提供相应的专业性服务而不掌握实体性或程序性的权限。这并不会直接影响到立法的进程和结果，与其提供专业服务的辅助机构定位相一致。从立法权限内部配置对组织的民主价值要求来看，常委会工作机构应当谨守前述辅助机构定位的底线，不应以专业性优势代替民主基础价值，不应掌握实质性的立法权限。

（二）组织应当具备适合民主决策的制度要素

民主价值对组织的要求，不仅指向形式上的组成应符合民主，而且还指向实质意义上的民主运作。换言之，组织的运作本身也应当民主。这种民主的实现不仅仅是组织本身应当具备适应民主决策的构成结构，还要求组织中蕴含着适合民主决策的其他制度要素。这种制度要素包括但不限于一定的议事规则、民主程序中的意见表达机制、立法辩论制度等。这有利于强化相应立法组织中的民主程序制度，促进其民主决策的开展。如前文所述，民主决策有赖于对民主程序规则的运用，包括意见表达机制、审议中的立法辩论制度、表决规则等的民主程序制度，这些将直接影响组织中民主决策本身的推进。当前我国全国人大中部分组织的议事规则和立法辩论制度等民主程序存在缺失，有必要针对现实设计相应程序制度，强化组织的民主决策能力。

具体而言，除前文所述的专门委员会议事规则缺失、立法辩论制度有待加强外，委员长会议中的民主决策程序和各项制度也有待提升。

当前委员长会议的制度设计呈现出一种强集中化的逻辑。这是对民主集中制原则的片面化理解，更不符合民主集中制原则与人民共和思想相统一的价值要求。盖因对于立法权的行使而言，其制度目标是塑造一种合法性制度权威。合法性权威，本身需要一种普遍性的认同，即更加广泛的民主决策的意义。民主集中制原则中的集中意涵，也不仅仅是一味地强化集中色彩的效率意义。统一领导的实现也并不只是通过强组织色彩的集中决策来保证。追溯民主集中制中的本原，可以发现其是一种民主基础上的集中决策方式，其目的意义在于统一思想、防范极端民主化带来的分裂。换言之，民主集中制中的集中理念，表达着一种广泛民主基础上的共同认同价值，通过共同思想去统合一致的行动，最终完成方向上的统一，防止内部分裂。委员长会议中被赋予民主集中制原则的价值意义，本身也必然是如此的共同思想和行动塑造，防止内部分裂，保障立法活动本身的顺利运作。因此，其在规范上才会被赋予程序性的调整权限，以维持立法活动的持续运转。但在制度实践中，由于片面地强调这种强组织化的集中意义，只重视集中的方法，而忽视了采取集中策略背后的价值考虑，最终导致了一种基于强集中化的权力异化。制度设计上本应保障立法活动运转和共同思想塑造，实现立法活动价值的委员长会议却由于过度强化的集中性，反而在一定程度上影响了立法基础和本质追求——民主价值。

委员长会议通过在组织上的规模性控制和程序性权限的集中控制,不断地强化着自身的集中色彩。尤其是随着其结构价值塑造的导向,致使其效用不断向着更强的集中领导能力演进,使得原本只是程序上的议程的控制和专门委员会协调权逐渐转变为具有实体性意义的议题控制和专门委员会领导权。这导致立法活动的决策民主被不断削弱,委员长会议偏离了其设计的初衷,扭曲异化了自身的组织和权限,故而有必要调整其组织和权限配置,回归其原初角色的制度本意。因此,委员长会议的效用发挥,有必要将决策和领导的强制集中色彩转换为一种通过思想和行动协调上实现一致方向的能力,而这就要求委员长会议在立法活动中发挥更加柔性的权限。程序调控的权限,正是符合了这种要求的权限。通过对立法活动程序的调控,委员长会议可以通过相对柔性的机制调控着立法活动中各种意见的表达方式,防范对立意见制造的内部紧张与撕裂,实现共同认同需要的程序上的协调和平衡。同时,立法程序是立法民主实现的载体,通过对立法活动程序的调整,委员长会议保障了立法机关中立法活动的顺利运转,进而保障了民主本身的实现。如果委员长会议同时还掌握实体决策权限,则必然使其在程序调控中以自身取代具备民主基础的正式立法程序的讨论决策功能,以领导意志压制民主意见,影响立法的民主基础。因此,民主集中制原则和人民共和思想的统一价值要求决定了委员长会议应该成为一种程序调控者的角色,不断构建自身组织的内部制度,以促进组织的民主议事能力提升,推进组织的民主决策,最终实现民主价值对立法权限内部配置的要求,不断强化现实制度化了的立法权的民主正当性。

第三节 实现理性分工与平衡要求的我国国家立法权内部分散配置

实现我国国家立法权权限内部配置的优化,有赖于一种规范性的输出。找寻这种规范性价值是优化国家立法权内部配置的具体方向。如前文所述,国家立法权内部配置的最终方向和目标,应当在于符合立法权本身属性所塑造的价值要求,即立法权自身的内在属性和权力运作规律。因此,具体指导理论,应当呼应这种内在价值的要求。立法权的内在属性价值强调一种更广泛意义上的权限分配,实现一种串联式平行结构的塑造。在立法权基本属性的价值要求下,国家立法权内部的分散配置是其内在倾向。

一、立法权属性对分散配置的要求

立法权是一种宏观的、整体性的、制度化的权威,其代表着一种共同意志的集体权力。同时,其在现实化过程中,又分解在各组织之间,是一种权力簇,是各项权限的集合。因此,在其现实化的内部配置过程中,其必然呈现为一种对权限公共化的追求:立法权是一种制度化权威。换言之,立法权应当是一种共同体集体自我统治的抽象表现,其通过使人们自愿服从来构建其权威性基础。在现代社会意义上的立法权,必然是一种集体权力,其由代议机关的全体代表共同行使,也就是说,立法权应当公共化。

这种对权限的公共化行使,在实践配置中必然表达为一种平行的权力结构。由于构建制度化权威的立法权来源于一种全体人民对自我统治的政治实践,其反对异己力量对人的统治,展现一种源于人本质的自在平等。申言之,作为集体性权力的立法权,在其现实化的分解当中,应当平等地被分配,进而构造一种平行的结构,而不应存在权限不平衡的结构形态,违背立法权作为集体权力的属性要求。

同时,本书坚持一种互动性统一视域的权力与组织关系理论,将国家立法权内部配置视为一种特定社会互动信息网络的优化。在这种互动性统一视域下的内部配置,主要是一种实现宏观权威决策信息产出与发布的网络优化调整。为了使这种信息决策能够符合所需处理任务的需求以及维护网络的持续稳定运转,则其决策必然要借用一定分散式信息网络的多中心决策模式,即指向一种立法权限和立法组织组合的分散化。

是故,立法权本身属性决定了其内部配置的逻辑主要呈现为一种公共化且平衡的分散配置倾向。立法权属性要求一种公共化且平衡的分散配置是其基本倾向,这意味着广泛的权限分配。从其基本趋势看,实现这种分散的终极意义,是将权力平等地分配到代议机关的每一个代表手中,甚至更进一步,平等地分配到每一个公民手中。从权力运行的角度来说,这种不断分散的配置方向显然无法实现。为了立法权本身的顺利运用,立法权限与立法组织的这种分散配置应当考虑其应用的基础场域,以及被分配的具体程度。

综合来看,国家立法权内部分散配置的具体应用场域和程度,应当在以下制度实践方面予以展现:

首先,国家立法权内部的分散配置应当遵循一定的分配标准,实现理性的分配。所谓理性的分配,是指在认识并根据一定客观规律的基础上对相应具体权限进行分散配置。这种客观规律的基础,首要要求基于国家立法权内部各具体权限的属性进行分散。尽管国家立法权本身的属性具备统一性,但其内部分化而来的各种权限同样具备不同的属性内涵。例如,表决权限可以分散到每一个代表手中,而提案权限则有必要考虑现实,进行一定的综合配置。尤其是对于现代的立法机关而言,其内部组织的重要性逐渐提升,在某种程度上已经超越了代表个体聚合的意义,表现出更高的组织价值。因此,各立法权限的配置并不是越分散越好,也不应该将所有权限都直接分配到每一个代表手中,而应当综合来看具体权限的属性,以及组织的意义来确定相应配置标准。在存在组织的基础上考虑的配置标准则主要表现为一种功能性的专业分工。立法机关内部组织存在的意义即为了实现一定立法功能而诞生。是故,国家立法权内部配置应当遵循这种功能性的考量,基于一定的专业化分工需求,确定相应分配标准,进行理性的配置。

其次,国家立法权内部的分散配置应当遵循一定的价值要求。如前文所述,尽管功能性专业分工对于立法权内部的分散配置有着重要的指导意义,但从人民共和思想的理论出发,可以发现这种功能最适导向的分化并不具备完整的正当性价值,各具体立法权限的分散还应当遵循一定的价值要求。除前述民主的基础价值外,国家立法权内部的分散配置还应当实现结构平衡。立法权本身属性要求其内部配置在公共化外,还应当平衡地予以分散配置,实现一种自在平等价值要求,维护立法权本身的结构平衡。因此,这种配置还应当遵循结构平衡的价值要求。

综上所述,并结合分散式网络权力结构的适用场域,总结国家立法权内部分散配置的分配标准和价值要求,可以发现在抽象层面,这种配置主要表现为应对复杂任务处理和多决策中心平行两个方面的要求。因此,我国国家立法权应当在遵循这两个方面规律的基础上,实现内部的分散配置设计。

二、应对复杂任务处理要求的我国国家立法权内部分散配置

为了实现立法权本身属性的要求，国家立法权内部配置在基础倾向上即呈现一种分散和公共化的趋势，在整体上构造一种立法权的平行结构。尽管在大体方向上，分散配置是主要趋势，但其在实践中的具体运用依然存在一定规律指引，又或者说存在相关理论价值要求。如前文所述，分散式网络权力结构在运用场域上有特定规则，而国家立法权内部的分散配置，正是遵循这种规律的具体实践。是故，国家立法权内部分散配置是为应对立法活动中复杂任务的处理要求，其主要针对面向并实现立法事实认定的情境。前文讨论过，面对社会事实复杂变化的状况，权力的运用必然演绎出一种功能性主导的分工需求。人民共和思想所内蕴的反思理性昭示着此时国家立法权内部的分散配置必然要遵循一种理性分工的价值导向。因此，这种分散配置首先体现为一种权限配置和组织调整上的专业性分工导向。

这种专业性分工的功能性导向在我国国家立法权内部配置实践中呈现在许多方面，诸如在前文讨论过的全国人大常委会相对于大会立法权限的强化、专门委员会的设计等。除前述现实外，这种价值要求对我国国家立法权内部分散配置的构建，还体现为以下方向的调整优化：

（一）基于具体立法权限内在属性的理性分配

全国人大及其常委会立法权限之间的分配，在整体上存在一种单向强化的趋势。这种片面的单向强化，在价值选取事实上只朝着集中一个方向迈进。如前文所述，当前二元立法结构中对全国人大常委会立法权限的强化，是基于功能最适导向的考虑。然而，这种所谓的功能最适并不是符合立法权本质属性的功能最适，而只适应于集中或者说立法产品的出产效率。研究者们就其功能最适所列举的全国人大常委会的功能价值，主要包括人员组成（人数较少）和活动程序（易于集会）两个方面，[13] 即全国人大常委会相较于全国人大能够更多地产出立法产品，同时控制立法产品的制作成本。因此，这种功能最适仅仅是一种立法产品产出效率上的最优追求，而不一定

---

〔13〕 张翔：《我国国家权力配置原则的功能主义解释》，载《中外法学》2018 年第 2 期。

能够实现效果上的最大化。换言之,并未真正实现一种基于理性的专业分工需要,而其通过强化自身权限片面强调的功能最适,并未真实地实现一种符合立法权本身属性要求的功能性分化。

由于权力分解情况的不同以及制度化水平的差异,组织内部的权力结构及激励结构会存在差异。因此,对全国人大和全国人大常委会这两个立法实体的立法权配置问题,首先应当深入地考察立法权的属性特征,方能对立法权进行必要的分割与配置。由于立法权是一个整体性的权力,从权力的实践运用情况来看,其可以被分解为法律的制定权、批准权、认可权、修改权、解释权、废止权等权力。其中制定权是立法的基本权;修改权、解释权和废止权是立法的自律权。批准、认可是立法的他律权。[14] 他律权往往不涉及权力分解问题,因此,通常意义上所讨论的国家立法权的分解问题,即全国人大与全国人大常委会之间的立法权分解问题,主要涉及立法权的基本权和自律权范畴,也就是制定权限、修改权限、解释权限与废止权限这四个面向的实体性权限,这些权限在人大与其常委会之间的配置,决定了整个国家立法权的宏观权力结构。

前文曾经批判过的现行立法体制设计,是将基本法律的创制权与修改权进行了主体上的分离,并基于主体的优先性,在权限之间划定层级次序。这便带来了一些有必要厘清的理论问题,这些问题也直接决定了全国人大与全国人大常委会立法权限当如何配置。第一,在立法权的内部实体性权限之间,是否存在一种逻辑次序的层次架构,能够使如基本权的创制权高于自律权的修改权？第二,立法权内部的实体性权限运用能否分离,尤其是同一事项立法的不同实体性权限,能否交给不同机关主体[15]分别行使？

首先,实体性立法权限,至少是我国国家立法权的内部实体性权限之间,并无一种次序的层次区分。没有任何直接证据和规范依据证明,作为立法基本权的制定权高于自律权。虽然在立法体制中有全国人大常委会对基本法律的修改权只能部分补充和修改,不得与全国人大制定权所创制之“基本原则”相抵触的规定,但此规范背后的理由,并非认为创制权作为基本权

---

〔14〕 乔晓阳主编:《中华人民共和国立法法讲话》,中国民主法制出版社2008年版,第50页。

〔15〕 关于全国人大与全国人大常委会非同一机关的问题,韩大元教授在《全国人大常委会新法能否优于全国人大旧法》一文中曾有论述。

高于其他立法权,而是由于全国人大是最高权力机关,为了充分保证全国人大作为最高权力机关的地位,方设定了全国人大优先于全国人大常委会权限的规定。[16] 作为例证,当前立法体制中,并无全国人大常委会制定其他法律的创制权高于自身修改权或解释权的规定,在《立法法》第50条规定中,法律解释同法律具有同等效力。这充分证明了创制权与修改权、解释权、废止权等立法的自律权是同等级的立法权限的不同部分。此外,从理论上看,国家立法权内部也不应当存在优先顺序的差异。创制、修改、解释和废止都是对相关问题进行立法活动,其权限运用所呈现的结果,都是一种成文的法律规范,不可能存在效力层次上的区别。如果修改、解释和废止的权限低于创制权,这意味着法律变成了一成不变的规则,则此数种权限将丧失存在的价值。如果允许创制权限对修改权限、解释权限和废止权限设置限制,则意味着过去的立法者可以约束未来的立法者。即使最为极端的原旨主义者也不能认可这种僵化的观念。立法是应当随着社会客观现实变化而变化的主观造物,不可能成为一种不可变更的客观规律存在。随着社会的演进和发展,那些为立法目的及其实现手段的合理性提供支持的社会、经济、文化方面的一般事实,[17] 也就是立法事实必然会发生变化,这种变化必然也要为立法者所发现并用以对法律进行变革。综上所述,国家立法权内部并不存在一种次序差别的层级架构。

其次,对同一事项立法的不同实体性权限,除解释权限之外,不宜交给不同主体分别行使。从立法权的运用角度来看,如前文所述,在国家立法权内部的这些实体性权限并不存在次序优先的划分,创制权限与修改权限、废止权限等都属于同等级的权限。这意味着,如果针对同一事项的这些立法权限的使用主体分离,则是由不同的主体在分别行使具有同等级的权限,而此种体制必然会存在权限运用的冲突问题。即使当前的立法体制中,基于全国人大优势地位而设定了全国人大基本法律的创制权优先于全国人大常委会修改权的次序,但从制度运行现实来看,全国人大常委会并未被这种条文设计所限制,其权力行使的结果反而导致了全国人大基本法律创制权限

〔16〕 乔晓阳主编:《〈中华人民共和国立法法〉导读与释义》,中国民主法制出版社2015年版,第71页。

〔17〕 陈鹏:《合宪性审查中的立法事实认定》,载《法学家》2016年第6期。

的削弱。创制权、修改权、废止权等权限同属于立法权不划分次序差别的意义,更体现了这几种权限都由国家立法机关行使,作为同一机关的权限自然等同。作为创制机关,其天然地行使对该事项继续立法的权能,行使修改、废止的权限。只是1982年以来二元立法体制的确立,导致了对同一事项存在两个行使立法权限的立法机关,才造成了这种权限配置的难题。解决相应问题有必要正本清源,让被分割的立法权重新归为一体。因此,本书认为,对同一事项立法的创制、修改和废止权限,归于同一机关更为妥当。除解释权限之外,其他实体性立法权限的划分,不应当就同一事项的不同类别立法权限在不同机关之间予以分配。

(二)基于制度内在功能的分工配置

从专业性分工这一理念本身来看,其是为应对复杂化的社会现实而产生的任务分别处理需求,是一种基于事项区别的分离。也就是说,国家立法权的专业性分工,不仅仅要考虑国家立法权的属性本身,还应当基于应对事项而实现权力分化。所谓应对之事项,是制度的功能所在。换言之,这种分工基于的是相应立法组织和立法权限所构造之一体制度——身为同一对象内容与形式的立法组织和立法权限——的内在功能。

1. 人大和常委会的制度功能区别与立法权限配置

当前全国人大与全国人大常委会的二元立法结构之所以出现问题,很重要的一个原因就是在国家立法权内部配置上,并没有考虑好人大与常委会的立法权限制度区分。之所以现行《宪法》在权限配置上呈现出一种"双层议会"样态,正是由于在对人大和常委会的设置时,并未能细致地考虑好全国人大与全国人大常委会的性质与定位。这个问题将会直接影响着其是否适合行使立法权限以及行使何种立法权限。因此,除了考虑立法权本身的属性之外,还应当考虑议会组织的功能问题。人民共和思想正是要求在此基础上实现一种功能分化,完成功能性导向的分工设计。前文论述过,二者之间的组织功能差异主要是基于规模所制造的权威性塑造差异。故全国人大由于自身重要的权威性基础,应行使对"最为重要的国家问题决断"立法的创制、修改以及废止的权限。全国人大常委会则基于自身相对灵活的会期且逐渐加强的立法能力,行使其他一般法律的制定、修改与废止权限,以及所有法律的解释权限,避免二者的立法权限配置可能出现的相互冲突。

从立法权的运行现状来看,前述方案也是具有改革可行性的,不会引发制度震荡且能回应国家对立法治理需求的设计。第一,采用此种方案改革的制度影响较小。从目前的立法实践来看,当前国家立法涉及重大问题时,一般而言也都是由全国人大进行。一些涉及基本法律重大变革的立法案,都是由全国人大而非全国人大常委会通过的,如2015年赋予设区的市立法权的《立法法》修改等,都是由全国人大作为国家最高权力机关作出最权威的决断。第二,不再保留基本法律立法权的设计,不会对全国人大的最高权力机关地位造成冲击。前述方案设计保证了全国人大作为国家最高权力机关在事项权能上的统一,而改变当前将创制权与修改权分离的规定,在事实上保证了全国人大的立法权威而非冲击了其立法权能。第三,此种方案足以应对立法的紧迫性问题。部分立法事项由全国人大独享立法权限不会对立法需求的紧迫性造成威胁。一方面,全国人大所独享之立法权限所涉事项为"最为重要的国家问题决断",如此重大之问题,往往需要长时间的酝酿。如果真的存在需要在较短时间内完成对重大问题决断的立法,我国《宪法》第61条还规定有临时召集的相关条款。另一方面,从立法活动本身来看,立法事项的紧迫性需要并不是必须通过修法的方式予以解决,往往都是依赖法律解释的方式应对。全国人大常委会行使法律解释权限的方案设计,足以应对立法治理的紧迫性需求。

2. 专门委员会的专业化制度价值与权限分工配置

当前专门委员会立法权限的配置在一定程度上影响了相应立法权限本身的决策运用。又或者说,被配置权限本身的决策机制导致权限无法正常运行,无法实现相应立法权限的制度目标。这种决策机制的不足更多展现为一种各专门委员会立法权限运用的能力不足。除得以专门强化的宪法和法律委员会之外,各专门委员会在立法程序中,尤其是彰显其重要作用的审议活动中所发挥的功能都存在不足的情况,难以实现制度设计目标以及整体国家立法权所追求的各种价值。

前文在对我国专门委员会的历史沿革介绍时曾经谈论过,专门委员会的制度很大程度上是学习借鉴的产物。因此,理解专门委员会制度的优化方向,认识专门委员会的组织原型和制度价值,除需利用相应国家立法权内部配置基础理论予以指导外,也有必要镜鉴代议机关委员会制度等域外经验,对相应理论予以印证,并提供制度设计上的参考对象。

作为议会之母,英国议会的委员会很大程度上为各国代议机关的委员会制度提供了学习和模仿的原型。委员会这种组织形式最初可以追溯到14世纪的英国议会,14世纪初期英国议会开始借助一些委员会协助议会开展调查和成文法的技术处理。如我们所知悉的,英国议会的诞生,很大程度上是基于贵族对王国政府财税的规制——《大宪章》本身是封建贵族抗拒王室由于战争原因盘剥加剧的产物。到14世纪初期,议会已经实质上获得了对税收征收的监督权,14世纪中期开始,议会通过的财税案都明确规定着资金的用途。在1333年,拨付给产业补助的资金被挪用于战争,因此在1340年,英国议会指派委员会开展相应调查,开创了委员会行使相应国会权限的先河。

委员会获得对立法的审查权限则更晚一些。尽管在同年,英国议会下议院还赋予委员会将请愿和答复转换为成文法的权限,但其和现在所认知的立法审查权限仍有着较大差异。众所周知,英国最初的法律来源是由王室法官和普通法院所确认的普通法,直到14世纪末,制定法才开始逐渐被承认具有法律的权威性,但此时英国议会仍未掌握完整的立法权,"议会的职能只限于根据下院的请愿立法,对国家的政治职能提出建议,而不能决定"。[18] 这一状况一直持续到15世纪中叶之后,都铎王朝时期为了加强对国内的控制,获得包括贵族在内更多阶层的认可,议会的权力开始扩大,立法权也开始不断扩展,从咨议向实质立法转变,立法也开始改头换面,以议案的方式提出。立法权的发展导致对议会立法能力的需求不断增长,催生了对专门审查机构的需要。到1543年,苏格兰议会开始任命专门的立法委员会审查法案。这种审查在此后被进一步地精细化,1601年,在培根的建议下,议会甚至成立了两个委员会,一个专门负责延长已到期的法律,另一个负责废除过时的法律。[19] 此后,委员会逐渐成为一项常设的制度。16世纪

〔18〕［英］戴维·M.沃克:《牛津法律大辞典》,法律出版社1989年版,第668页。
〔19〕刘新成:《英国都铎王朝议会研究》,首都师范大学出版社1995年版,第154页。

的英国议会下议院出现了永久性委员会制度(Permanent Committee System),[20]分别审议宗教、贸易、司法等各方面的法律案,形成了我们当今所见之代议机关委员会的雏形。在1700年,议会确立了委员会审议法律的惯例,除一些特定法案不预审查外,其他法案审查方面由委员会审查成为一种正规形式。[21]

现代英国议会的委员会制度,形成于20世纪20年代。当今英国议会中的委员会,包括常设委员会(Standing Committee)和选任委员会(Selected Committee)两类,分别针对不同事项,具有不同的设置模式,具体来说:

常设委员会主要负责法案之审议,虽然被称为常设委员会,但实际上是临时性的设置。这种组织因法案的讨论而创设,一般由A至J为名称以区别,每一法案都会交付给一个常设委员会,当方案讨论完毕后,该常设委员会即宣告取消。依据英国下议院的议事规则,常设委员会的成员由院内遴选委员会根据各政党的议员比例选派。常设委员会一般在16~50人,人数多寡因方案的重要与否及利害情形而增减。[22] 常设委员会对法案的讨论不具备否决的权力,而只能针对法案提出修改意见。

选任委员会主要负责调查事实以及相应的监督工作,实际为常设的委员会,其主要针对财政事项、案件事实、政府监督、准司法活动以及行政法规命令进行调查和监督。选任委员会的成员由遴选委员会依照政党的比例选派。在立法活动中,选任委员会则负责调查与法案相关之事实,以协助院会讨论中对立法的事实判断。

由此看来,尽管英国议会中委员会的相应职权和组成规模也随需求改变而发生着不断的变化,但委员会制度本身的基本模式和制度价值一直都继承并延续着原型既有的内涵,成为世界各国议会纷纷学习效仿的对象。

除去作为制度原型的英国外,各国家和地区的立法机关委员会制度中还有较多的制度经验可供学习。其主要体现在以下几个方面:

第一,委员会的协调机制。委员会的设置本身是一种基于社会复杂形

---

〔20〕[美]萨缪尔·P.亨廷顿:《变化社会中的政治秩序》,王冠华译,三联书店1989年版,第128页。

〔21〕吴大英:《比较立法制度》,群众出版社1992年版,第203页。

〔22〕J. A. G. Griffith & Michael *Ryle & Parliament*:*Functions*、*Practice and Procedures*, Sweat & Maxwell, 1989, p. 271.

态的分工化配置,因此,委员会的数量必然不可能是单个。同时,随着立法所涉及之社会事实以及立法本身专业性的逐渐深化,其不宜只由单一委员会来处理,则此时需要多个委员会开展审查工作。在此活动中,委员会间的协调机制就显得格外重要。因此,域外各国家和地区立法机关往往都存在委员会间的协调机制,以协调多个委员会的联合工作。以日本为例,日本国会存在委员会共同列席的联席审查会,由多个委员会阐述意见。

第二,委员会的权限。在立法审查中,各国家和地区立法机关委员会的权限主要集中于审查层面。一般而言,其权限行使之后果,主要包括提交审查报告权和搁置权两种。提交审查报告是各国家和地区立法机关委员会工作的通例,在接受院会交付审查的法律案后,其全部审查工作的呈现,主要就展现于报告中,在报告中委员会一般会说明法案的立法目的、关键制度、审查过程和相应修改意见等。搁置权则是一种否定式的权限行使结果。由于委员会的活动一般是接受院会交付之法案的审查,因此其并无对法案的直接决议否决权。但委员会如对法案存在异议,可以通过将交付审查之法案搁置不理的方式,从而阻挡该法案进入立法程序。这种权限的行使以美国国会最为著名。[23] 当然,在美国应对这种消极否决的方式,院会也有应对措施,可通过"解除委员会责任"(discharge the committee motion)的方式将被搁置之法案直接从主审的委员会提到院会予以处理。

综上所述,可以看出,各国家和地区的委员会制度存在以下几个具体的制度目的或者说制度效用:

首先,委员会制度是立法机关自身权力强化的手段体现。从英国议会委员会发展的沿革来看,委员会的产生,乃至每一次新权限的赋予,往往都是伴随着议会强化自身权力行使的需求而出现。委员会的诞生,是议会为了加强对税收的控制和监督,调查王室的财政运用。委员会对在立法审查中的权限赋予,以及委员会制度的正式确立,更是在议会获得完整立法权后不断发展、强化自身立法效率和立法质量、试图强化自身立法功能的背景下展开的。通过委员会的程序工作,英国议会下议院加强了自身的立法活动,实现了对立法权的完全掌控。因此,委员会制度的构建,在很大程度上展现

〔23〕 曾济群:《中外立法制度之比较》,台北,"中央"文物供应社1988年版,第263页。

着议会为了强化自身权力的需求。委员会制度是立法机关实现自我权能的基础方式。是故,委员会制度的目的或者说制度效用,是加强立法机关功能,促进立法机关整体权力的行使。

其次,委员会制度的诞生是立法机关专业分化的需要。立法是一项复杂的、涉及专业广度和深度要求都较高的活动。尽管其展示着民意的要求,但同时,为了更好地反映社会事实的需求,就必然需要相应的专业知识予以辅助。从历史来看,在立法机关形成之前,立法工作也往往要借助掌握专业技能者来完成。[24] 随着专门立法机关的诞生和发展,尤其是立法数量开始增长,相应的专业性需求就不断涌现,应对多样化社会现实的法案往往会涉及各种专业性问题,而一般的立法机关代表无法穷尽所有专业领域的知识,这便需要由相应专业的代表去开展具体审查。此外,法律的制作本身也是一个极具专业性的活动,法律内部的融贯性以及法律与整体法律体系之间的融贯性要求,使立法成为一项技术性活动。立法机关本身的程序和组织功能难以保证前述的这些要求全部实现,此时基于这种专业分化的需要,立法机关在组织内部进行了一定的专业分工,即委员会的构建。

再次,委员会制度也有着相关利益展示的制度价值。委员会的组织是立法机关内代表基于一定领域和专业性的组合,这实质上形成了各个相关领域的职业或领域的共同体。来自全国的代表反映了其背后群体的意志,在审议活动中的工作,自然不仅仅反映着一种专业性的意见,同时还会表达一种基于自身利益的诉求。委员会制度塑造的共同体的集合,使其开展的审议活动中,这种利益诉求会被汇聚和放大。此外,委员会制度的设计,使法案的审议必然流向利益相关者。换言之,法案被交给了与之利益相关者进行审议,很大程度上减少了利益无关的政治冷漠情况,更加强化了这种利益的展示。

最后,委员会制度提供了一种立法机关的内部整合。一方面,委员会制度实现了一种立法目标整合,委员会在审议活动中,通过对法案的先行利益表达,可以在委员会内部先行塑造共识,实现立法目标的整合,促使立法活动持续进行。另一方面,委员会制度本身的结构设计,体现了一种权力平衡

---

〔24〕 例如,欧洲中古时期开始的王室法,在中国唐律的编纂,《贞观律》由长孙无忌、房玄龄、裴弘献等领衔学士、法官耗费十年方才编订完成。

稳定的立法机关的群体整合。西方国家立法机关的委员会之间的组织与权力结构，是一种平等的平衡构造，展示着不同利益群体之间的平等地位，并通过委员会的立法权限和协调机制，最终在立法中实现对不同利益群体的内部整合。这种内部整合的价值，也值得我国专门委员会在其优化配置时予以学习借鉴。如前文所述，专门委员会之间的权限配置存在失衡，也缺乏完善的委员会间协调机制，并未考虑到这种不同利益群体的平衡和整合意义。因此，有必要在日后优化配置过程中，平衡设计各专门委员会间的权限，并设计平等的委员会间协调和联动机制，促进委员会的内部整合价值实现。

综合来看，委员会制度的诞生和运作，彰显着立法机关能力强化、立法的专业性实现和立法活动中的利益表达等制度效用。“集合具备各领域专门知识之议员于一堂”的委员会制度提供着“维系国会的自主性”和“符合民意”〔25〕的制度价值。如前文所示，委员会制度在立法中展示着重要的作用，在许多国家，更被认为具有“国会运作中心之地位”，〔26〕“在国会大厦中，委员会掌握着政策决定的关键性阶段，他们是政治神经中枢……决定着立法的细节”。〔27〕

因此，委员会制度从两个角度展示着对整体立法机关的立法功能的强化——组织的行动力与专业性。一方面，通过委员会这种组织的设置，集中了一定的具有行动力的立法机关代表，在组织上直接强化了立法机关的活动能力。通过委员会的工作，立法机关加强了自身的立法决策活动能力，强化了自身运用立法权的效能。另一方面，委员会通过一定的专业分化，集合和培养专门知识的代表，强化了立法机关在立法活动中的专业能力，保证了法律的制作符合融贯性和专业性要求，加强了立法机关的自主性。这种功能性价值，事实上表达一种功能主义导向的权力分工意义，展示着一种功能主义的权力配置进路。这是委员会制度的基础和首要意义，这种功能分化意义的分工配置内容，也在一定程度上为我国的专门委员会配置所效仿。

---

〔25〕 罗传贤：《立法程序与技术》，台北，五南图书出版股份有限公司 2014 年版，第 532 页。

〔26〕 罗传贤：《立法程序与技术》，台北，五南图书出版股份有限公司 2014 年版，第 529 页。

〔27〕 Thaysen U., Davidson R. H., Livingston R. G., *The US Congress and the German Bundestag: Comparisons of Democratic Processes*, Westview, 1990, p. 278.

专门委员会依照专业领域的区分，以及专业化的组成人员配置和相应专业法案的审议权限，显然是继承了这种委员会所带来的基础性价值的传统。

专门委员会是一种基于一种专业性功能主义导向的设计，这决定其掌握的必然是和专业性相关的立法权限，是全国人大强化自身立法功能的重要手段。一方面，通过专门委员会的组织，实现一种集体理性的自治塑造价值，通过在具体领域具备专业能力的“精英代表”的集体决策，最终充分促进立法的科学性；另一方面，通过专门委员会的专业分化，保障了对复杂社会分工下的社会情况总体把握，并加强了立法机关在立法专业活动中的能力。这也是立法权塑造制度权威的基本目的所要求的。权威的塑造要求立法机关本身的立法活动能够获得一种正当性，这种正当性不仅仅源于立法活动的民主，更源于法律创造中具备说服力的科学性。专门委员会的专业能力正是立法科学性的重要保障。因此，这种专业性功能主义导向了一种基于专业的分工意义，展示着一种功能主义的权力配置进路，要求专门委员会的组织和立法权限配置应当基于功能主义的角度，以专业分化来确定组织和立法权限分工。这种分工体现为基于功能专业性的必要权限掌握，为了实现专门委员会的专业性设计目的，专门委员会相对于人大的其他代表应当掌握具备一定的立法权限，以提升立法效能，保障立法活动科学且有序开展，如议案修改权、审查权、报告权等，皆是专门委员会必须掌握之立法权限。同时，专门委员会的组织和立法权限更是分散理念指导之分工的产物。通过分类化的方式，回应现实社会对于自治事务的多样化需求。是故，人民代表大会中专门委员会的分类设计，是针对政治治理中所涉及的多方面事务的具体回应。这要求专门委员会及其配置职权的划分，应当符合社会现实的需要来进行分工配置。

三、构架多决策中心平行的我国国家立法权内部分散配置

立法权属性要求的平行结构，不仅仅指向一种专业的功能性分化方向，更要求一种平行的权限配置设计。立法权作为一种共同体集体自我统治的抽象表现，是一种集体权力，其由代议机关的全体代表共同行使，也就是说，立法权应当公共化。同时，这种构建制度化权威的立法权来源于一种全体

人民对自我统治的政治实践，其反对异己力量对人的统治，展现一种源于人本质的自在平等。换言之，作为集体性权力的国家立法权，在其现实化的分解中，应当平等地被分配给各主体，构造一种平行的结构。如前文所述，分散式网络权力结构在具体应用情境中，不仅仅指向一种分化的多中心决策，还要求这些决策中心相对平衡，在总体上对问题予以协作处理，最终达致共同体之善治。是故，我国国家立法权内部的分散配置，在应用中的情境应遵循这种多决策中心平行的构架，展现相应的公共和平衡价值。

这种多决策中心平行的构架，其核心主要体现出一种基于人民共和思想内涵的对公共化和平衡价值之追求，进而反对片面强调功能性分工的单向强化；要求在对相应分散配置时，除考虑专业性分工的分化需求外，更应当考虑平衡价值，实现更广泛意义上的国家立法权内部配置公共化。

（一）对功能性配置单向强化的反对

我国国家立法权内部分散配置中多决策中心平行构架的要求，首先体现为一种对当前制度实践中功能性配置单向强化倾向的否定。当前实践中我国国家立法权内部部分配置失衡的潜在风险，源于一种功能性配置单向强化的倾向，这种倾向在一定程度上影响了国家立法权整体结构的平衡，有必要予以改进，具体来说：

1. 人大与常委会二元立法结构的失衡

二元立法结构的这种功能最适导向的集中，在整体权力结构未能考虑好协调和平衡。在前文中已经批判过，人民共和思想指引的分工，不仅仅是一种单纯的功能最适导向考虑，还应当包括协调性的考量。在我国，分工不是“三权分立”，而必然包含协调的要求。同时，人民共和思想也意味着平衡，不只是依照功能分化将权力分开。当前二元立法结构对全国人大常委会立法权限的强化，仅仅考虑其组织在立法上的功能效用最为强大，相较于人数众多、会期较短的全国人大更为便利，在权限配置时，便设计了模糊二者权限界限的方案，并为全国人大常委会创造了核心功能领域，赋予其基于功能不断扩权的空间。这种设计在一定程度上忽视了国家立法权内部配置中存在的平衡性要求，致使全国人大常委会立法权限不断扩张并进入全国人大立法权限范围，使二者的权限实际效用一定程度上失衡，导致了全国人大在立法中的作用相对弱化。这种失衡进一步导致协调上的失序。在设计之初,又或者说在过去的立法权限运转中,国家立法权是作为一个整体被全国人大和全国人大常委会所行使并运用。随着结构平衡性的失序,国家立法权的整体权力结构在一定程度上会出现不协调的情况,二元立法结构或将逐渐朝着偏离国家立法权结构原有的方向演进。因此,二元立法结构的理论问题表现为一种在权限配置中对功能最适导向的片面强调,而忽视了整体权力结构的平衡性和协调性。

2. 对宪法和法律委员会的单向强化

事实上,当前全国人大专门委员会的立法权限配置,虽然依照组织的专业性分离在功能分化上形成了区分,但其在整体配置方面的功能性差异,主要是通过对宪法和法律委员会的加强,进而实现一种对配置在专门委员会中程序性权限的统摄。这在理论上看,展示为一种在功能导向的基础上坚持集中模式的倾向:首先,专门委员会的权限配置在组织中依照一种专业性上的功能分化予以分配——例如,在审查权限方面,专门委员会分别审查其领域的法律提案——这显然意味着专门委员会立法权限配置建立在一种功能导向的基础上。其次,宪法和法律委员会通过其在统一审议制度下获得的对其他专门委员会审议权、后期独立报告权和法律草案修改权等权限,获得了相对的立法权限优势,并在立法程序中尤其是统一审议制度中实现对其他专门委员会的集中统摄,展示出一种强化集中的倾向。

专门委员会立法权限配置的这种不平衡设计,导致一定程度上无法实现人民共和思想和立法活动本质所要求的利益表达。如前文所述,专门委员会间的立法权限分工存在不平衡的潜在风险,尽管其符合人民共和思想的功能导向分工要求,但显然与人民共和思想对于配置的平衡性与协调性的要求不尽相符。人民共和思想要求充分维护组织权力结构的协调性和稳定性,摆脱阶级社会中无常历史命运的摆布,完成人类的自我解放。如果某一权力在配置时过于强大,将会影响整体结构,导致该权力凌驾于系统中与它一同被配置的所有权力之上,影响其他权力的发挥。单一委员会优势的倾向,将引发其他专门委员会立法功能发挥被抑制的潜在风险。因此,对专门委员会立法权限配置进行优化,应当反对单向强化宪法和法律委员会的片面强化集中思路,实现立法权限专门委员会间的平衡配置。

（二）多决策中心平行的国家立法权内部分散配置

我国国家立法权内部分散配置中多决策中心平行构架的要求，其核心在于对具体权限的平等掌握，以实现各具体立法权限在不同对象之间配置的相对平衡。这种分化的平衡，彰显着一种分散决策的价值，其一方面会针对不同的需求妥善且专业地应对多样化的信息处理需要；另一方面，通过平行的多决策中心，将广泛且平等地提供决策方案，降低统一决策可能带来的系统性失误风险。这种分散决策在立法活动中有着重要的意义，不仅可应对社会现实复杂化的需求，而且能够实现充分的方案博弈，提供更多的立法选择，以促进立法的科学化。具体来说，在实践中这种实现多决策中心平行的配置，主要体现为专门委员会的制度设计。

前文讨论过，专门委员会立法权限配置存在某种程度的失衡。因此，有必要遵循多决策中心平行的配置构架，重新调整专门委员会立法权限配置。事实上，除功能主义的专业分化要求外，专门委员会的组织和立法权限配置也应当符合结构平衡价值的要求。立法权的结构，要求整体的立法权配置符合一种串联式平行结构。换言之，立法权不同于行政高权，其内部并不是一种自上而下的权力链条延伸，为塑造立法的民主和科学，必然要保证权力结构内部的平衡设计，防范立法权成为少数人手中的权力。此外，立法结构的平衡要求也保证并体现着一种权力平衡稳定的利益群体整合。一方面，立法本身是稳定的利益表达和利益整合方式，通过立法活动，能够整合社会集体的表达，实现集体的自治。另一方面，基于专业分化的不同立法机关内组织——专门委员会，本身是一种不同利益群体的聚合，专门委员会之间组织与立法权限的平衡，实际上也是不同利益群体之间平等要求的体现。因此，专门委员会的组织和立法权限配置应当符合立法权平行结构的价值要求，实现平衡的设置。

总体来看，专门委员会的功能主义与结构价值定位，在一定程度上代表着两种不同的方向。是故，有必要反对以单一定位的方向决定专门委员会的走向，综合运用集中与分散理念的基础范式和要求对二者予以调和，以保证其组织和立法权限调整的最终结果符合国家立法权的目的和结构要求。

按照人民共和思想，在对权力予以分工的同时，国家立法权内部配置还必须遵循结构性价值平衡:在权力配置时,应当防止某一权力在配置时过于强大而破坏了整体结构,导致该权力凌驾于系统中与它一同被配置的所有权力之上,影响其他权力的发挥,以保证权力的稳定性,降低权力的异化情况对社会安全的威胁;在权力配置时,为了防止某一权力使用出现偏差影响整体权力结构的运转,应当保证系统内的其他权力能够通过其他(属于该权力自身的权能)的方式解决最初之权力需要解决的问题的能力,实现社会稳定安全对共同体权力的要求。在权力配置时,这种平衡的结构也必须按照一种有利于未来权力协调的方式设计。是故,专门委员会各项权限除必要外,委员会要平等掌握,防止结构上可能出现的失衡;同时,各专门委员会的立法权限的平等掌握也可保证整体国家立法权的稳定,防止某一委员会可能存在的立法权限使用问题。此外,应当指出的是,前述的集中是委员会成员相对于全体代表的权限集中,而不是单一委员会相对于其他委员会的强集中化。各专门委员会组织平衡,平等掌握各项立法权限,是调整其立法权限配置的应有之义。

具体来说,各专门委员会应当平等地掌握以下立法权限:

1. 提案权限

提案权限具体包括在全国人大及全国人大常委会立法程序中的提案权、在立法解释程序中的提案权以及在备案审查后撤销程序的提案权。

首先,立法程序中法律案提案权,作为一种具备专业性人大代表的聚合机构,专门委员会掌握法律提案权是应有之义,符合其专业性功能主义的定位,更符合民主议事的基础法理。从《立法法》等法律规定来看,全国人大各专门委员会平等地享有此法律案提案权,展示着一种平衡的结构价值要求,因此,现行规定之法律案提案权合法适当,应当继续沿用。

其次,在立法解释程序中的提案权。如前文所述,当前《立法法》并未规定法律解释程序是如同法律创制、修改等程序一样的提案权启动模式,而仅规定为"法律解释要求"。作为专业性的议事单元,全国人大专门委员会显然更适宜来承担此种内容创造的工作。是故,全国人大专门委员会应当享有此权限。

再次,法律修正案提案权。由于立法修正案是针对处于立法程序中草案的提案,因此,从另一个角度看,其就是直接针对草案提案者提案权的一种提案,也就是对于提案权的补充及对起草者提案权的一种限制。这种权限在我国主要体现为法律草案修改权。如前文所述,该项权能在当前制度实践中由宪法和法律委员会掌握,并构造出一种具有一定意义上终局判断的兼具实体实质的程序性权限。在我国立法制度设计中,这种对提案进行修改的立法创议权,其他专门委员会并未掌握,直接导致了其他专门委员会在立法能力上的弱化。在过往的实践中,各专门委员会更曾表达出对法律草案修改权的需求。从权限属性来看,这种立法创议权也直接连接着专门委员会的定位与制度目的——通过自身专业功能促进立法的科学。同时,当前只赋予宪法和法律委员会的权限配置设计,也忽视了结构平衡的价值要求。因此,有必要平等地赋予各专门委员会法律草案修改权,或者说法律修正案提案权。如此,各专门委员会能够基于自身专业性判断,将对其他主体提出的法律提案进行修改的诉求予以正式表达。此外,法律修正案提案权的配置并不意味着专门委员会可以随意对法律提案进行修改,这种修改活动本身应当是根据全体会议的审议和单独表决意见开展的。

最后,在备案审查后撤销程序的提案权。从实践来看,尽管现行法律规定了专门委员会备案审查后撤销程序的提案权,但在我国法治实践的历史上,从未启动过此种提案权。代之以借助全国人大常委会工作机构柔性纠错机制予以处置,这显然存在不妥。前文论述过,柔性纠错机制仅是一种立法监督的处理方式,而不能彻底取代撤销权制度,成为监督处理的全部方式。且常委会工作机构掌握此种实质意义上影响立法监督活动的权限,违背了立法的权威性基础要求。是故,本书认为,专门委员会有必要强化对撤销程序提案权的运用,以加强立法监督工作,维护法治的统一与权威。

2. 审议权限

审议权限是专门委员会最重要的程序性立法权限,通过审议权限的实践,专门委员会发挥了自身的议事辅助功能。

首先,在全国人大立法程序中的审议权限。根据《立法法》有关制度设计,现行全国人大专门委员会在全国人大立法程序中的审议权主要包括有关专门委员会的审议权与宪法和法律委员会的统一审议权。也就是说,现行审议权限的设置将宪法和法律委员会与其他专门委员会予以区分,配置了不同等的审议权限。根据前文之讨论,专门委员会之间的组织和立法权限配置应当平等,防止某一委员会独大的情况。因此,专门委员会的审议权设置有必要予以调整。交付有关专门委员会对法案涉及的专业性、技术性内容予以审议,以保证审议活动更加深入、全面。因此,对各专门委员会而言,主要是对涉及其专业领域的相关法律案进行审议,如财经委员会负责审议与财经相关的法律案等。如若一个法律案涉及多个专门委员会的事项时,所涉的专门委员会都将参与审议。各专门委员会在此审议权限配置中,尽管由于立法所涉及专业事项领域的差异而存在被交付法案多寡的区别,但各专门委员会间应当不存在审议权限上的差异,平等掌握着审议权。是故,交付有关专门委员会的审议,符合专门委员会审议权限配置的要求,应当保障其掌握并运用好此权限。

此外,审议权限的体现,主要是基于专门委员会独立报告权的存在。当前我国对专门委员会立法权限的规定,并未将专门委员会的独立报告权作为一项单独的权能。对于审议权限而言,其效用的发挥并不是审议本身,而是通过审议,专门委员会可将审议意见报告给人大会议或常委会会议,进而影响后续的全体会议的审议和表决工作,故而报告权对于审议权限而言,有着至关重要的意义。本书第一章曾讨论过,宪法和法律委员会的统一审议权限,包含了一种后期独立报告权,致使其存在权限上的优势。是故,对立法权限的平衡,有必要改造这种权限配置,赋予各专门委员会同等的独立报告权限。

其次,在全国人大常委会立法程序中的审议权。由于全国人大常委会立法程序存在三审制的程序设计,与全国人大的立法程序稍有区别,故专门委员会在其中的审议权限运用也与在全国人大立法程序中存在少许不同。但总体而言,其享有之审议权限应当与大会相同,主要为基于自身专业性的立法审议权。宪法和法律委员会及其统一审议权限,不应当存在事实上的优越地位。

最后,在法律解释程序中的审议权限。除在创制或修改等法律创设程序中的审议权限外,在法律解释程序中也存在审议权限的配置问题。根据《立法法》的规定,法律解释程序的审议权限,由宪法和法律委员会掌握,构造了一种"自上而下"的法律解释案审议体制。解释法律的问题,尽管宪法和法律委员会一般相较于其他专门委员会具有专业性上的优势,但这种优势并不意味着其一定优越于其他或专门委员会,尤其在某些专业性法律问题上,有必要听从其他专门委员会的意见。是故,各专门委员会都应当具备在立法解释程序中的审议权限。

3. 审查权限

根据现行《立法法》与《各级人民代表大会常务委员会监督法》的有关规定,目前我国全国人大专门委员会享有的审查权限,主要包括对法规和司法解释的审查权限,相应权限归属专门委员会并无不妥。本书认为,除对法规和司法解释的审查权限外,目前的审查权限规定,还欠缺了对法律的审查权限。尽管在我国的立法监督制度中,全国人大专门委员会无法在法律通过后对其合宪性或与其他法律的体系融贯性问题进行判断,但宪法和法律委员会作为专司法律问题的专门委员会,应当在立法程序中拥有对法律草案是否合乎宪法和法律进行审查的权限,以保障法律的出台合宪合法,践行依法立法的核心要求。

第四节　实现统一行动与决策效率的我国国家立法权内部集中配置

如前文所述,立法权自身性质和运作的规律决定了对国家立法权内部配置的要求,要求各项具体权限按照有利于立法权运转的方向协调一致。因此,国家立法权内部配置的具体指导理论,应当呼应这种内在价值的要求。如前文所述,立法权的内在属性价值更强调一种更广泛意义上的权限分配。换言之,在立法权基本属性的价值要求下,分散配置是其内在倾向,集中配置只是必要的例外情形。这种例外是为了保障整体立法权运转的顺畅,防范过度分散而存在。是故,揭示我国国家立法权内部配置的集中方案实质是具体分析哪些制度存在需要例外的情形。

一、立法权属性对集中配置的需求

分析存在集中方案的例外情形,也是在寻求立法权本质属性对集中的需求。换言之,立法权本质属性决定了国家立法权内部配置在何种情况下需要进行集中。如前文所论述,国家立法权整体的运转是串联的模式,其现实化为一种权力簇的集合。因此,其必须通过权力簇整体的运转去实现整体国家立法权的运转,这要求组成权力簇的各项权限应当协调地运转保障国家立法权的运用——立法成果的产出。是故,国家立法权内部配置应当存在以下两个方面的需要:首先,作为权力簇组成的内部各项立法权限需要保持一致的方向;其次,具体立法权限的编排也应当符合立法权运用的目的——有利于立法成果的产出,而不应存在权限之间不同方向的内部消耗,进而最终保障各项权限协调一致,促进整体国家立法权有效运转。

前述两个方面需求,在目的效用上与集中范式存在内在一致性,换言之,其在一定程度上需要通过集中配置予以实现。综合来看,立法权本质属性在以下两个层面存在集中意义上的需求:

首先,为了保障国家立法权整体的协调统一,应当存在保障方向一致、行动统一的集中设计。尽管立法权因其内在属性天然具备着公共化,即分散的倾向,但作为一项通过最终立法成果达致制度权威的权能,其内部协调统一,保障各项内部配置的权限相互串联,最终方向一致地发挥效用,是国家立法权制度价值实现的基本保障。因此,国家立法权存在保障权限相互串联,协调整体方向一致、行动统一的内在需求。前文讨论过集中式网络权力结构的基础适用场域,即一种统一行动整合的情境,其制度效用可实现对思想和行动的统一。国家立法权协调统一的需求正是这种适用情境,通过一种集中设计来实现,保障整体国家立法权的方向一致、行动统一。

其次,国家立法权在某些方面还存在决策效率的要求,故而应当采取集中设计以促进决策效率。立法权的制度价值需要通过立法成果的产出实现,也就是说,国家立法权运用的一项重要目的在于有利于立法成果的产出,这对立法各项权限提出了决策效率的要求。一方面,立法权限的编排本身应当协调一致,以保障行动统一和效率;另一方面,一些立法成果的产出本身具备一定紧迫性,相应权限的决策在强调慎议价值的同时,也应当重视决策效率。如前文决策效率的要求,亦是集中式网络权力结构的适用情境,当所涉具体事项存在效率需求时,应当采用集中式网络权力结构,以保障其效率实现。因此,国家立法权在一些方面的决策效率需求,应当运用集中设计的方式来予以实现。

综上所述,国家立法权在某些方面依赖一种集中权限配置方式的设计来实现其需求,为了保障国家立法权的方向一致、协调统一,满足决策效率的要求,国家立法权在一些具体的内部权限配置方面需要采用集中配置设计。从制度实践来看,这两个方面的具体应用情境将落实在以下具体权限配置设计中。

二、实现行动统一的我国国家立法权内部集中配置

立法权通过立法成果实现权威构建的方式,意味着其内部各项权限需要协调地运转以保障立法活动的顺畅,在结构上具体表现为一种立法权内部配置的各项权限相互串联,以顺利完成完整立法活动的各个步骤。各具体立法权限沿着一条串联的结构予以衔接,实质是被分解在立法机关内部的不同组织之间的权限次序安排问题。换言之,这种串联是一种立法活动程序编排上的协调统一要求。这对国家立法权内部配置设计提出了一种保障程序顺畅的要求。又或者说,国家立法权内部配置中存在对程序性活动调控的一致性要求。因此,这种集中需求具体指向内部配置设计中所需要的对程序调控进行集中控制之权限构造。

同时,国家立法权的这种协调统一需求,除构造了一种程序上的一致性保障外,还强调在整体意义上的协调一致价值。也就是说,国家立法权协调一致的实现,不仅仅依靠对立法程序活动的控制,更有赖于一种立法活动中共识的塑造。在思想和行动上具备共同基础的立法活动,才能实现协调一致。因此,国家立法权限配置中的协调一致需求,要求思想和行动统一的塑造,换言之,属于对立法中集体行动予以整合的情境。这种思想和行动的统一整合,并非立法的程序性权限调整所能实现的,而有赖于一种组织的制度化保障方式,通过党的组织与纪律管理这种特别的奖惩互换机制,以保障这种立法决策方向的集中化。

从我国国家立法权内部配置的实践来看,这种集中式构造主要表现为全国人大常委会委员长会议的议程控制角色。委员长会议的立法权限配置从整体来看,主要存在两个层面的制度构架。第一个层面是其规范上直接体现的程序权限配置。在立法活动中,委员长会议被赋予了法律提案权、立法程序调控权、表决程序启动权、专门委员会间协调权、撤销提请权等权限。这些规范上的权限主要呈现为一种立法程序上的调整权限,决定了立法程

序的启动、停止、节奏调整等，其最终意义都指向一种通过程序对立法活动进程的掌控。第二个层面是由其组织组成衍生的权能运作。委员长会议由于存在与全国人大常委会党组相嵌套的人员构成，其实质上与党组有一体化的倾向，通过党组的活动，委员长会议不仅仅在程序上对立法活动进行控制，在某些实体性问题上也存在决策的空间，并且这种实体决策的权能，开始逐渐成为党领导立法的某种形式，展示着一种对立法统一领导的意义。

综合来看，委员长会议立法权限在两个层面的制度构架，都展示着一种集中意义的统一领导价值要求。从组织上看，委员长会议相较于常委会是更加核心化的集中式组织规模，其组成成员只有委员长、副委员长、秘书长等领导职位成员，如此呈现出一种便于统一决策的组织强化，体现着一种强组织化的集中统一价值导向。从具体权限配置上看，委员长会议的立法权限几乎都表现为程序控制意义，其相对地控制了所有的程序性权限，构造了一种统一化的控制阀配置，更通过一种对专门委员会的协调权限，使被分散配置在各组织中的具体立法权限在此被纳入了统一性考量，构造了一种统一决策的权限向心。在组织嵌套关系上，委员长会议和党组的嵌套，更加强化了其内部控制的能力，通过不同于立法机关内部关系的党内关系，保障了作为党员的委员、代表对决策的尊崇和执行，塑造了决策链条顺利延伸的统一决策核心。是故，委员长会议立法权限配置表现为一种强集中化和统一色彩的集中价值。

对委员长会议立法权限配置进行纠偏，化解存在的异化倾向，有必要重新回归委员长会议制度设计的原本之义，在理解其原始定位的基础上，考虑相应组织设计和具体立法权限配置。我国全国人大的相关组织制度，尽管存在基于我国社会主义制度和国情的特殊性，但在组织建设层面上，仍在一定程度上继承了发达国家立法机关的部分设计并予以扬弃。因此，优化委员长会议的立法权限，在理解前述委员长会议存在的理论问题的基础上，还应当参考学习其他国家和地区立法机关中那些存在的委员长会议的原初意义，探访制度实践的经验总结，以促进委员长会议制度的发展。

尽管委员长会议这个组织机构模式是我国全国人大所独有设计，在其他国家和地区并不存在类似机构。但究其制度效用内涵，是为立法机关中立法程序的调整者以及持续整体立法活动的保障者。从这个意义来理解，可以发现委员长会议的制度意义，实质上类似于其他国家和地区立法机关中议长、议长主持会议与程序委员会角色的结合和变体。

当前全国人大常委会委员长会议所享有的立法权限——法律提案权、立法程序调控权、表决程序启动权、专门委员会间协调权、撤销提请权等权限，除法律提案权等个别权限外，多可以用议程决定权来概括。其他国家和地区立法机关对议事日程的这种编排决定权，可分为授权议长、议长主持会议或交由程序委员会决定三种形式：

第一，由议长直接决定。作为议会之母的英国，其相关权限由议长决定，根据《下议院议事规则》第 23 条的规定，在议长指示下，秘书宣读议程，不需要经任何表决。[28]

第二，由议长所主持之会议决定。法国众议院的立法程序，法律草案由议长所主持之"主席会议"列入众议院议程。该主席会议的成员主要包括：副议长、各委员会主席、各党团主席及政府代表一人，且政府对议程之顺序安排存有优先权。德国联邦众议院的议程，由"元老会"确定，元老会由议长、副议长以及其他 23 名由各党团依人数比例任命之议员组成。

第三，由程序委员会决定。美国众议院的议事日程和法案审议活动由程序委员会编排。其程序地位委员会地位居于各委员会之首，因该委员会有权治理将法案交付给院会的特别规则，实质上可以借助此权限阻止、拖延乃至强迫修正其他委员会之法案。[29] 日本《国会法》第 55 条规定，议长应制定议事日程，得与议院运营委员长及经议院运营委员会选人之议事协议员协议之。但事实上由于议事协议会和运营委员会的构成人员基本一致，故事实上其议程由议长委任运营委员会决定。[30]

此外，除议事日程的确定外，如法案交付委员会审议等程序性权限，一般亦由议长或程序委员会来决定。

综合来看，我国委员长会议的诸多程序性立法权限，都与各国议长、议长主持之会议和程序委员会相类似。即使是不同于一般议程决定权的对专

---

〔28〕 全国人大常委会办公厅研究室：《英、法、美、德、意、日六国议会议事规则》，尹中卿等译，中国民主法制出版社 2005 年版，第 17 页。

〔29〕 郭登敖：《议会制度之比较》，台北，1987 年自版发行，第 64 页。

〔30〕 [日]浅野一郎、河野久：《国会事典》，有斐阁 1990 年版，第 140 页。

门委员会程序协调权限,也可从美国众议院程序委员会寻找到相对应的类似权限。是故从规范上看,委员长会议的原初定位类似于议长、议长主持之会议和程序委员会的结合或变体,主要发挥着一种通过程序性调控,保障立法活动持续,维护整体立法活动有序开展的效能。

在之前的讨论中,对全国人大常委会委员长会议的立法权限配置存在的理论误区进行了分析,当前委员长会议片面强调发挥一种集中化的领导能力,而忽视了自身的机构属性,可能与立法活动所要求的民主基础不符。从各国的立法机关制度实践经验来看,与委员长会议类似的机构实际负责着一种立法机关中议事程序调控的工作。因此,委员长会议立法权限的优化,应当回归委员长会议的本原角色,通过对国家立法权内部集中和分散配置基础理论的平衡,指导这种回归定位的调整,纠正委员长会议存在的功能异化倾向,并设计相应制度,保障委员长会议发挥应有效用。

(一)具有程序调控意义的立法权限集中配置设计

结合立法本意以及域外的制度经验,可以发现委员长会议的本原角色,首先体现为一种程序调控者,因此委员长会议的权限应当是一种通过程序权限来发挥作用的,而不应当具有实体决策权限。

委员长会议制度设计的立法本意,表明着委员长会议原初的角色是一种程序调控者。从宪法规范来看,委员长会议并非决策组织,亦非权力机关,只在于处理重要日常工作,而非代替或作为国家机构进行决策。事实上,如果结合《全国人民代表大会组织法》等基本法律规范中关于委员长会议具体职责的规定即可以发现,委员长会议的职责主要集中在议案决定提交、会议议程确定与指导协调专门委员会工作等方面。因此,在制度原初意义上,委员长会议是作为一种全国人大常委会的议事辅助机构存在,一方面总揽着议会内部行政事务,另一方面协调着议会议事的程序活动,处理着常委会的重要日常工作。结合其组织本身的组成来看,尽管其组成人员是一般被认为的立法机关的领导者,更与全国人大常委会党组存在组织嵌套关系,但其原初意义也应当不是一种作为整个立法机关的领导角色而存在的,从其"处理重要日常工作""发挥集体智慧"的规范定位来看,其必然是为实现一种共同思想和行动塑造,防止内部分裂,保障立法活动本身的顺利运作而创设的。因此，其在规范上才会被赋予程序性的调整权限，以维持立法活动的持续运转。

此外，从域外各国的类似制度经验来看，委员长会议也应当是一种程序调控者的角色定位。他国议会中亦存在以议长为首组织的会议，决定立法机关之议程的设计，如法国的“主席会议”、德国议会的“元老会”等。因此，委员长会议作为程序调控者的角色，是各国立法机关中一种相对通行的做法。

1. 委员长会议应当设立的立法权限

委员长会议应当是一种程序调控者角色，而不应掌握实体的立法决策权限。具体来说，根据委员长会议的角色定位要求，其应当掌握以下的立法权限：

（1）议程决定权。其主要指向决定法律草案、法律解释案以及重新提出的法律案列入或是否列入常委会会议议程的权限。此权限属于议程调控的权限，符合委员长会议自身功能定位，且其可通过相应权限协调立法活动，构造立法中的行动统一，是故委员长会议当掌握此权限。

（2）程序终止权。除议程的程序性控制权限外，委员长会议的程序决定权限还包括一种程序终止权限，具体包括同意撤回法律案以终止的权限[31]和法律案的终止审议报告权。

第一，法律案撤回同意权。如前文所述，《立法法》第 40 条的相关规定并未予以细化阐述。涉及此处审查的核心争议，是委员长会议进行判断的性质问题。从委员长会议的角色定位来看，其作为一种程序调控者的角色存在，开展判断活动的目的是保障立法活动本身的顺利运作，而不应具有代替获得民意授权的国家职能机关对实质内容进行判断的权力。因此，委员长会议的判断权限应当止于对程序要件的审查。是故，委员长会议在此处的判断具有一种审查意义，但此种审查仅止于对程序要件的形式审查，而不涉及实质性内容。作为程序调控者，委员长会议有权基于程序要件不齐备的理由直接不同意撤回，而无须再报告常委会会议决定。

---

〔31〕《立法法》第 40 条规定：“列入常务委员会会议议程的法律案，在交付表决前，提案人要求撤回的，应当说明理由，经委员长会议同意，并向常务委员会报告，对该法律案的审议即行终止。”

第二,法律案的终止审议报告权。[32] 根据当前规范,这种终止审议的结果是直接伴随着委员长会议的报告发生的。引发了两个方面的疑问:一方面,报告后是直接产生终止审议的结果,或是常委会还会进行一定审查予以认可或否定?换言之,终止审议是由委员长会议直接决定,还是常委会会议审查后决定?另一方面,委员长会议的报告,是否涉及对法律案本身的评价,还是仅是一种规定时间到达后依规给予常委会的提示?综合来看,这两个疑问都指向同一个问题,即委员长会议是否有权力对相应法律案的终止提出实质性判断意见。如前文所述,委员长会议应当是一种程序调控者的角色,不应具备实质性判断的权限。是故,委员长会议应当无权基于重大分歧搁置的理由,直接对是否终止审议的实质性判断作出决定,报告后应当不可直接产生终止审议的结果。同时,这种报告也仅是一种规定时间到达后依规给予常委会的提示,而不应涉及实质性评价内容。此外,根据禁止赘言(Surplusage Canon)[33] 的原则,将此权限规定为"报告权"而非直接规定委员长会议决定终止,意味着其中暗含着立法者的未表达意图,即委员长会议无权直接决定终止审议,而须报告常委会,由常委会审议后进行决定。

(3)决议程序启动权。作为程序的调控者,除议程编排、审查的交付外,委员长会议还应当享有决议程序的启动权,这具体包括表决程序启动权与撤销提请权。

2. 委员长会议应当取消的立法权限

基于委员长会议程序调控者的角色定位,其在权限配置上,除应当享有前述权限外,在现行已有的权限中,应当取消下列权限的配置:

(1)委员长会议在常委会立法活动中拥有的法律提案权。首先,从角色定位来看,委员长会议应当被归属为一种程序调控者的意义,即如前文所

---

〔32〕《立法法》第42条规定:"列入常务委员会会议审议的法律案,因各方面对制定该法律的必要性、可行性等重大问题存在较大意见分歧搁置审议满两年的,或者因暂不付表决经过两年没有再次列入常务委员会会议议程审议的,由委员长会议向常务委员会报告,该法律案终止审议。"

〔33〕禁止赘言,也称立法者的无赘词假设,如果一项解释是另一项规则的反复,则该项解释没有意义。换言之,解释者在解释法律条文时应当推定立法者在立法中的语言表达都有其特殊含义,不存在无用的赘言。具体参见 Scalia A., Garner B. A., *Reading law: The Interpretation of Legal Texts*, 73 MN: Thomson/West 174(2012)。

述，委员长会议拥有决定将其他提案者的法律草案列入会议议程等程序性权限，其调控着整个立法程序的进程。如果委员长会议享有法律提案权，这意味着委员长会议同时兼具参与者和裁决者的身份，违背了程序公正的要求。更有甚者，如果具备提案权，则意味着委员长会议可以对立法事实认定等实体性内容进行决策和判断，这必然会进一步使委员长会议存在选择偏好，影响其本身程序调控者的定位，导致其权限发生异化。其次，从现行制度规范的融贯性来看，在宪法规范中，委员长会议并不属于一种独立的国家职权机关，甚至不是具有宪定职权的常设性机构。从《全国人民代表大会组织法》的权限规定看，对其的定位亦是一种议会中辅助者的角色，不应与其他具备立法提案权的国家职能机关一样成为一种立法活动的正式参与者。同时，《立法法》中所规定的法律提案权作为提案权的一种，一般而言是与《全国人民代表大会组织法》中的提案权规定相一致的。享有法律提案权的逻辑必然是某一主体享有提案权。但作为组织法的《全国人民代表大会组织法》中并未给予委员长会议此种权限，这一规定显然属于《立法法》所增添之权限，从权力逻辑上看存在一定合理性危机。因此，应当改变《立法法》的这一规定，取消委员长会议的法律提案权，使其恢复程序协调者的基本定位。

（2）专门委员会间协调时的“解决意见”提出权。如前文所述，作为“指导、协调”专门委员会的机构，委员长会议在立法活动中，协调着各专门委员会之间的意见，是专门委员会之间的居间协调者。在实践中，委员长会议在接到报告后，一般会“进行研究，提出解决的意见”。〔34〕 但从委员长会议的程序协调者定位来看，委员长会议能够行使的应当是一种具备程序性意义的调控权限，并无作出实体性判断的能力与权限。因此，这种提出“解决意见”显然已经超越了自身的定位，表达出实体性决策的权限内涵。同时，从规范来看，委员长会议对专门委员会的指导、协调也限于“日常工作”，如果根据前文对“日常工作”的理解，其应当不包括立法权限行使本身。是故，应当取消实践中委员长会议这种“提出解决意见”的权限，仅允许其发挥程序性权限以促进协调作用的发挥。

〔34〕 乔晓阳主编：《〈中华人民共和国立法法〉导读与释义》，中国民主法制出版社 2015 年版，第 157 页。

综上所述,基于委员长会议的程序调控者定位,委员长会议所应当享有的立法权限是主要程序决策的相关权限,包括立法议程的编排决定、程序终止和决议程序启动三大方面。当前委员长会议所掌握的提案权限、专门委员会间协调时的"解决意见"提出权及其他具有实质性决策意义的权限,应当被取消。对委员长会议立法权限的确定和行使,应当严格遵守程序调控意义的底线标准,防止委员长会议的自我扩权和实践异化。

(二)协调一致的集中保障机制

国家立法权内部配置的实质,是组织与被分解在组织中具体立法权限的适当调配。当前困境的一个重要原因即被配置权限的组织属性不匹配于相应权限,致使立法权产生异化。因此,国家立法权内部配置不仅仅是权力的调节,也是组织的调配。当前委员长会议相应立法权限的问题,不仅仅是被配置的部分立法权限超越了程序调控意义这一限度,并且也呈现在组织本身的构成上,组织构成的强集中化色彩使其出现了实质决策的异化倾向。因此,委员长会议立法权限配置优化的方案,不只包括对相关权限归属的明确,还有必要对组织也要进行一定调整,设计符合要求的组织体制,防范组织未来长期发展导致立法权限异化的可能。

前文中分析过,委员长会议之所以出现当前这种强集中化的趋势,与其同全国人大常委会党组相互嵌套的党领导立法进路有着一定联系。借助这种组织嵌套关系,通过党组在委员长会议占据的组织优势,直接传达党的意志,并不断强化委员长会议的决策能力,以落实和贯彻党中央的方针政策。从国家立法权本身的价值要求来看,这种强集中化的组织和权限运作模式,并不符合立法活动的本质要求,甚至在某种程度上会扭曲立法活动本身,通过委员长会议的强集中化模式来实现党对立法工作的领导,不仅不利于巩固党的领导权威,反而可能由于过度介入实际的决策活动,影响党对立法工作的领导权威。因此,委员长会议的立法权限调整,在核心源头上更有必要对党领导立法方式予以更新,转变传统制度范式,促进党领导立法工作更加科学,更有利于党对立法工作领导的开展。

总体来说,党对立法工作的领导,不宜将委员长会议与党组混同且将其作为领导立法工作的"总抓手"。由于人大常委会党组和委员长会议存在组织嵌套关系，目前党领导立法工作的开展，往往会强化对委员长会议的利用，导致将委员长会议和党组视为一体的情况。然而，尽管中共党员占据多数，但委员长会议和党组仍存在本质差别，不应将二者概念混为一谈，更不宜将党组在党领导立法工作中应当承担的职责都借助委员长会议这一平台表现出来。有必要转变思路，将二者予以区分。

在此种思路引导下，具体而言，应当在以下几个方面对党领导立法工作方式作出调整：

首先，党领导立法工作对委员长会议的运用应当符合其组织和权限定位。尽管基于全国人大常委会党组和委员长会议存在的组织嵌套关系，中共党员在委员长会议中占据多数，便于贯彻党的意志。但前文分析过，委员长会议自身的定位，并非全国人大的领导机构，而主要应是一个程序调控者，其所发挥的权限应主要集中于一种程序的拟定和调整，而非实体意义的决策。因此，不宜在委员长会议中去直接传达党中央的方针政策，更不应利用其达成实体决策。党领导立法对委员长会议的利用，应当更符合其组织本身定位，借助对程序的调整和掌控，善于利用对议程安排进行优先次序调整、对党中央作出否定性评价的法案予以搁置延迟列入议程等程序调控权限的运用以传达党中央对于相应法案的倾向。

其次，党领导立法工作的路线方针政策的贯彻，应当借助党组织本身的渠道予以传递，进而利用党员在全国人大常委会乃至全国人大中的多数地位，保障立法活动中贯彻党的意志。虽然委员长会议中也存在党员占据多数的情况，但从其定位来看，委员长会议并不适宜直接传达和贯彻党的意志，而仅能从程序调控的间接方式进行。因此，对党中央领导意志传达的组织方式问题，应当将委员长会议和党组两个组织分开看待，仅借助党组织自身渠道，传递党对立法工作领导的具体要求和内容，进而实践一种民主集中制的领导。通过“中央—党组—支部—党员”的党内层级，进行信息传递，并最终促使这种意志借助代议机关内全体中国共产党党籍代表在具有实质立法表决权的人大常委会或人民代表大会中的多数地位影响立法决议，保障这种党的意志最终在立法中予以传达。

最后，党领导立法工作方式的转变，应当重视中共党员代表党内忠实义务的构建。如前文所述，党领导立法工作方式由一种借助委员长会议这种小规模组织的工作实践，转换为一种在整体立法活动中党员对党方针政策的贯彻。这种方式符合立法活动本身的民主性和科学性要求，但由于需要面向数量更多的党员代表，其权力层级的增加和链条的延伸，在一定程度上相较小规模组织不利于领导意志的贯彻。因此，应当强化党内的忠实义务构建，以保障每一个中共党员代表都忠诚于党的意志。从中国共产党的历史来看，早在党的二大时期，就曾经在《关于议会行动的决案》中，要求党员活动必须接受领导和监督，贯彻党的意志，在创设人大党组的相关文件中亦有类似规定。是故，未来有必要强化此种党内纪律要求，以促使党的领导意志贯彻，促使党领导立法工作方式能够更加科学化、制度化。

综上所述，基于立法权属性要求，实现行动统一的国家立法权内部集中配置，应当让委员长会议回归程序调控者角色，发挥其程序调控权限，以实现对立法活动程序的整合；同时，更新党领导立法的组织机制，减少全国人大常委会党组和委员长会议组织嵌套效应，从党组织角度充分发挥统一思想和行动的保障功能，实现整体立法权运行方向的协调一致。

三、实现决策效率的我国国家立法权内部集中配置

如前文所述，国家立法权在某些方面还存在决策效率的要求，故而应当采取集中设计以促进决策效率。一些立法活动本身具备一定现实紧迫性，相应权限的决策应当重视决策效率。当所涉具体事项存在效率需求时，有必要采用相对集中设计，以维护效率价值实现。从立法权的属性来看，一般立法活动并不强调决策效率；相反，由于其内在的公共性追求和慎议精神，效率问题不是立法应当考虑的主要价值，甚至并非源于其制度化权威内核的内在价值。仅在一些特殊情形中，立法才会考虑决策效率问题。这主要体现在立法解释方面。

解释权限在全国人大与全国人大常委会之间的配置，有必要基于现实的紧迫性作决策效率的考虑。解释权限是一种应法律具体适用的需求而诞生的立法权能行使，存在相较一般立法工作更强的紧迫性。换言之，解释权限的运用重点在于回应法律的理解与适用问题，这可从《立法法》中所规范

的运用法律解释权的情况看出。《立法法》第45条之规定[35]是运用法律解释权的理由。这种回应的需求，在实践中对立法机关的立法能力提出了要求。从理论上看，作为创制者，全国人大对自身创制的法律显然有进行解释的权能。但由于全国人大的会期较短，人员众多，难以及时地开展法律解释工作，没有必要将此工作交给全国人大来进行。相反，从决策效率来看，由全国人大常委会这个规模更小、会期更长、人员更为集中的组织行使相应权限更为适当。因此，法律解释权限配置给全国人大常委会行使，是基于现实以及立法机关组织功能的现实考虑，是一种较为合理的权限分配。

立法解释权虽然具有等同法律创制的意义，但这种解释活动不会导致一种直接对法律规则文本本身予以变动的结果。与其他实体性立法权限不同，解释权限在权限运用的结果上具有特殊性。其他的实体性立法权限的运用，从结果来看，都是对同一个规范文本进行改造，创制或改变一个规范文本的内容样态。这种改变或形成的过程被记录在法规范的题目下方，在立法技术中被称为法规范题注。当前由于修改权存在分离，导致一些法律的题注中，全国人大与全国人大常委会交叉出现。对同一规则由不同机关予以创制或改变，自然容易引发权力行使的矛盾。因此，有必要予以统一。但解释权限的运用结果与其他实体性立法权不同，其运用并不会直接呈现在法律正文的规范中，而是以一种单独的规则形式作出，其活动虽然是一种通过解释进行的续造，但这种续造并不会直接改变法规范文本的内容。从结果的规则文本上，解释权限的运用并不构成对机关的限制。

如果全国人大认为全国人大常委会的解释存在问题，也可通过改变撤销权的方式通过决议对相应解释进行改变撤销。此权限不会影响立法权本身运用的独立性和完整性，从决策效率考虑，将解释权限集中配置给全国人大常委会行使较为合适。

---

[35]　《立法法》第45条规定："法律解释权属于全国人民代表大会常务委员会。法律有以下情况之一的，由全国人民代表大会常务委员会解释：(一)法律的规定需要进一步明确具体含义的；(二)法律制定后出现新的情况，需要明确适用法律依据的。"

本 章 小 结

本章主要讨论了我国国家立法权内部配置的优化要求和可供参考的具体优化方案。通过人民共和思想和民主集中制原则的统一和平衡,可以为我国国家立法权内部配置的优化提供参考,促使其符合立法权自身的规律和运用的规律。总结来看,我国国家立法权内部配置存在以下规律性要求:

首先,国家立法权应当在民主的基础上进行统一配置。立法权本身的制度化权威属性,提供了正当性的民主基础价值。因此,一方面,国家立法权要被民主掌握和运用;另一方面,相应立法组织的调整也需对民主价值予以遵循。其次,国家立法权内部分散配置应当实现理性分工与平衡要求。立法权本身属性决定了国家立法权内部配置的逻辑主要呈现为一种公共化且平衡的分散配置倾向,在遵循理性分工的分配标准和结构平衡的价值要求的前提下,这种内部分散配置将主要被运用于应对复杂任务处理要求和多决策中心平行的具体场域,实现具体立法权限的公共化和平衡配置。最后,国家立法权内部集中配置,主要应用于存在统一行动与决策高效需求的场域。由于在立法权基本属性的价值要求下,分散配置是其内在倾向,集中配置只是必要的例外情形。这种例外源于立法权本质属性对集中的需求,而立法权本质属性在保障立法权整体的协调统一和决策效率方面有集中意义上的需求。是故,这种内部集中配置主要应用于这两种场域。

结　语

当前国家立法权内部配置存在的各种问题——全国人大和全国人大常委会之间立法权限界限不明，形成二元立法结构，并出现了常委会逐渐进入大会立法权限范围的情况；专门委员会间立法权限配置不够平衡；委员长会议偏离自身定位；常委会工作机构职责不断扩张，掌握实质立法权限——的本质，是由于过去内部配置设计未能符合立法权的结构要求，与立法权的本质特征存在一定程度上的不符。制造这种配置不符合立法权本质的原因是一些不适当的配置理念。例如，全国人大和常委会之间的立法权限配置在制度设计时即存在矛盾思路；全国人大专门委员会的立法权限配置在制度设计时片面地强调功能主义分工导向；委员长会议的立法权限配置和运用，在制度设计时片面强调借助统一领导作用的发挥，而未能基于组织的结构属性去考虑组织本身所具备的功能及其可配适的权限；常委会工作机构的立法职责分配，在制度设计时仅强调了专业性和功能分工价值，而一定程度上弱化了对立法民主性价值的要求。综合来看，这些配置理念并未真正地掌握和理解好我国相应制度实践的客观现实，无法针对实践情况提供有效理论指导，无法回应相应制度优化的治理需求。是故，总结过去的经验可以发现，过往那些关于国家立法权内部配置问题的实践存在认识局限，未能准确把握立法权本质属性和权力内部配置的基本理论，进而导致了方法使用上的误区，无法指导我国国家立法权内部配置实践的良性演进。

本书旨在重新确立关于立法权本质属性和国家立法权内部配置所涉基础关系的统一认识，并在此基础上结合我国实践，构建一套适合我国国家立法权内部配置的方法规则。具体来说，立法权的实质构造是一种权力簇，其一方面是宏观的、整体性的、制度化的权威，代表着一种共同意志的集体权力；另一方面，其在现实化过程中，又分解在了各组织之间，成为各立法权限，形成权力结构。因此，国家立法权内部配置是被分解在立法组织中各具体立法权限的适当调配，其基础关系是组织与权力的关系。当前我国国家立法权内部配置制度困境的解决，应当在充分理解前述基础关系的前提下，重新确立统一的权力内部配置指导理论。权力哲学和组织理论的发展逐渐揭示出通过互动性的视角统一理解组织与权力关系的路径：权力被理解为一种特定的社会互动信息传播网络，而组织则是该网络的现实载体，权力内部配置问题的实质由此被转化为此网络结构的配置。网络结构配置的优化有赖于集中式网络和分散式网络这一对基础模式的配合;投射在国家立法权内部配置层面,则意味着其优化需要以集中和分散配置的基础理论为指引,在具体立法组织中实践集中式权力网络结构与分立式权力网络结构相互统一、有机融合。在我国的制度实践中,国家立法权内部分散配置的理念源于一种人民共和思想的指引,该原则要求配置在功能性分工的基础上注重平衡与协调,实现公共化,保障审慎决策;国家立法权内部集中配置的指导原则是民主集中制,我国民主集中制原则的内涵更偏向于对决策合法、统一和有效的追求,这要求具体立法权限的配置和运用应当具备民主基础,强调决策统一,并提供制度化保障。

通过前述两项原则的统一和平衡,可以为我国国家立法权内部配置的优化提供参考,促使其符合立法权自身的规律和运用的规律。总结来看,我国国家立法权内部配置存在以下规律性要求:

首先,国家立法权应当在民主的基础上进行统一配置。立法权本身的制度化权威属性,要求提供正当性的民主基础价值。因此,一方面,国家立法权要被民主掌握和运用;另一方面,相应立法组织的调整也需对民主价值予以遵循。

其次,国家立法权内部分散配置应当实现理性分工与平衡要求。立法权本身属性决定了国家立法权内部配置的逻辑主要呈现为一种公共化且平衡的分散配置倾向,在遵循理性分工的分配标准和结构平衡的价值要求的前提下,这种内部分散配置将主要被运用于应对复杂任务处理要求和多决策中心平行的具体场域,实现具体立法权限的公共化和平衡配置。

最后,国家立法权内部集中配置,主要应用于存在统一行动与决策高效需求的场域。由于在立法权基本属性的价值要求下,分散配置是其内在倾向,集中配置只是必要的例外情形。这种例外源于立法权本质属性对集中的需求,而立法权本质属性在保障立法权整体的协调统一和一定的决策效率方面存在集中意义上的需求,是故,这种内部集中配置主要应用于这两种场域。在综合前述规则,调和人民共和思想与民主集中制原则的基础上,最终当能够促进我国国家立法权实现内部的结构协调、配置平衡。

后　记

为脱离人类无常命运寻找确定性

敲下这组文字的时候，正是被隔离封控的第 7 天。窗外正好的阳光与不能出门的我之间的距离，就如这后记宏大叙事的主题与本书渺小而又微不足道的工作之间的反差一样巨大。病毒的封锁撕裂了社会的连结，转眼间就将看似同在地球村的人类孤立为原子式的个体。是的，每当人类为自己渺小的成就沾沾自喜时，这复杂的风险总会跳出来告诫命运的无常。于是人们才恍然发现，一味追求时新无法为人类提供确定性的出路，为脱离人类无常命运，我们仍需要做好一些基础性的工作。

本书的研究便是围绕一个基础的主题。相较于人工智能、大数据、数字人权、元宇宙等新潮又有趣的研究，本书讨论的主题——全国人大及其常委会的国家立法权——看上去显得多少有些老旧。但若允许我这个作者稍微辩驳一二的话，我会强调，本书核心话题尽管基础，所采取的分析框架却并不陈旧。本书秉持的权力观认为权力是一种特定的社会互动信息传播网络。国家立法权的内部配置，应当展现为集中式权力网络结构与分立式权力网络结构在国家权力机关中的相互统一、有机融合。这种信息论的视角，其实也是在呼应法律与科技关系的“范式转型”，[1]为人类政治实体基本样态及其理论基础的当代变化撰写注脚。申言之，本书试图做一个基础但绝不落后的研究。或许这种尝试并不一定成功，但这一工作对于挑战复杂社会的不确定性风险，应当是有所裨益的。

本书的研究对象是国家立法权，而国家立法权的行使是一种复杂社会的结构简化机制。国家立法权，作为人民行使国家权力之所在——全国人

---

[1] 龙卫球：《人工智能立法的“技术—社会 + 经济”范式——基于引领法律与科技新型关系的视角》，载《武汉大学学报（哲学社会科学版）》2020 年第 1 期。

大及其常委会享有的权能,其权力结构呈现为串联式平行结构,这种结构可保障决策的信息开放并统一社会成员的行动,进而内化社会交往中的多元利益分歧、整合社会共识。因此,科学完善的国家立法权内部配置,可进一步优化其权力运用,简化复杂的社会互动,凝聚社会共识,促进人民共同体的塑造。而这种共同体的塑造价值,在我们面对当前技术异化所制造的奥威尔问题、[2]突发疫情等"黑天鹅事件"时,更显得弥足珍贵。须知单纯的技术无法对抗未知的风险与分裂的社会,唯有合作的共同体方能为人类寻找到前进的方向。

本书是在我博士论文的基础上增益而成的,能够最终成稿,要感谢诸多师友的教诲和帮助!

师者教诲,不敢忘记。感谢恩师宋方青老师,在她身边学习和生活的四年时光,让我感受到了一位法学学者高尚的学术品格和深厚的社会责任感。宋老师对学术研究慎之又慎、精益求精的态度,让刚刚踏入学术道路的我获益良多。我深知,这是思想王国中最为美好的品质,是每一位学术研究者最高的品格。除美好的精神财富外,宋老师对我的关心和付出更让人动容。回溯博士期间的联络,宋老师给我的回复多在深夜十二点后或是凌晨四五点,而今我才后知后觉地回想起,原来老师为我批阅论文而竟伏案工作至深夜。除了严谨的治学态度,宋老师还给了我生活上的关心和人生道路的指引。我至今还惦记着节日里老师包的饺子的味道,更记得老师在我面临人生抉择时那语重心长的谆谆教导。谨以本书向宋老师致以诚挚的敬意与感谢!

本书撰写受到了诸位师长的支持与指导。感谢我的硕士生导师刘松山老师,在本书写作期间给予了我多次点拨。尽管我已离开华东政法大学校园多年,但直至今日,我时不时的求教"骚扰"仍会得到刘老师第一时间的回

[2] "奥威尔问题",是语言学家诺姆·乔姆斯基(Noam Chomsky)提出的一个悖论问题,即"为什么证据如此之多,我们知悉的却如此之少?"技术异化所制造的奥威尔问题,主要呈现为现代社会信息灌输情境下人们知识获取与权利保障困境。一方面,智能手机、5G网络等信息基础设施的不断提升,使得绝大多数人在信息上的接入性和使用信息的便利性不断增加。但另一方面,个体在信息社会中的被剥夺感也在逐渐增加:知识获取成本的下降并未提升人们的知识判断能力,人们难以完全理解的各种新兴技术使得信息与数据的侵权更加隐蔽,致使个体权利保障更加艰难。

复。感谢郭春镇教授、刘连泰教授、陈鹏教授等诸位老师对我写作的指教。在本书写作期间，我还曾远赴我国台湾地区淡江大学中国大陆研究所交流访学，为我的学习与研究带来了更多的可能性，感谢淡江大学的合作导师张五岳副教授。他为我提供了宝贵的交流机会，并对我悉心指导，让我学习到了更多的研究成果。

感谢诸位同门兄弟姐妹与诸位好友对本书创作提供的帮助。姜孝贤师兄从我博士尚未入学时就对我一直照顾，更为本书提供了许多精辟的修改意见；王云清师兄在写作上给了我具有真知灼见的指点；程庆栋师兄在学习和研究上的态度让我敬佩；与王翔师兄的交流，让我获益匪浅；同门佳飞，与他的交流促使我研习卢曼的学说，思考权力作为社会简化机制的重要意义；在本书核心观点的形成期间，龙杰师弟分享提供了许多有益的创见。苗壮、子健、书静、周林、张可、炳辰等诸位师弟师妹，他们的批评促进了本书观点的完善。还有博士期间的同学晋邦、马密等诸友，他们分享的实务部门经验，也促使我在本书写作时更深入地思考。

感谢法律出版社的陈慧编辑，本书能够顺利出版，离不开她的支持与帮助。感谢湖南大学法学院的诸位领导和同事对于本书出版的支持，感谢汪全军、李勤通二位师兄，我进入湖南大学后，他们对我的教学科研工作给予了许多照顾与帮扶。

学术界一直流传这样一句告诫："对于很多人而言，博士阶段所取得的学术成就可能就是他一生的顶点，他一生的学术都是对博士论文的重复。"希望本书的研究，于我只是开端，而非终点。

周宇骏

2022 年 4 月 3 日于麓山下